# Fox Spirit Tales

1

Sakuya Amano



TOKYOPOP®

# Inhalt

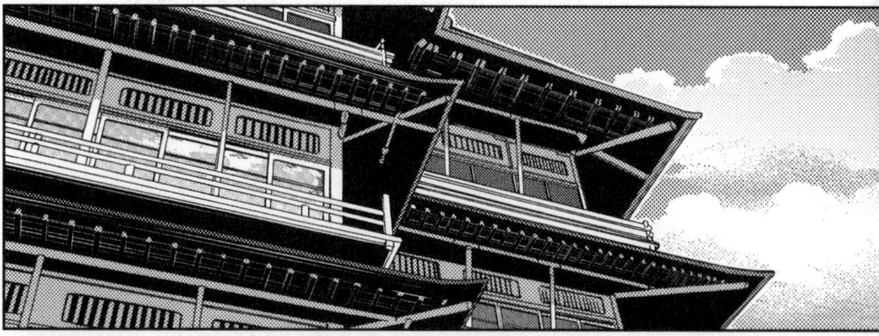

## Fox Spirit Tales
## ~ Eine kleine Einführung ~

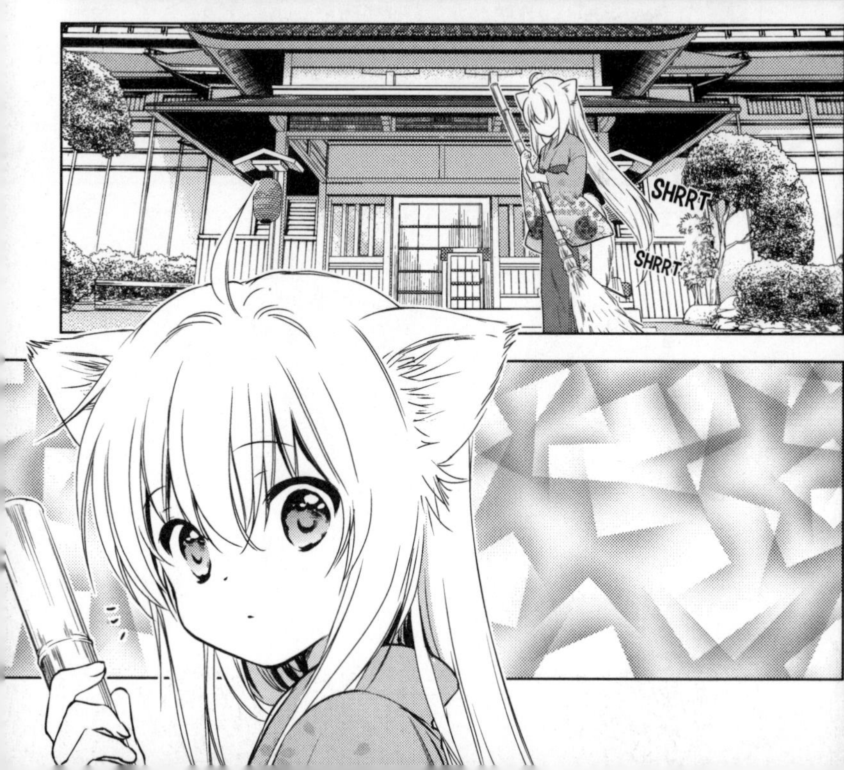

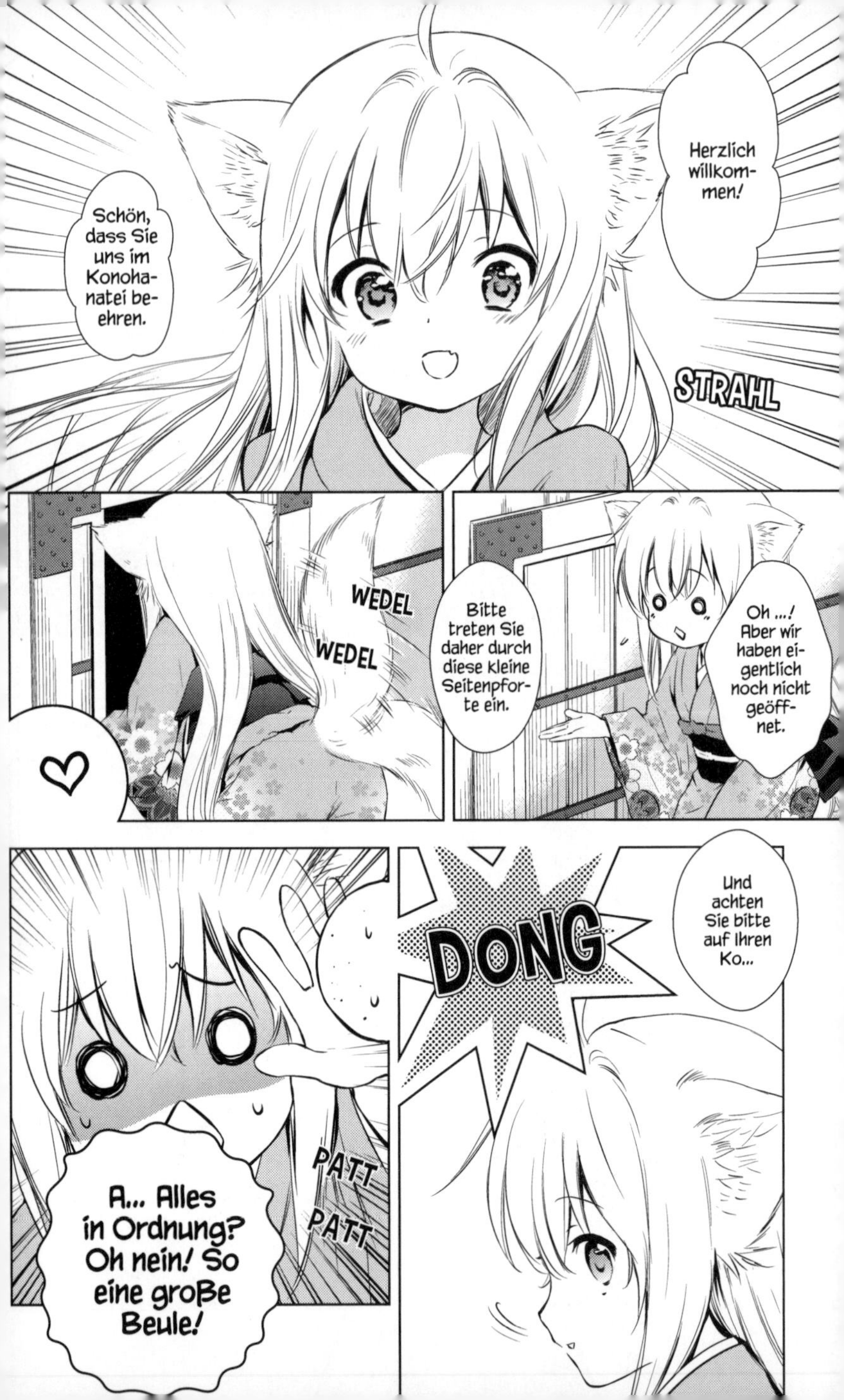
Herzlich willkommen!
Schön, dass Sie uns im Konohanatei beehren.
STRAHL
Oh ...! Aber wir haben eigentlich noch nicht geöffnet.
Bitte treten Sie daher durch diese kleine Seitenpforte ein.
WEDEL
WEDEL
♡
Und achten Sie bitte auf Ihren Ko...
DONG
PATT
PATT
A... Alles in Ordnung? Oh nein! So eine große Beule!

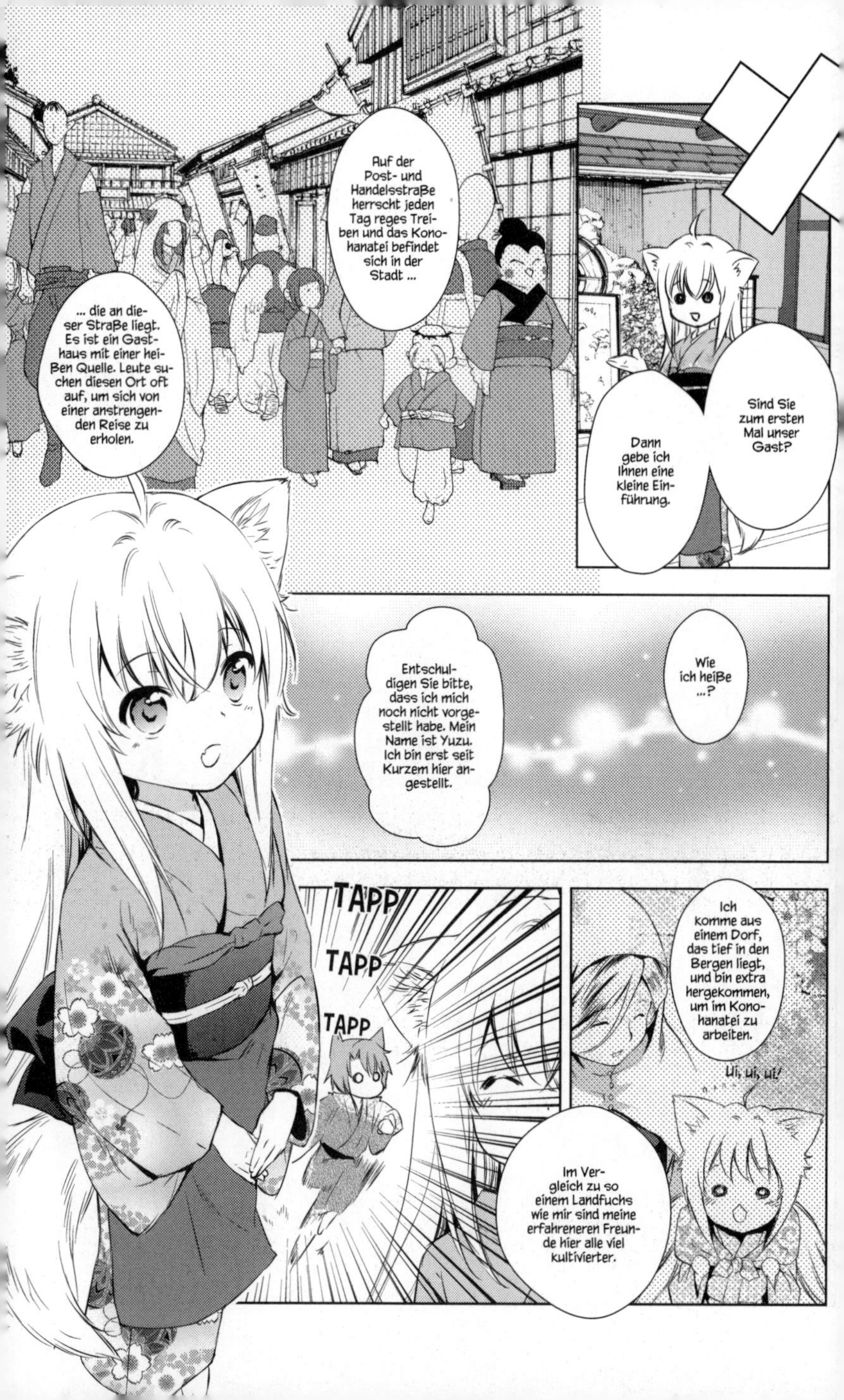
Sind Sie zum ersten Mal unser Gast?
Dann gebe ich Ihnen eine kleine Einführung.
Auf der Post- und Handelsstraße herrscht jeden Tag reges Treiben und das Konohanatei befindet sich in der Stadt ...
... die an dieser Straße liegt. Es ist ein Gasthaus mit einer heißen Quelle. Leute suchen diesen Ort oft auf, um sich von einer anstrengenden Reise zu erholen.
Wie ich heiße ...?
Entschuldigen Sie bitte, dass ich mich noch nicht vorgestellt habe. Mein Name ist Yuzu. Ich bin erst seit Kurzem hier angestellt.
Ich komme aus einem Dorf, das tief in den Bergen liegt, und bin extra hergekommen, um im Konohanatei zu arbeiten.
Ui, ui, ui!
TAPP
TAPP
TAPP
Im Vergleich zu so einem Landfuchs wie mir sind meine erfahreneren Freunde hier alle viel kultivierter.

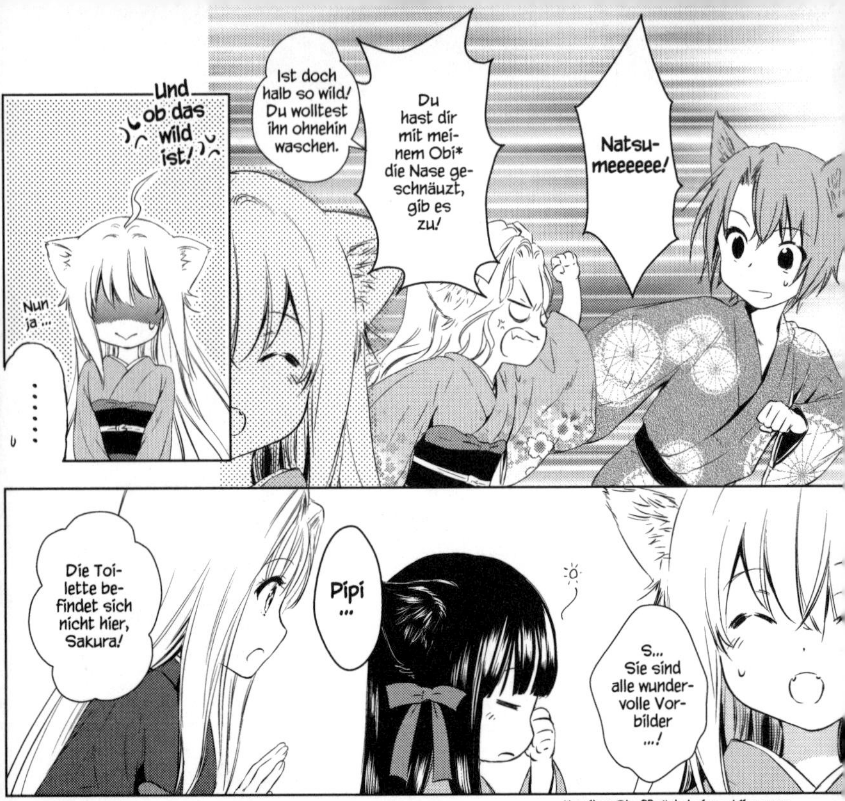


*breiter Stoffgürtel eines Kimonos

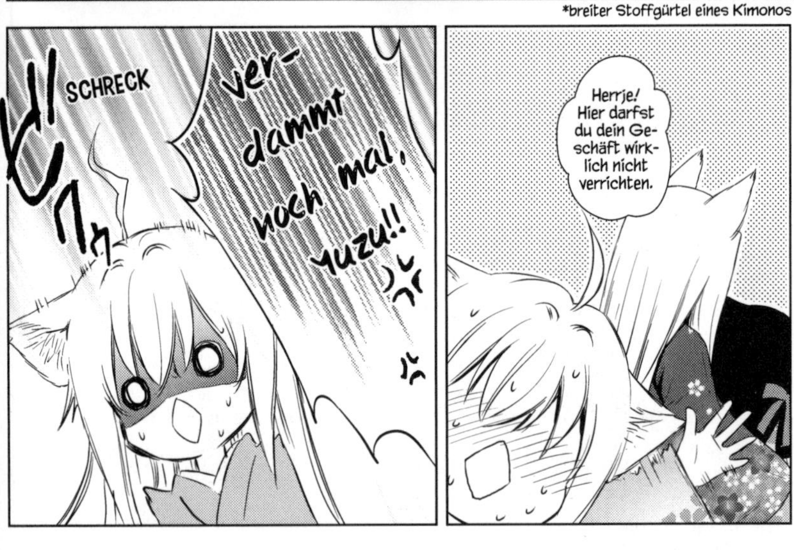

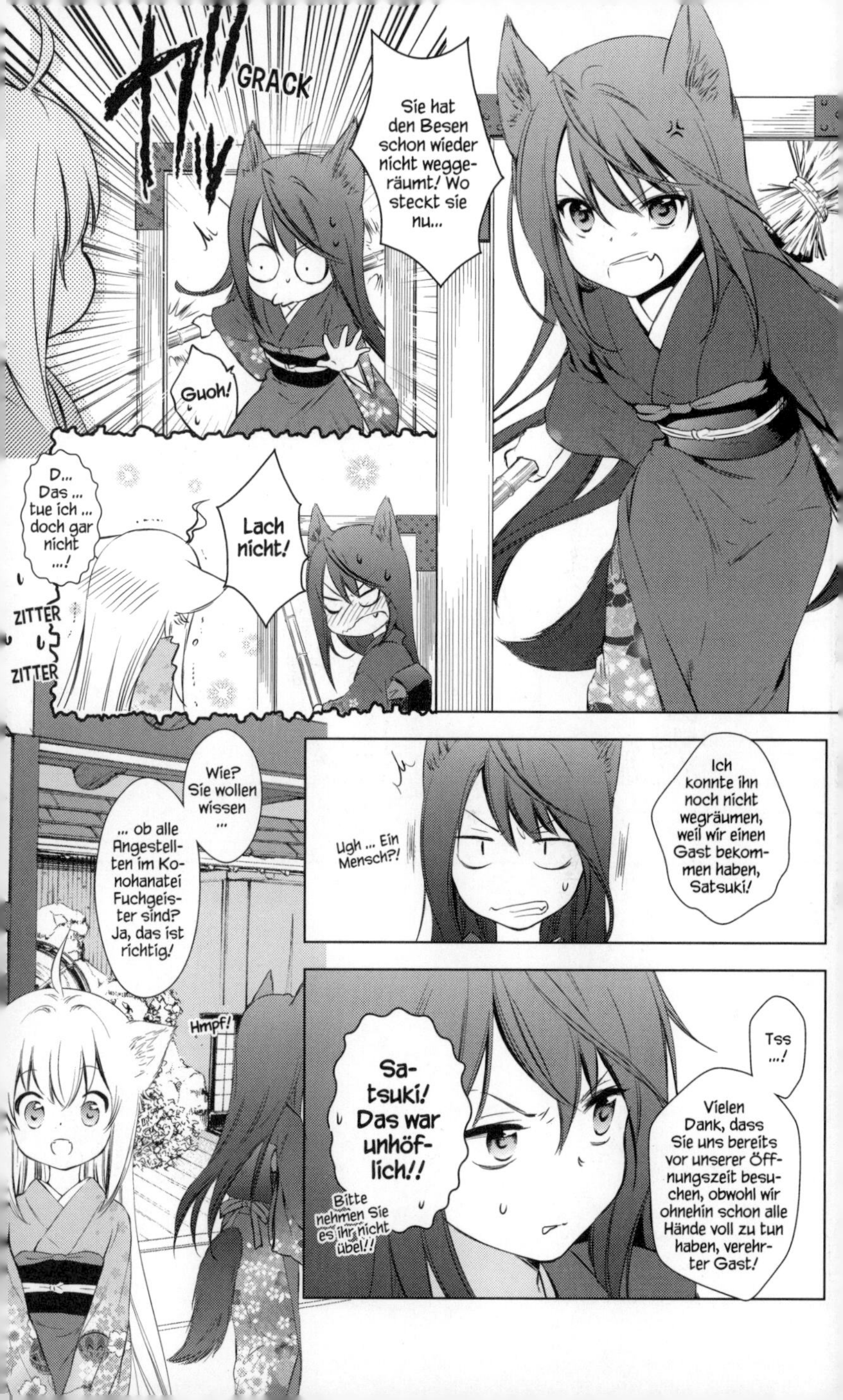
GRACK
Sie hat den Besen schon wieder nicht weggeräumt! Wo steckt sie nu...
Guoh!
Lach nicht!
D... Das ... tue ich ... doch gar nicht ...!
ZITTER ZITTER
Ich konnte ihn noch nicht wegräumen, weil wir einen Gast bekommen haben, Satsuki!
Ugh ... Ein Mensch?!
Tss ...!
Vielen Dank, dass Sie uns bereits vor unserer Öffnungszeit besuchen, obwohl wir ohnehin schon alle Hände voll zu tun haben, verehrter Gast!
Satsuki! Das war unhöflich!!
Bitte nehmen Sie es ihr nicht übel!!
Wie? Sie wollen wissen ...
... ob alle Angestellten im Konohanatei Fuchgeister sind? Ja, das ist richtig!
Hmpf!

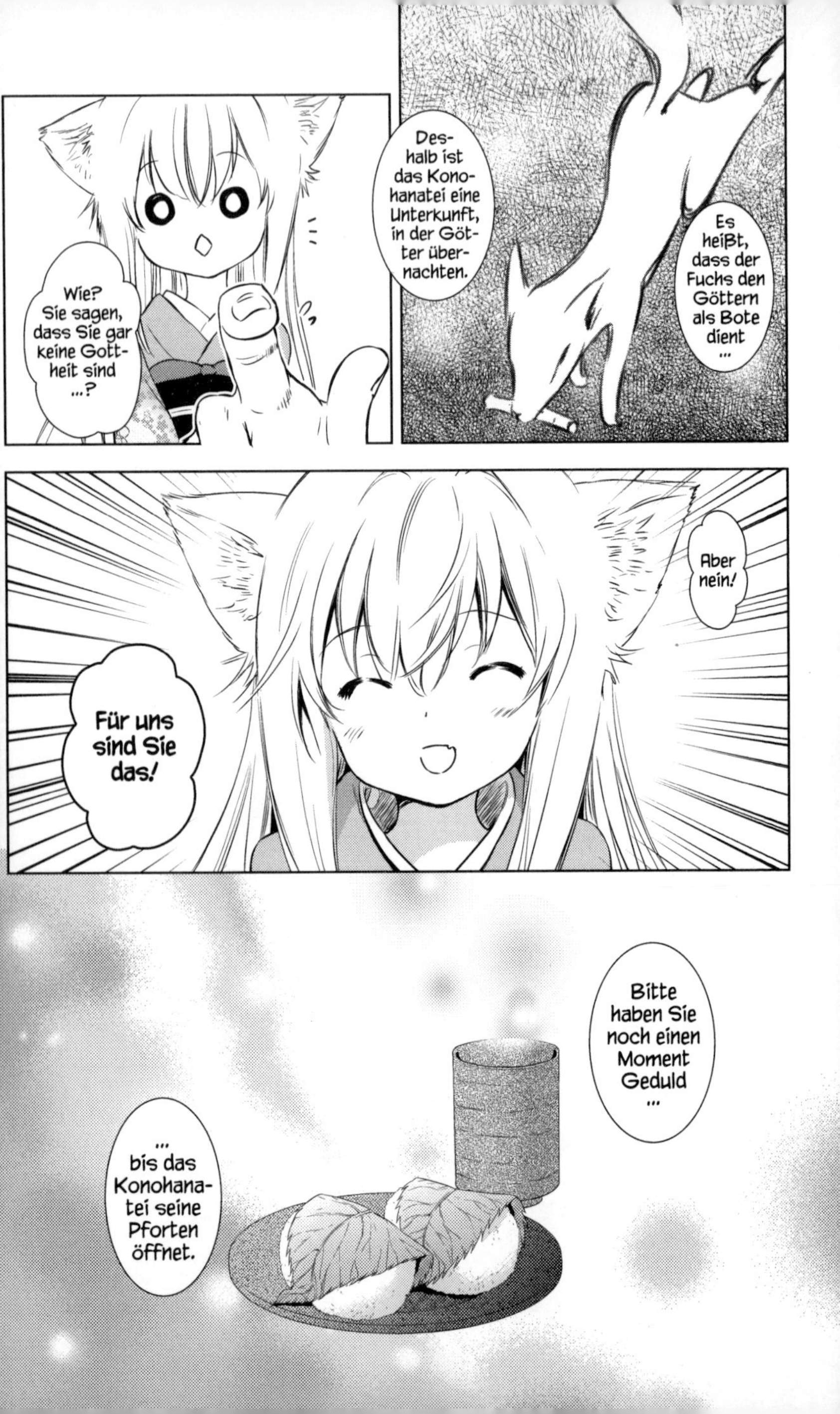
Es heißt, dass der Fuchs den Göttern als Bote dient ...
Deshalb ist das Konohanatei eine Unterkunft, in der Götter übernachten.
Wie? Sie sagen, dass Sie gar keine Gottheit sind ...?
Aber nein!
Für uns sind Sie das!
Bitte haben Sie noch einen Moment Geduld ...
... bis das Konohanatei seine Pforten öffnet.

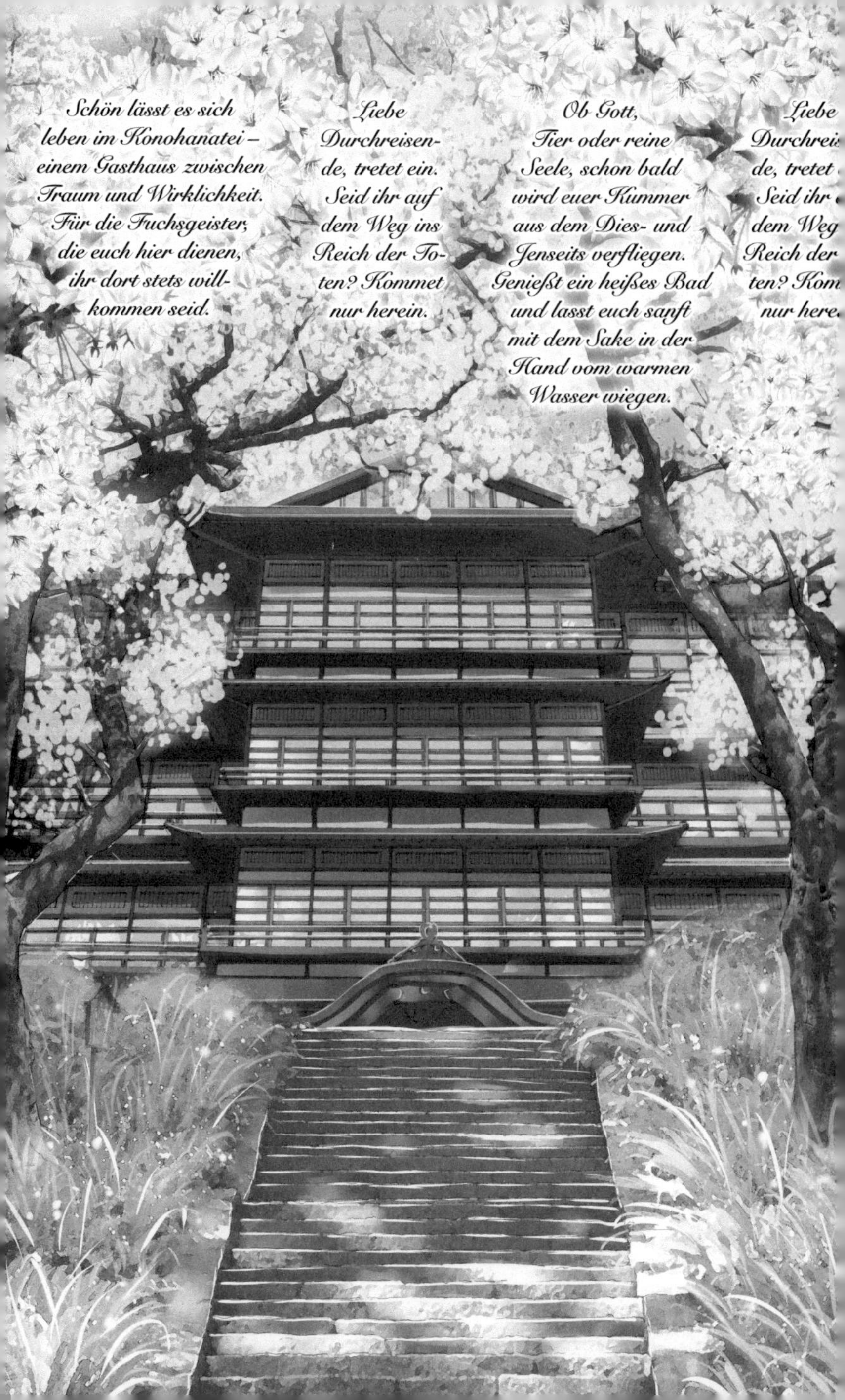
Schön lässt es sich leben im Konohanatei – einem Gasthaus zwischen Traum und Wirklichkeit. Für die Fuchsgeister, die euch hier dienen, ihr dort stets willkommen seid.
Liebe Durchreisende, tretet ein. Seid ihr auf dem Weg ins Reich der Toten? Kommet nur herein.
Ob Gott, Tier oder reine Seele, schon bald wird euer Kummer aus dem Dies- und Jenseits verfliegen. Genießt ein heißes Bad und lasst euch sanft mit dem Sake in der Hand vom warmen Wasser wiegen.

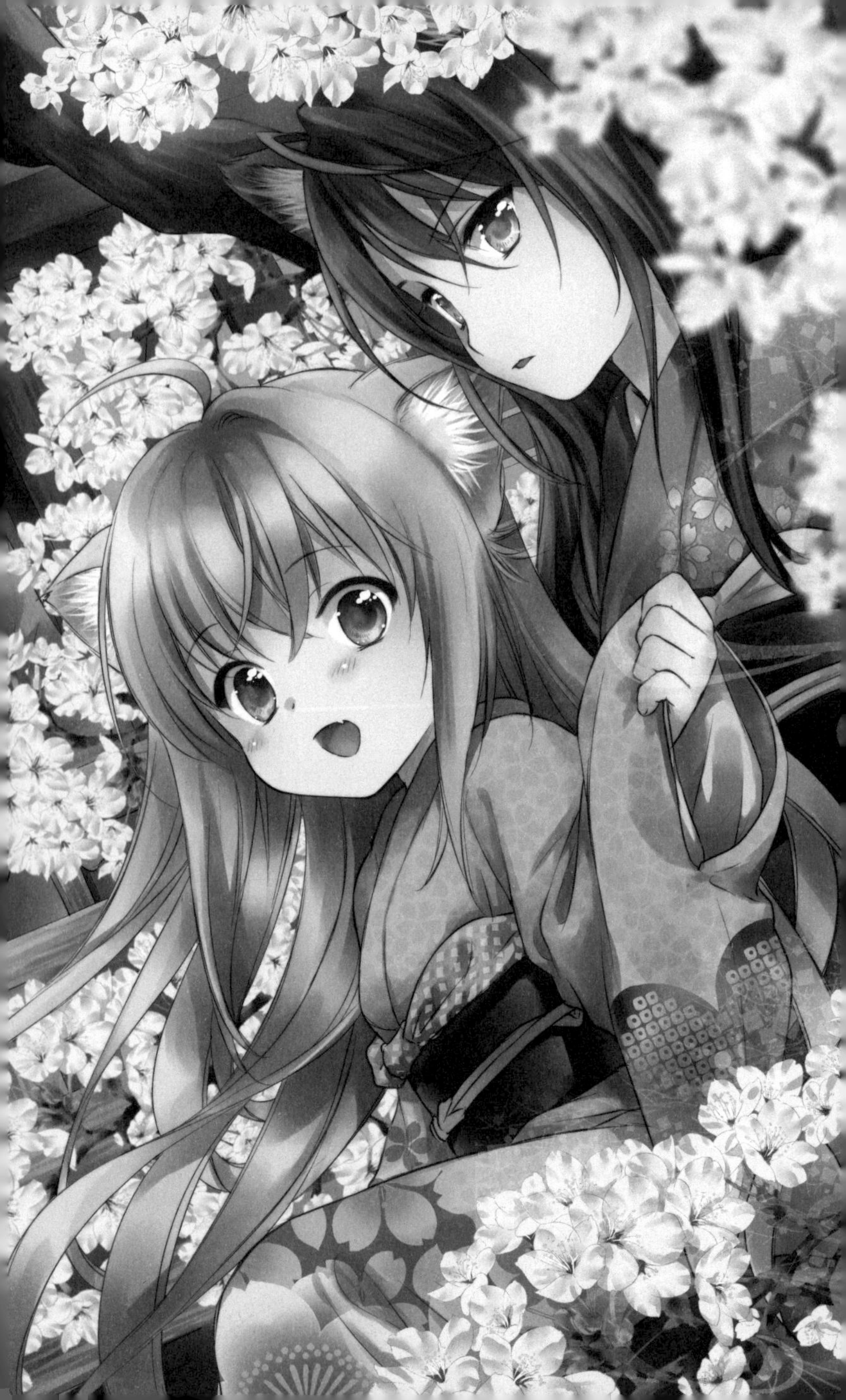

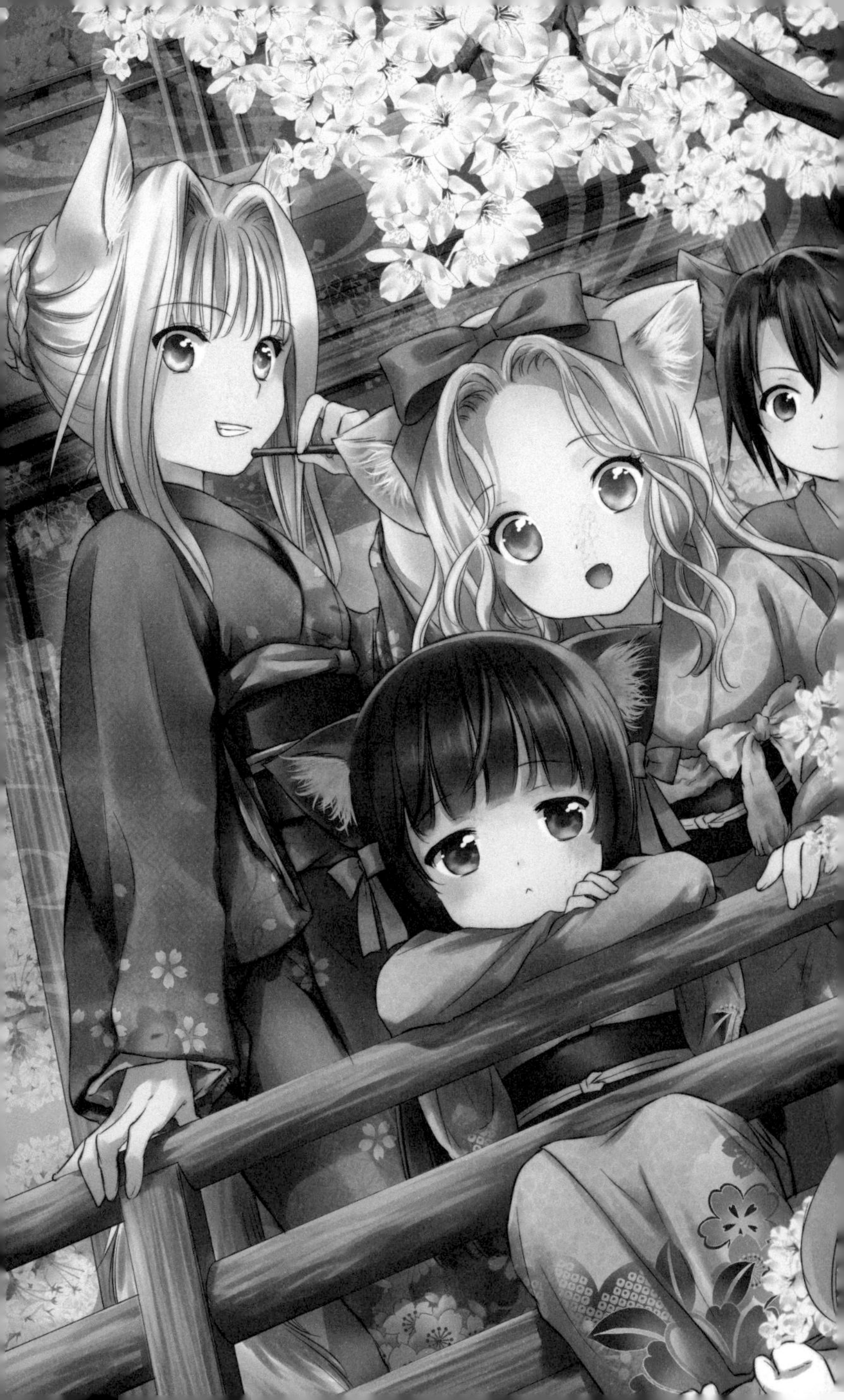

Fox Spirit Tales

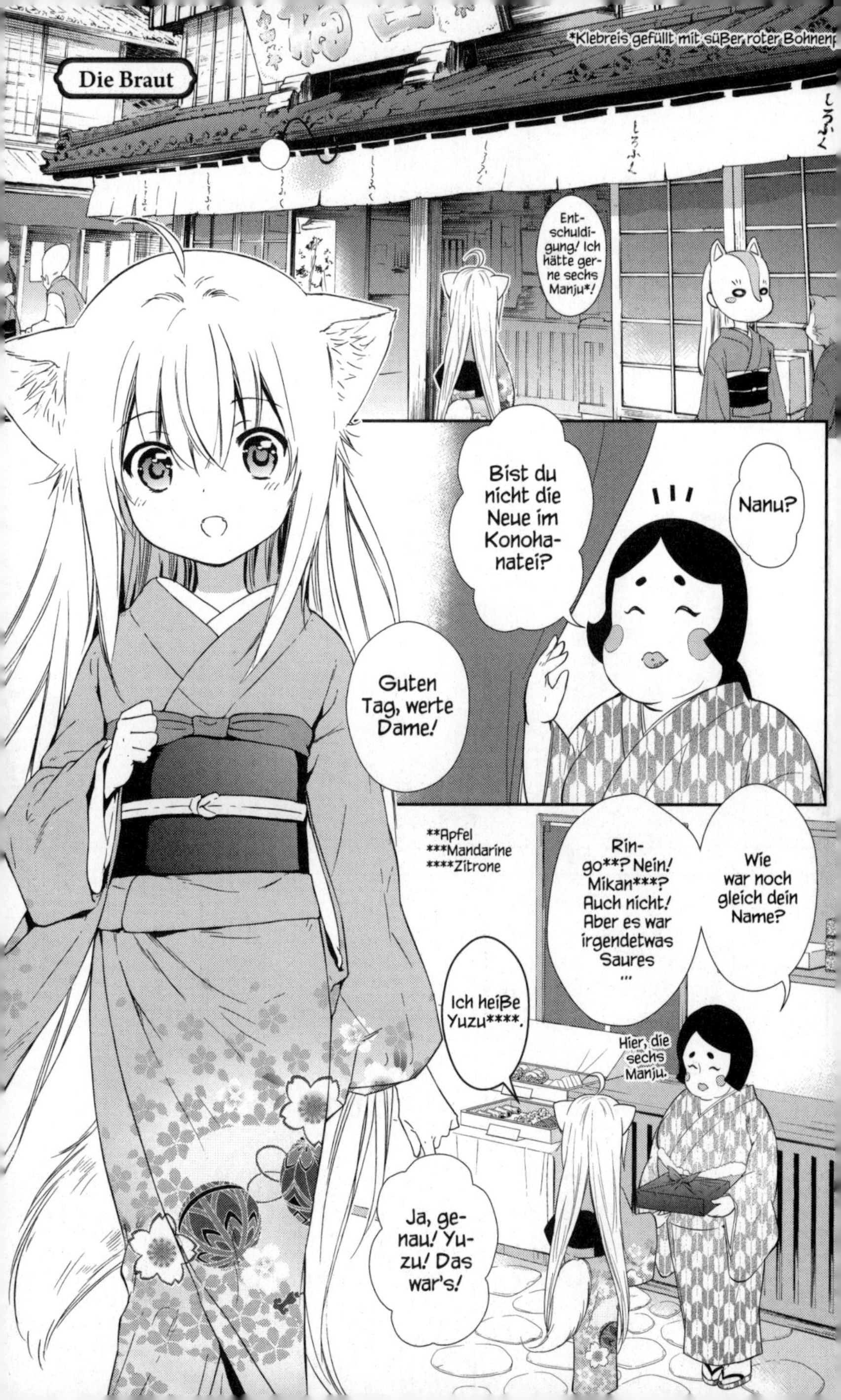
*Klebreis gefüllt mit süßer roter Bohnenp
Die Braut
Entschuldigung! Ich hätte gerne sechs Manju*!
Nanu?
Bist du nicht die Neue im Konohanatei?
Guten Tag, werte Dame!
Wie war noch gleich dein Name?
Ringo**? Nein! Mikan***? Auch nicht! Aber es war irgendetwas Saures ...
**Apfel
***Mandarine
****Zitrone
Ich heiße Yuzu****.
Hier, die sechs Manju.
Ja, genau! Yuzu! Das war's!

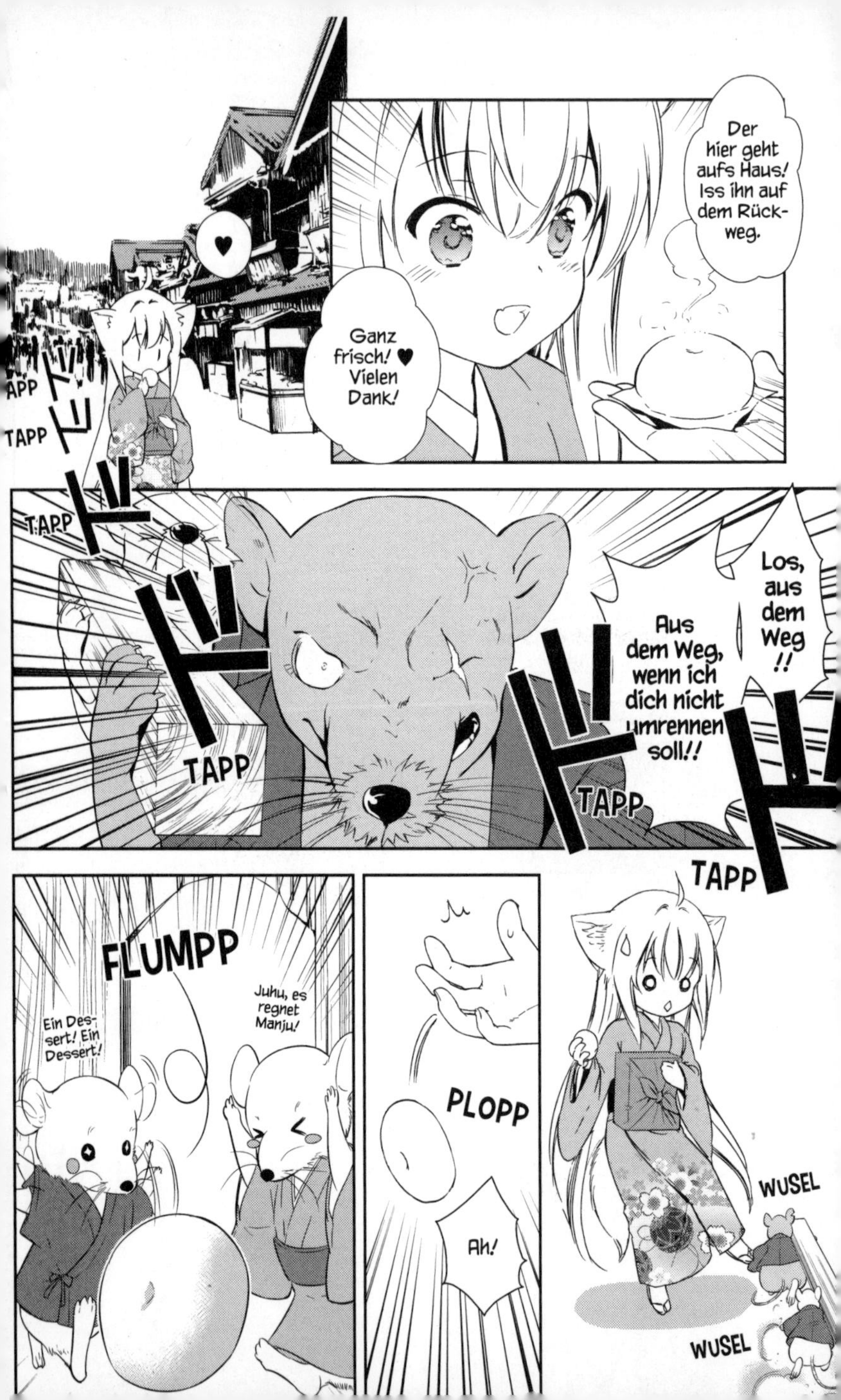

Der hier geht aufs Haus! Iss ihn auf dem Rück-weg.
Ganz frisch! ♥ Vielen Dank!
♥
APP
TAPP
TAPP
Los, aus dem Weg!!
Aus dem Weg, wenn ich dich nicht umrennen soll!!
TAPP
TAPP
TAPP
WUSEL
WUSEL
PLOPP
Ah!
FLUMPP
Juhu, es regnet Manju!
Ein Des-sert! Ein Dessert!

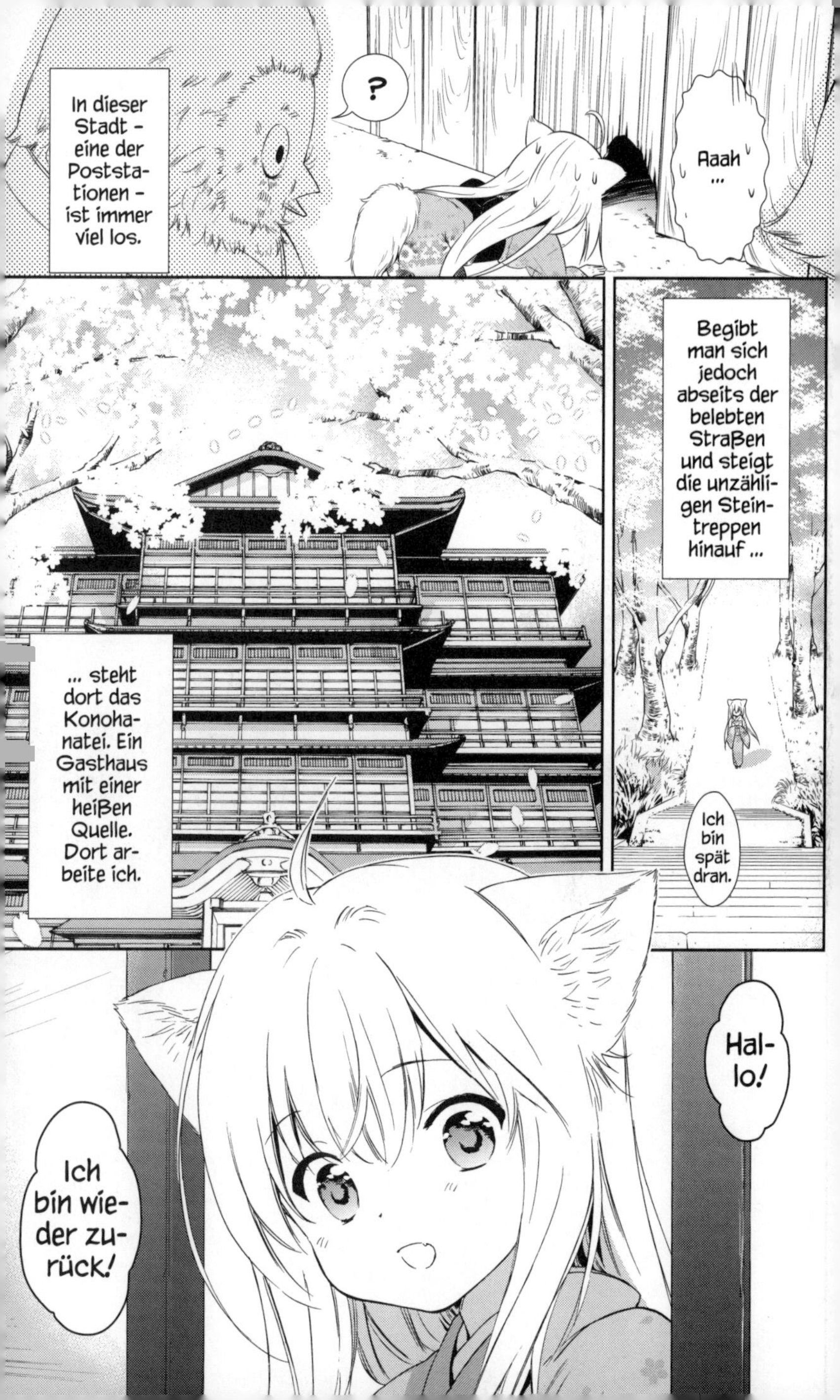
Aaah ...
?
In dieser Stadt - eine der Poststationen - ist immer viel los.
Begibt man sich jedoch abseits der belebten Straßen und steigt die unzähligen Steintreppen hinauf ...
Ich bin spät dran.
... steht dort das Konohanatei. Ein Gasthaus mit einer heißen Quelle. Dort arbeite ich.
Hallo!
Ich bin wieder zurück!

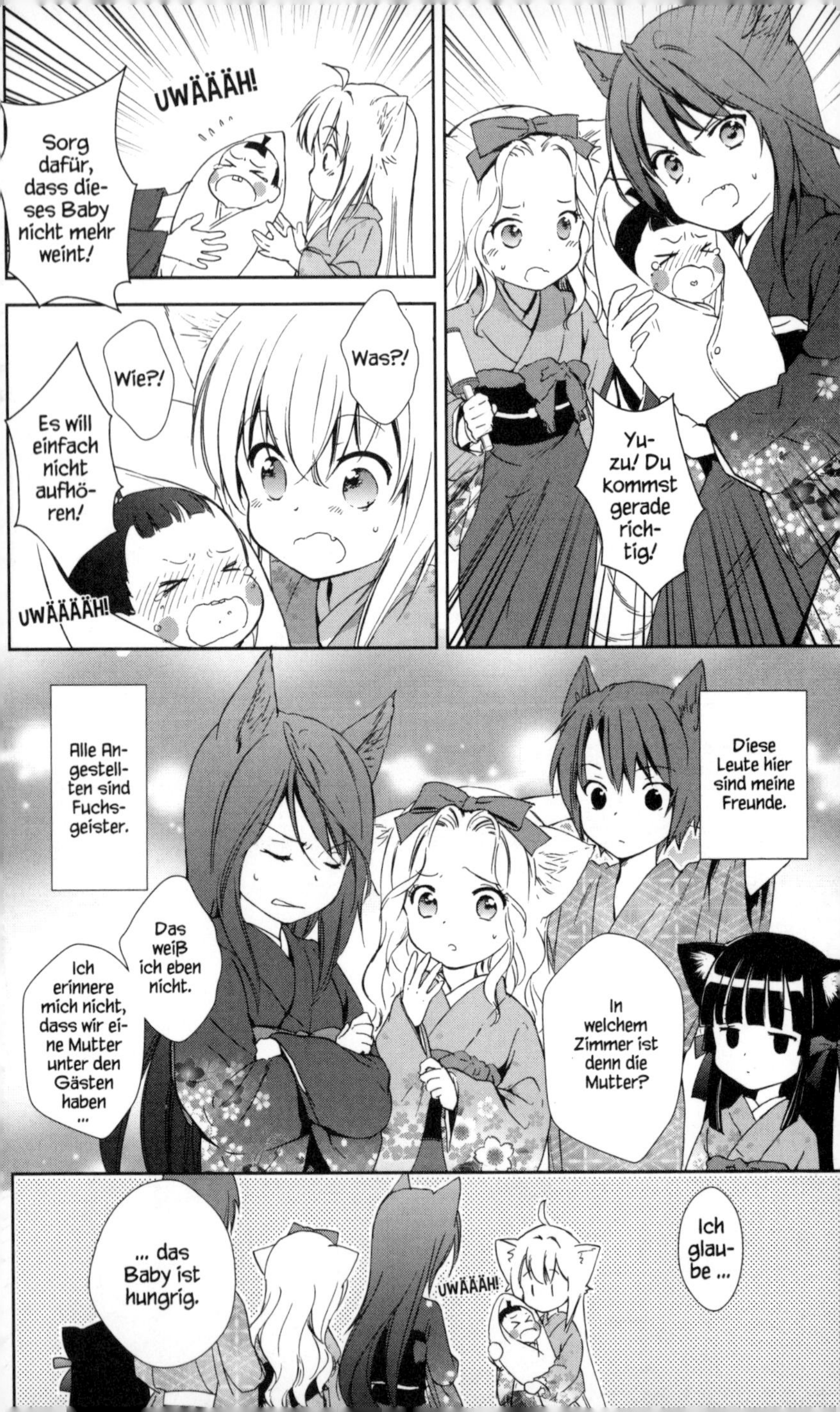
Yu-zu! Du kommst gerade rich-tig!
UWÄÄÄH!
Sorg dafür, dass die-ses Baby nicht mehr weint!
Was?!
Wie?!
Es will einfach nicht aufhö-ren!
UWÄÄÄÄH!
Diese Leute hier sind meine Freunde.
Alle An-gestell-ten sind Fuchs-geister.
In welchem Zimmer ist denn die Mutter?
Das weiß ich eben nicht.
Ich erinnere mich nicht, dass wir ei-ne Mutter unter den Gästen haben ...
Ich glau-be ...
UWÄÄÄH!
... das Baby ist hungrig.

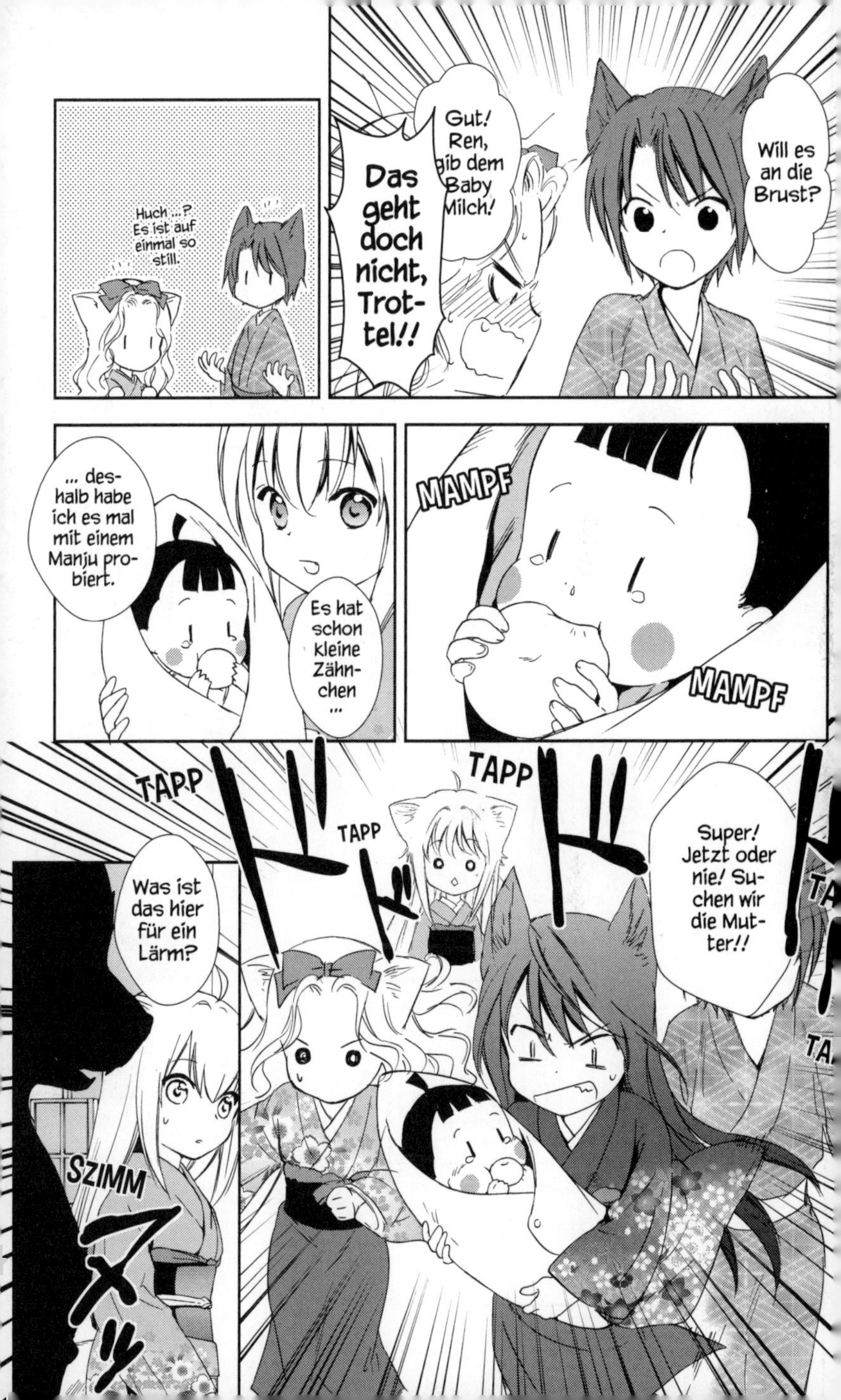
Will es an die Brust?
Gut! Ren, gib dem Baby Milch!
Das geht doch nicht, Trottel!!
Huch ...? Es ist auf einmal so still.
MAMPF
MAMPF
... deshalb habe ich es mal mit einem Manju probiert.
Es hat schon kleine Zähnchen ...
TAPP
TAPP
TAPP
Super! Jetzt oder nie! Suchen wir die Mutter!!
Was ist das hier für ein Lärm?
SZIMM

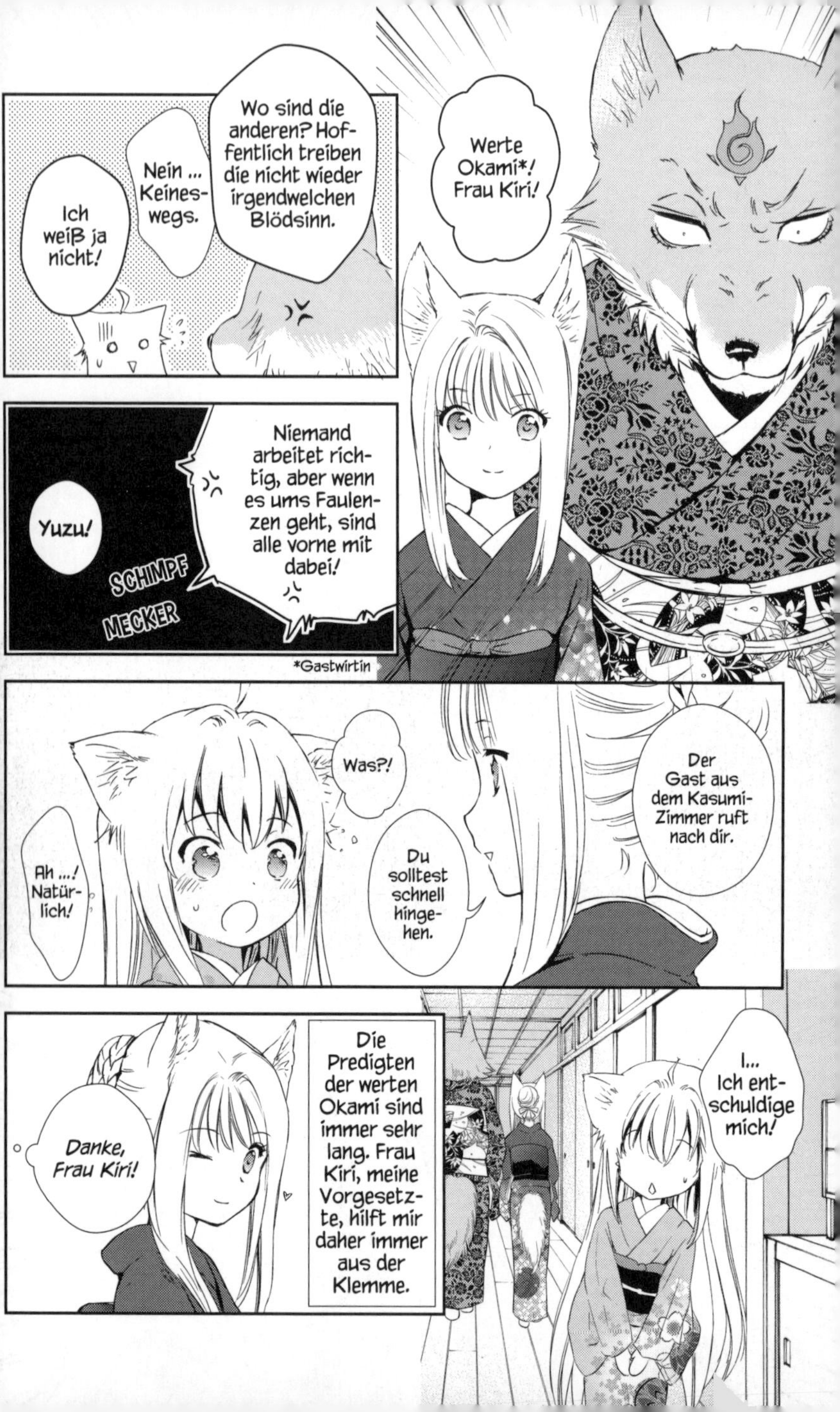

Werte Okami*! Frau Kiri!
Wo sind die anderen? Hoffentlich treiben die nicht wieder irgendwelchen Blödsinn.
Nein ... Keineswegs.
Ich weiß ja nicht!
Niemand arbeitet richtig, aber wenn es ums Faulenzen geht, sind alle vorne mit dabei!
Yuzu!
SCHIMPF
MECKER
*Gastwirtin
Der Gast aus dem Kasumi-Zimmer ruft nach dir.
Was?!
Du solltest schnell hingehen.
Ah ...! Natürlich!
I... Ich entschuldige mich!
Die Predigten der werten Okami sind immer sehr lang. Frau Kiri, meine Vorgesetzte, hilft mir daher immer aus der Klemme.
Danke, Frau Kiri!

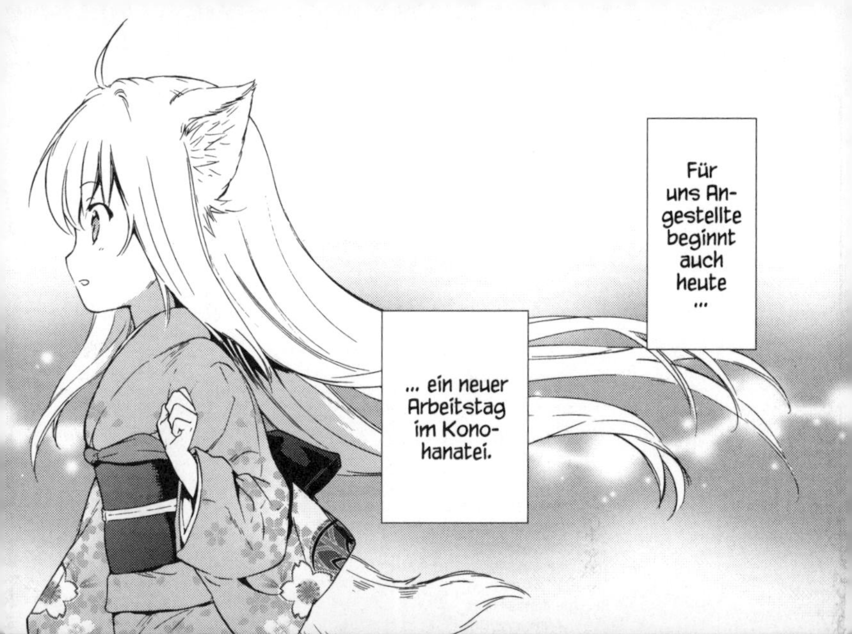
Für uns Angestellte beginnt auch heute ...
... ein neuer Arbeitstag im Konohanatei.

# Die Braut

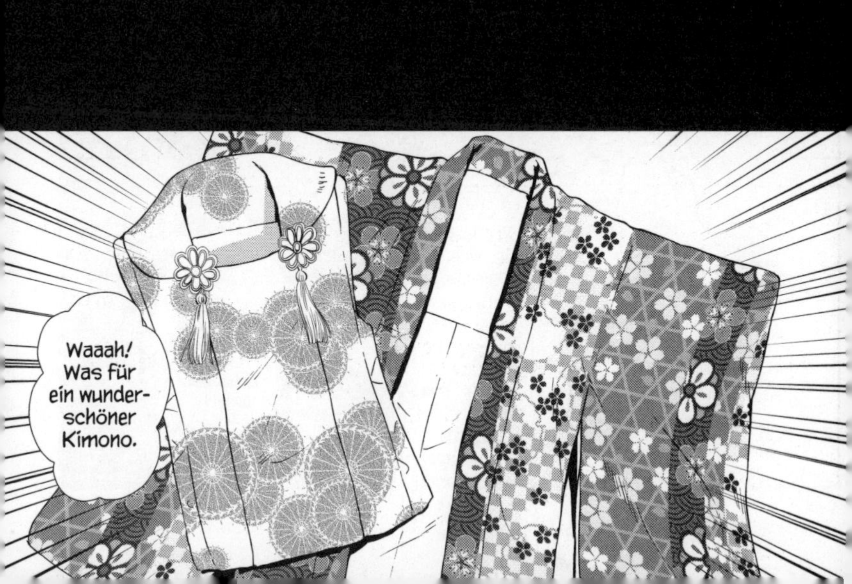
Waaah! Was für ein wunderschöner Kimono.

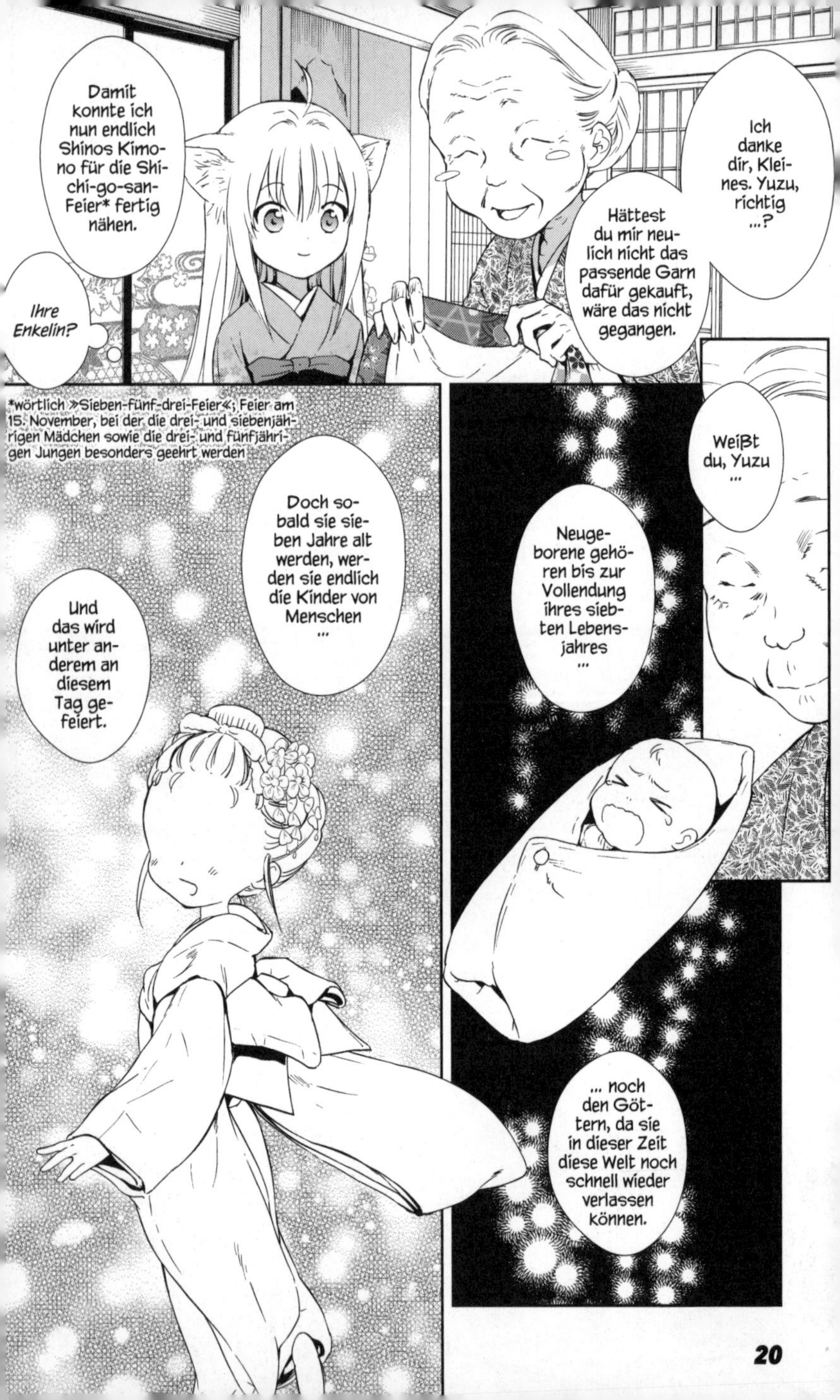


*wörtlich »Sieben-fünf-drei-Feier«; Feier am 15. November, bei der die drei- und siebenjährigen Mädchen sowie die drei- und fünfjährigen Jungen besonders geehrt werden

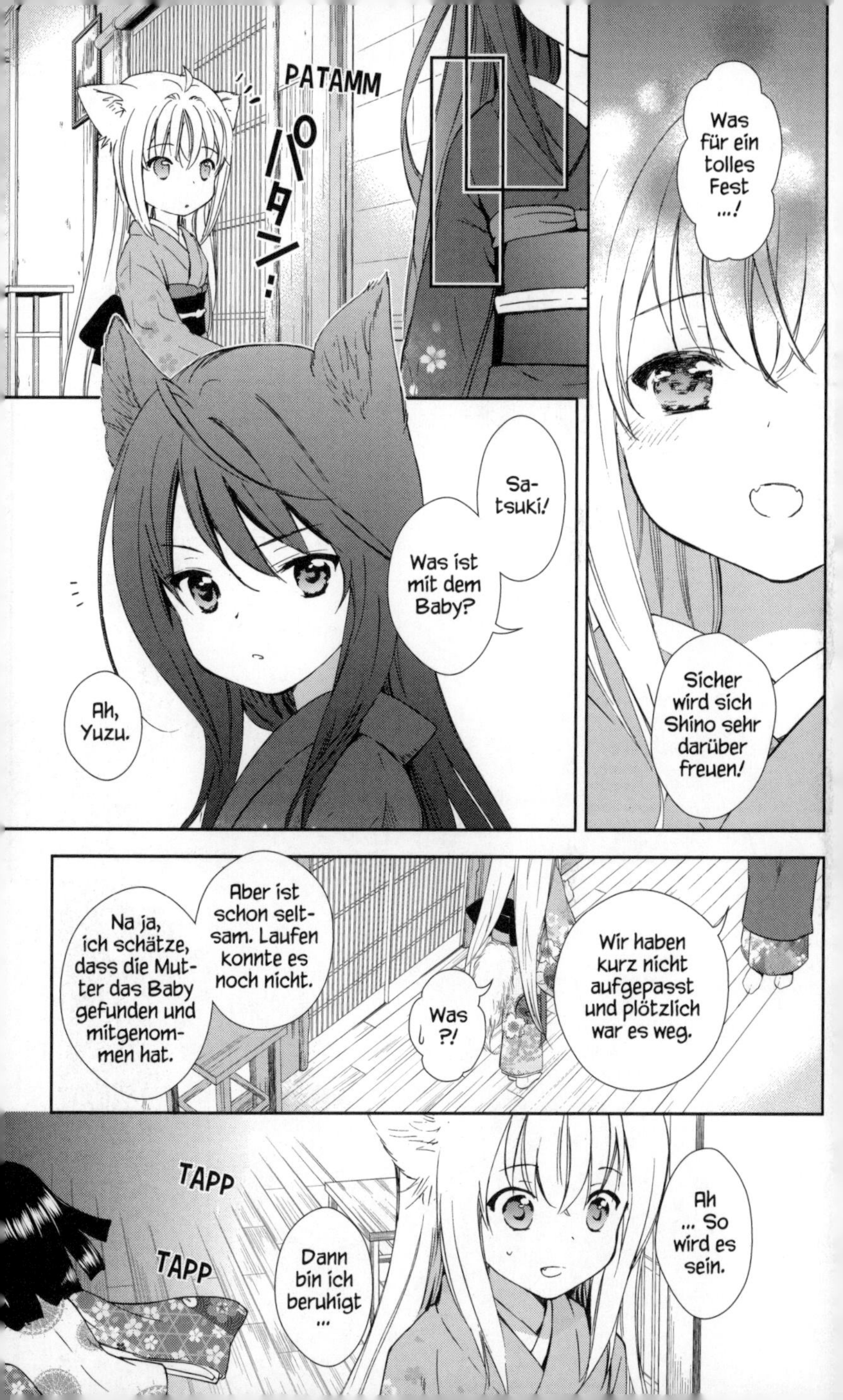

Was für ein tolles Fest ...!
Sicher wird sich Shino sehr darüber freuen!
PATAMM
パタン
Sa-tsuki!
Was ist mit dem Baby?
Ah, Yuzu.
Wir haben kurz nicht aufgepasst und plötzlich war es weg.
Was ?!
Aber ist schon seltsam. Laufen konnte es noch nicht.
Na ja, ich schätze, dass die Mutter das Baby gefunden und mitgenommen hat.
Ah ... So wird es sein.
Dann bin ich beruhigt ...
TAPP
TAPP

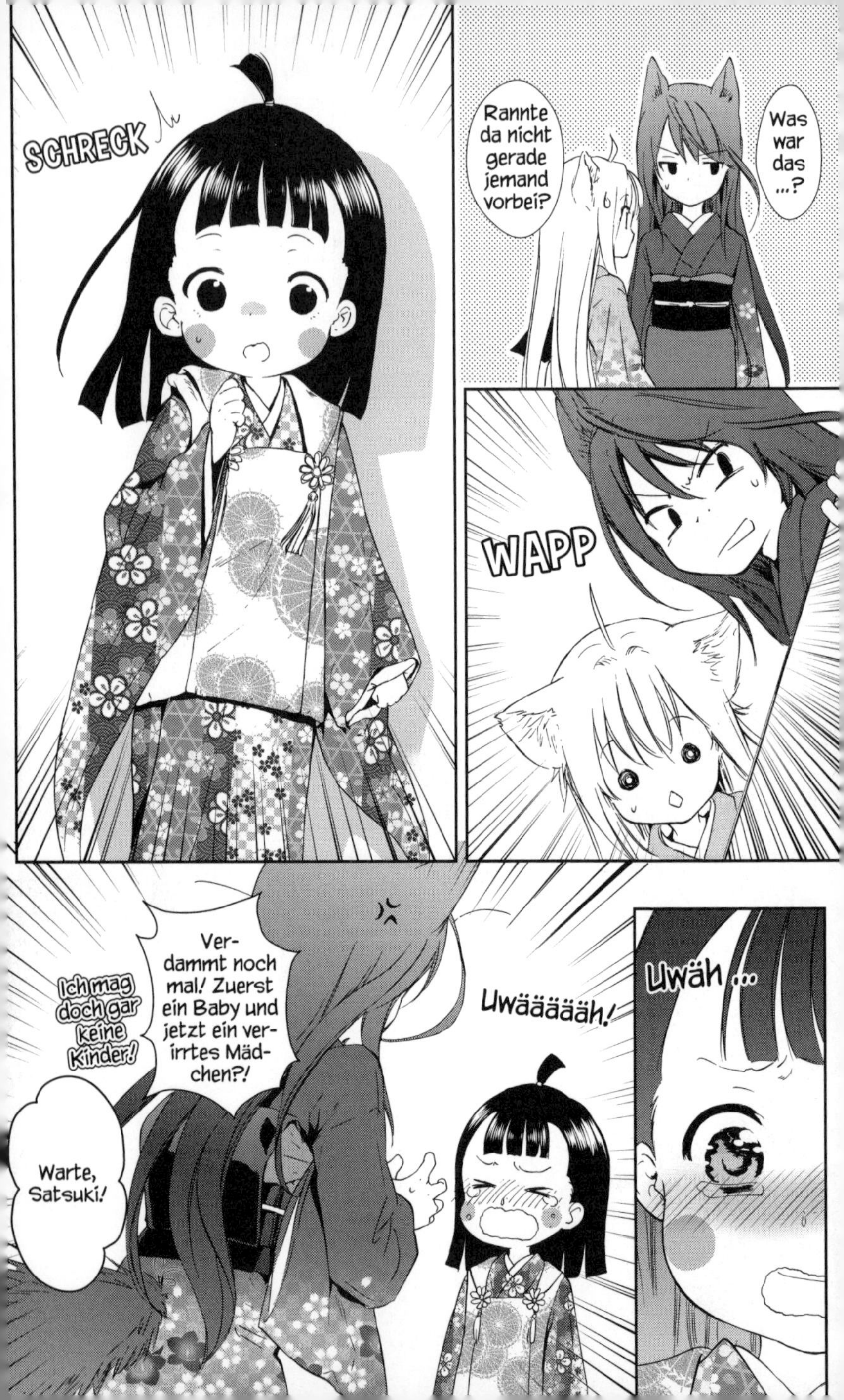
Was war das ...?
Rannte da nicht gerade jemand vorbei?
SCHRECK
WAPP
Uwäh ...
Uwääääääh!
Verdammt noch mal! Zuerst ein Baby und jetzt ein verirrtes Mädchen?!
Ich mag doch gar keine Kinder!
Warte, Satsuki!

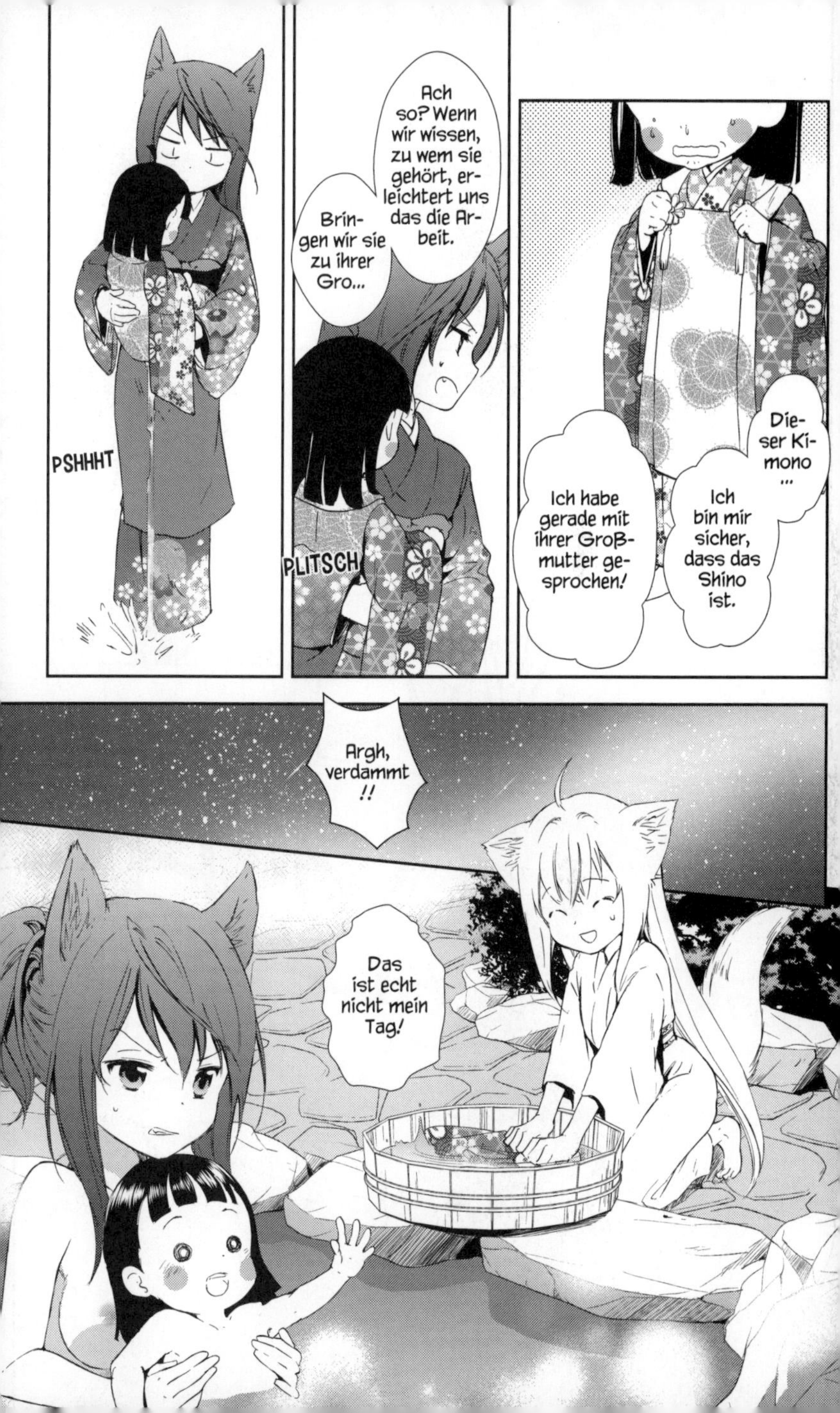

Dieser Kimono ...
Ich bin mir sicher, dass das Shino ist.
Ich habe gerade mit ihrer Großmutter gesprochen!
Ach so? Wenn wir wissen, zu wem sie gehört, erleichtert uns das die Arbeit.
Bringen wir sie zu ihrer Gro...
PLITSCH
PSHHHT
Argh, verdammt !!
Das ist echt nicht mein Tag!

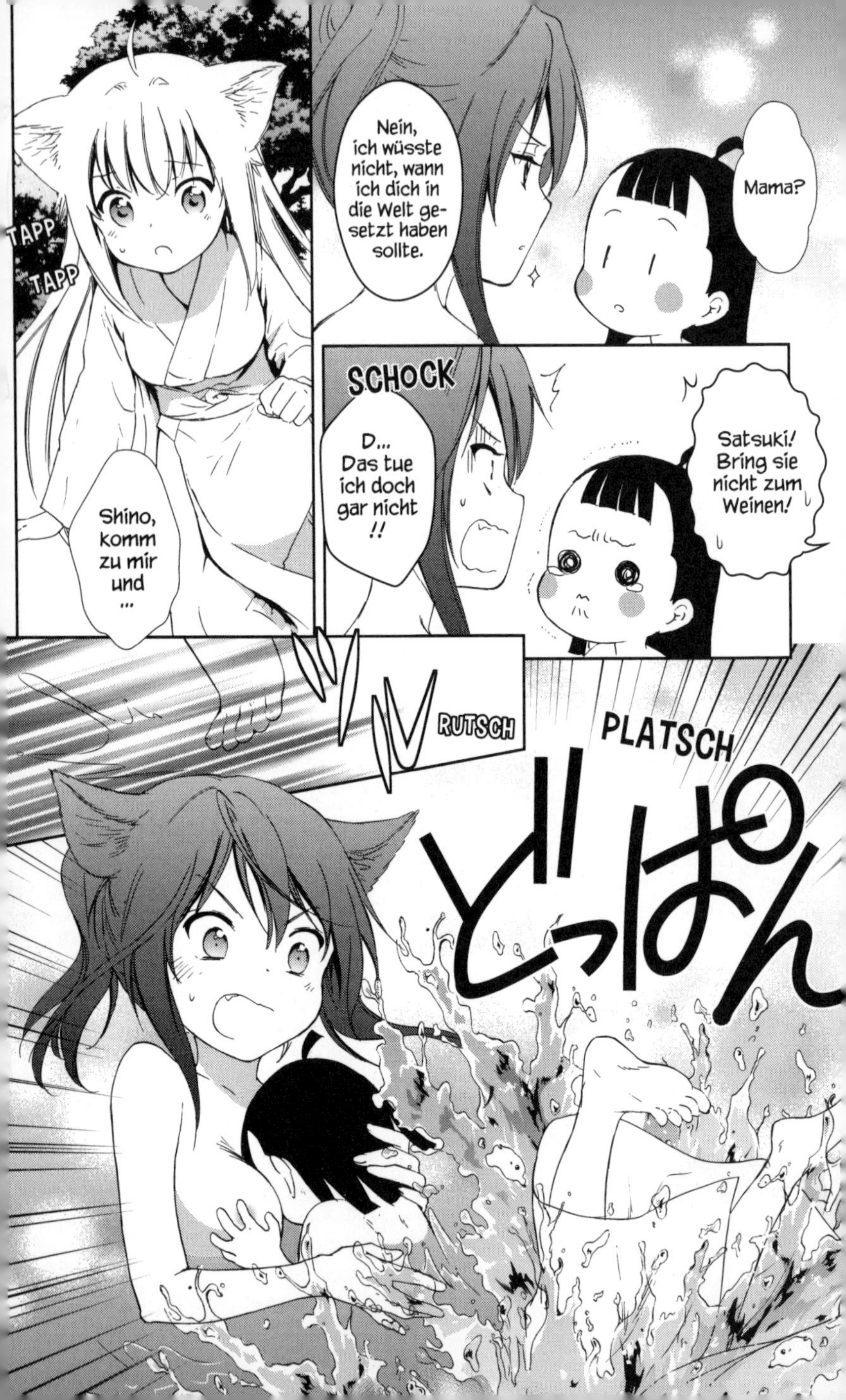
Mama?
Nein, ich wüsste nicht, wann ich dich in die Welt gesetzt haben sollte.
TAPP TAPP
SCHOCK
Satsuki! Bring sie nicht zum Weinen!
D... Das tue ich doch gar nicht !!
Shino, komm zu mir und ...
RUTSCH
PLATSCH
どっぱん

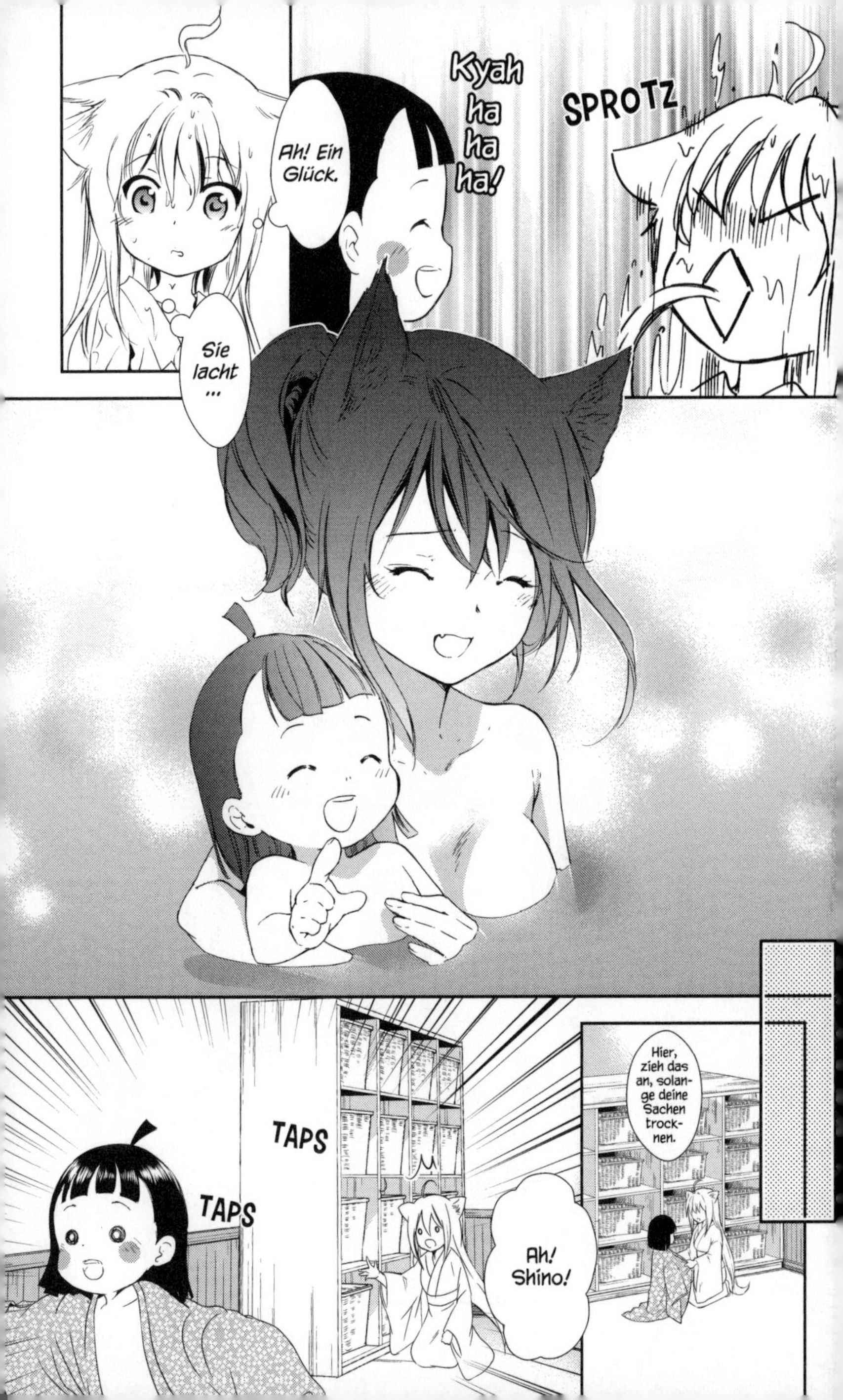
SPROTZ
Kyah ha ha ha!
Ah! Ein Glück.
Sie lacht ...
Hier, zieh das an, solange deine Sachen trocknen.
Ah! Shino!
TAPS
TAPS

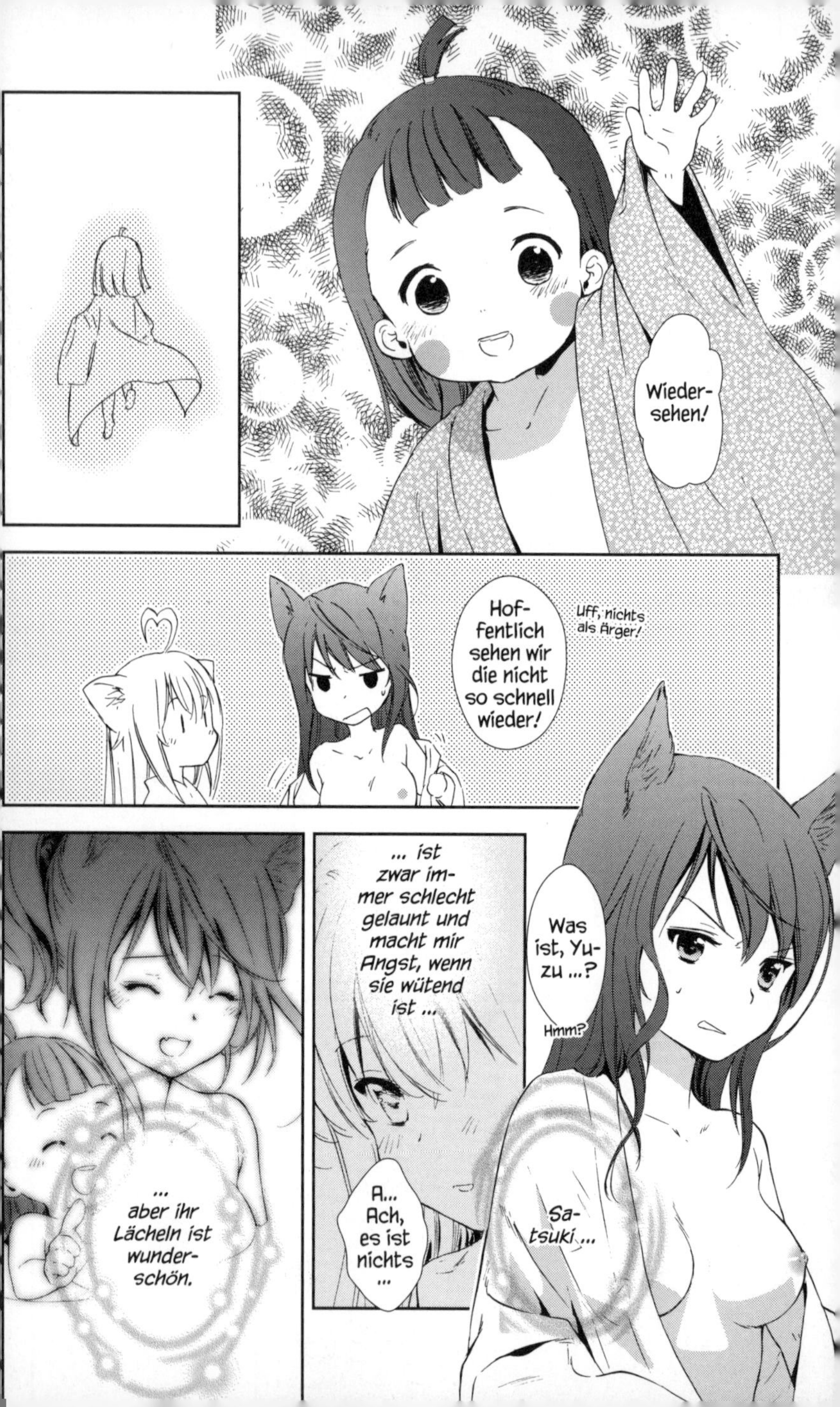
Wieder-sehen!
Uff, nichts als Ärger!
Hof-fentlich sehen wir die nicht so schnell wieder!
Was ist, Yu-zu ...?
Hmm?
Sa-tsuki ...
... ist zwar im-mer schlecht gelaunt und macht mir Angst, wenn sie wütend ist ...
A... Ach, es ist nichts ...
... aber ihr Lächeln ist wunder-schön.

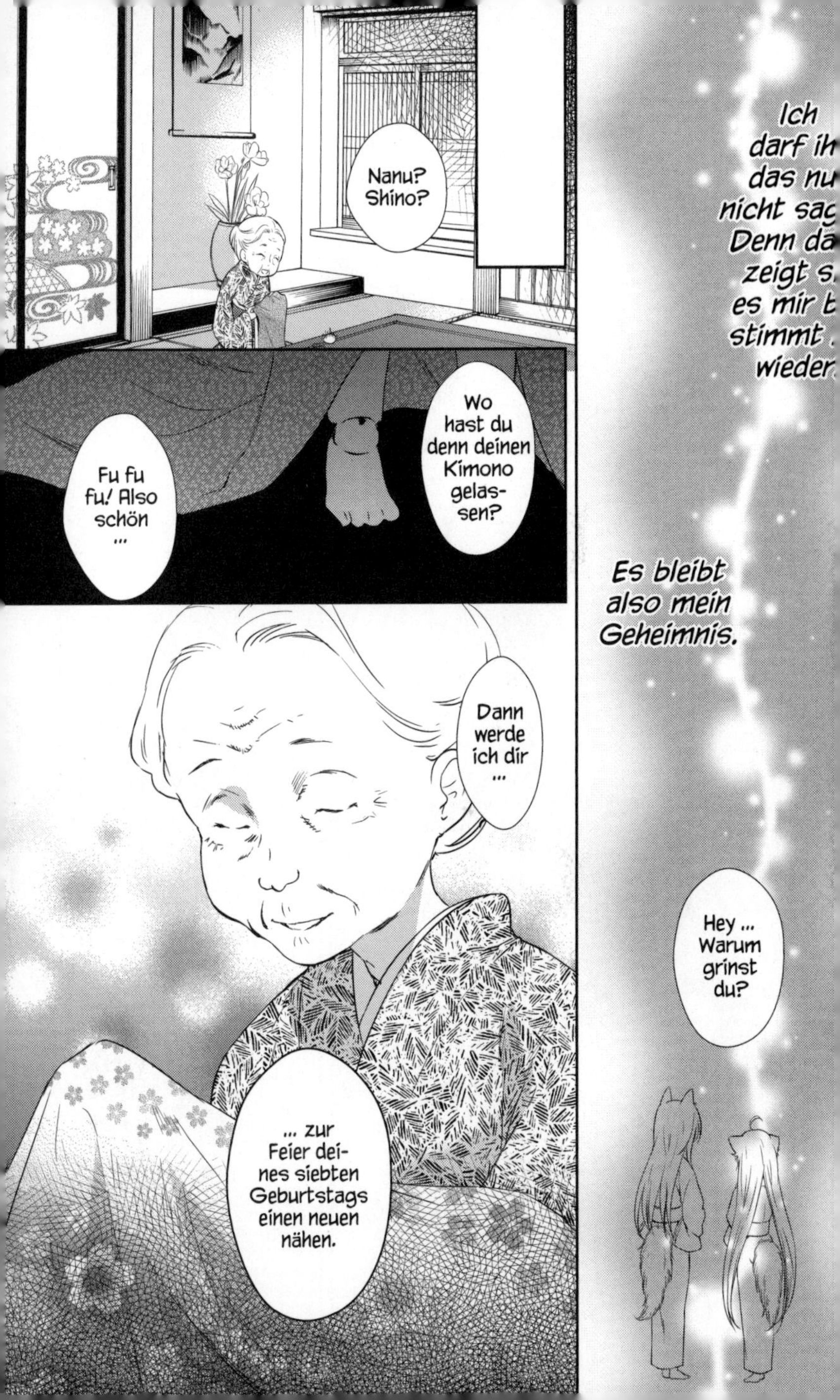
Ich darf ih das nu nicht sag Denn da zeigt s es mir b stimmt wieder
Es bleibt also mein Geheimnis.
Hey ... Warum grinst du?
Nanu? Shino?
Wo hast du denn deinen Kimono gelassen?
Fu fu fu! Also schön ...
Dann werde ich dir ...
... zur Feier deines siebten Geburtstags einen neuen nähen.

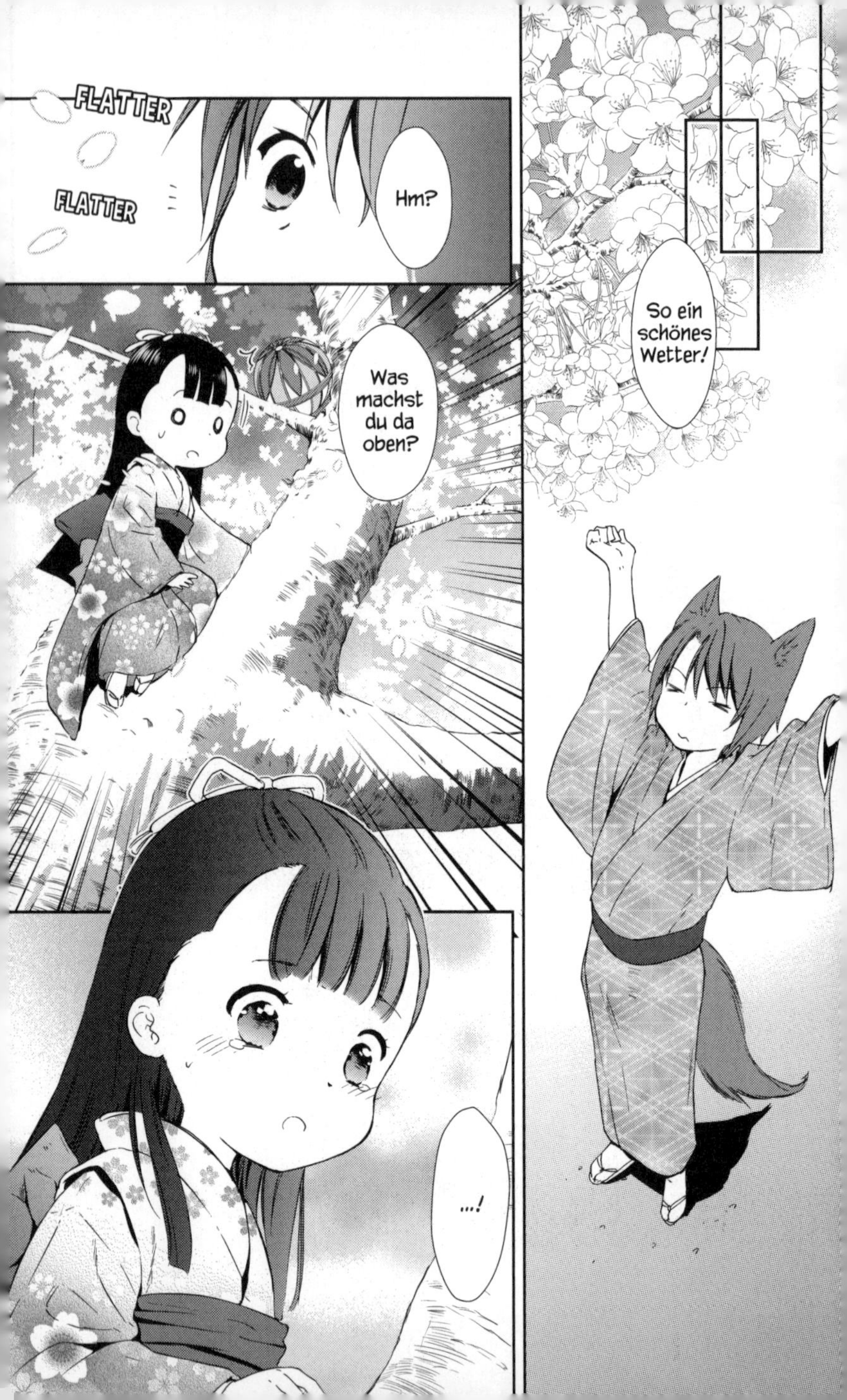
So ein schönes Wetter!
FLATTER
FLATTER
Hm?
Was machst du da oben?
...!

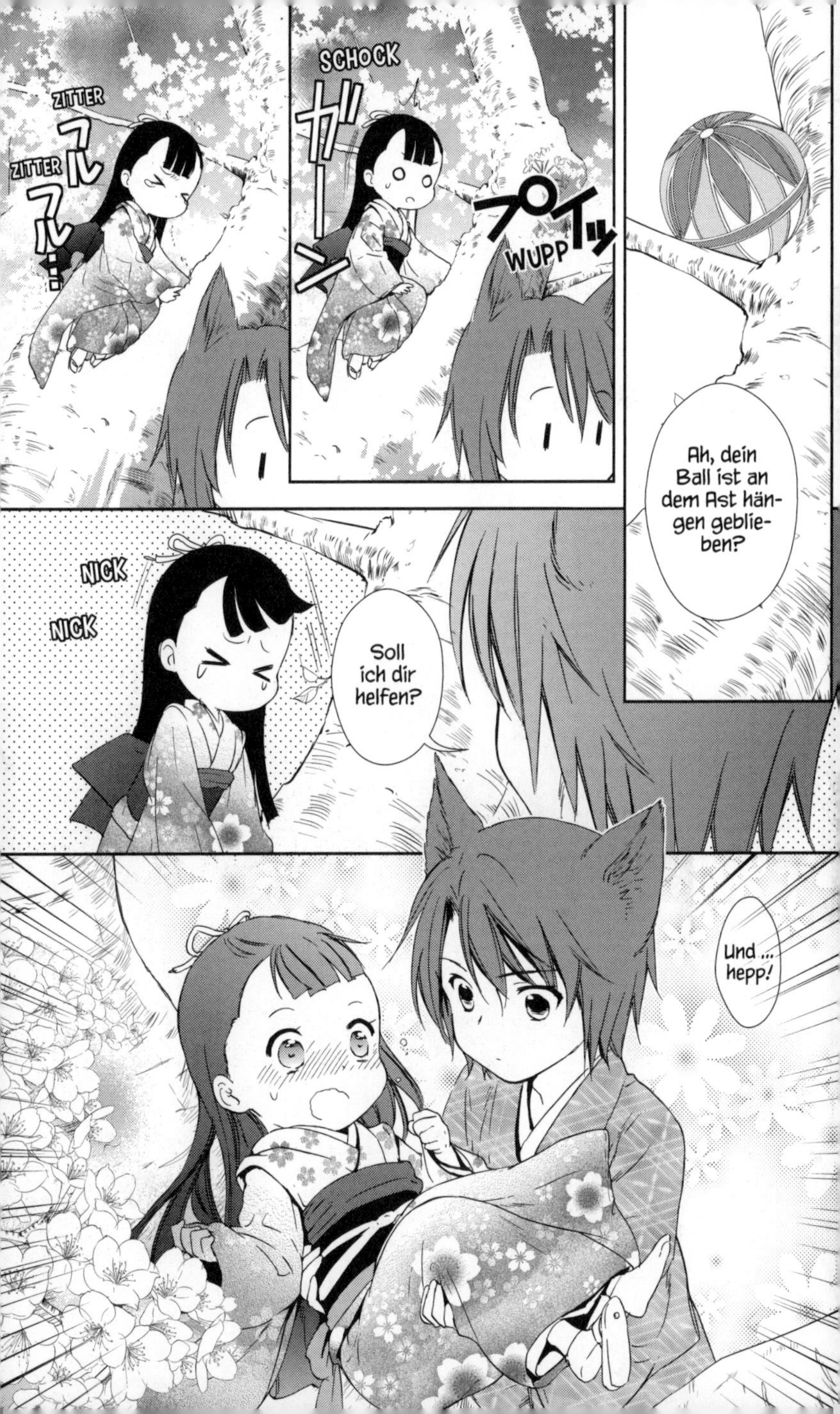
Ah, dein Ball ist an dem Ast hängen geblieben?
SCHOCK
ガーン
プイッ
WUPP
ZITTER
フル
ZITTER
フル…
Soll ich dir helfen?
NICK
NICK
Und … hepp!

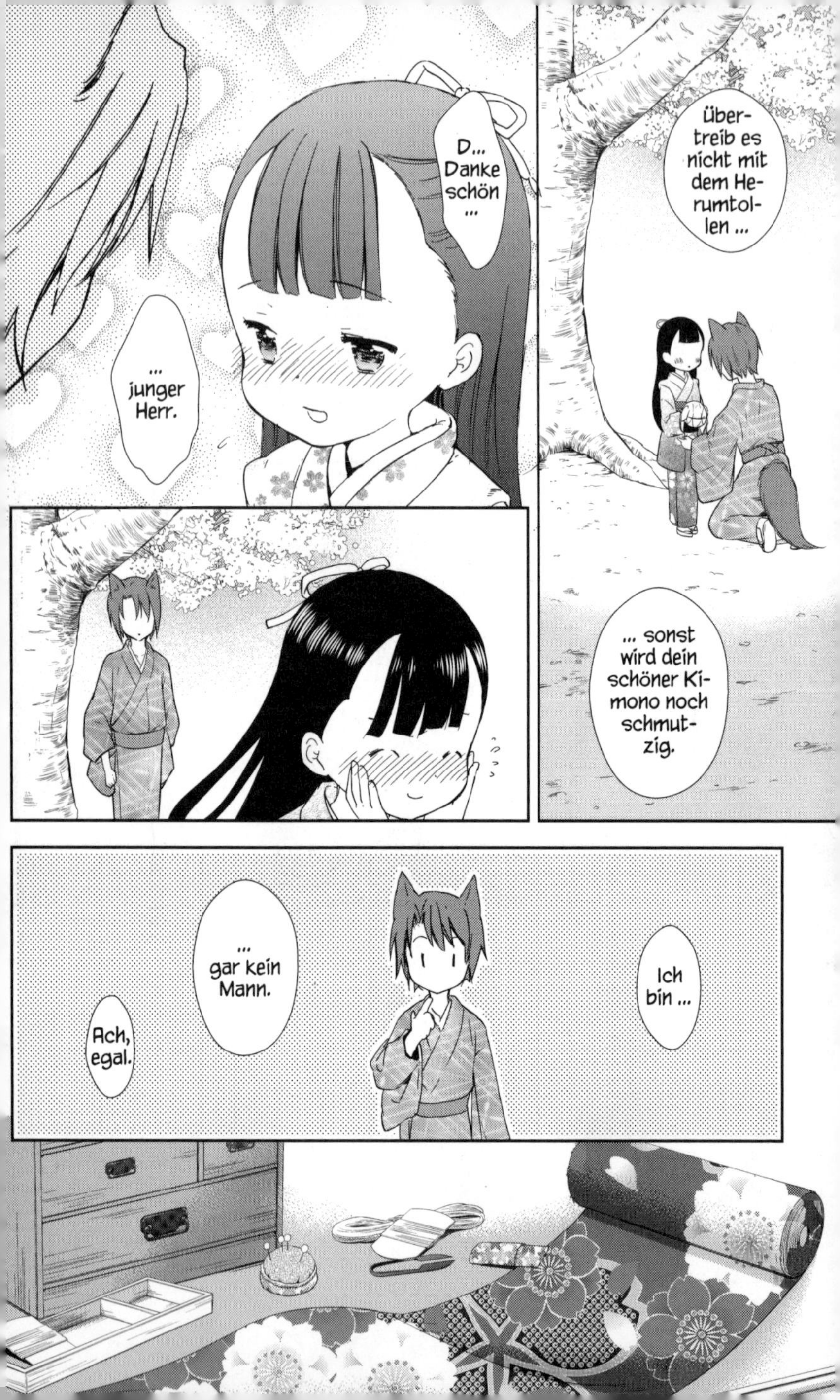

Über-treib es nicht mit dem He-rumtol-len ...
... sonst wird dein schöner Ki-mono noch schmut-zig.
D... Danke schön ...
... junger Herr.
Ich bin ...
... gar kein Mann.
Ach, egal.

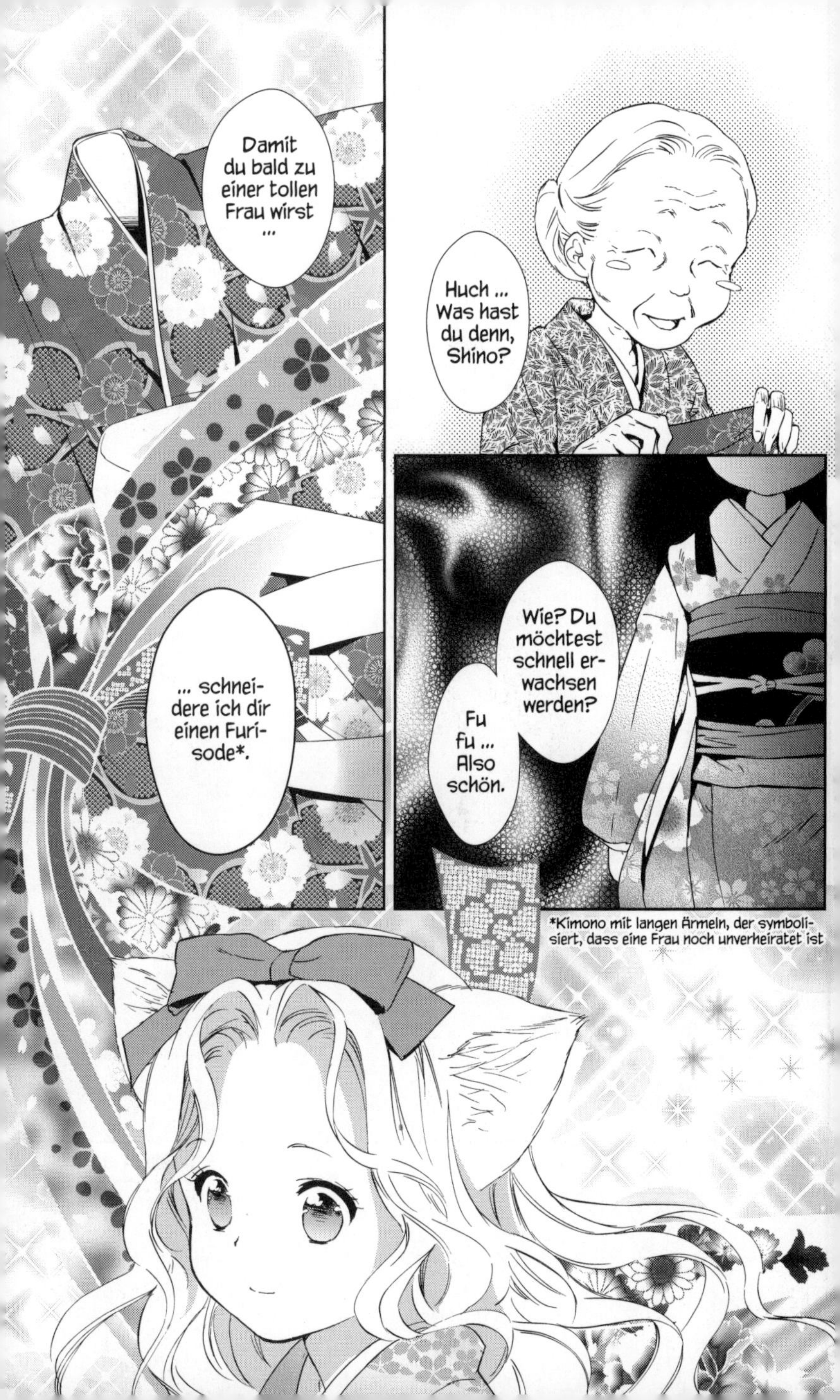
Huch ... Was hast du denn, Shino?
Damit du bald zu einer tollen Frau wirst ...
Wie? Du möchtest schnell erwachsen werden?
Fu fu ... Also schön.
... schneidere ich dir einen Furisode*.
*Kimono mit langen Ärmeln, der symbolisiert, dass eine Frau noch unverheiratet ist

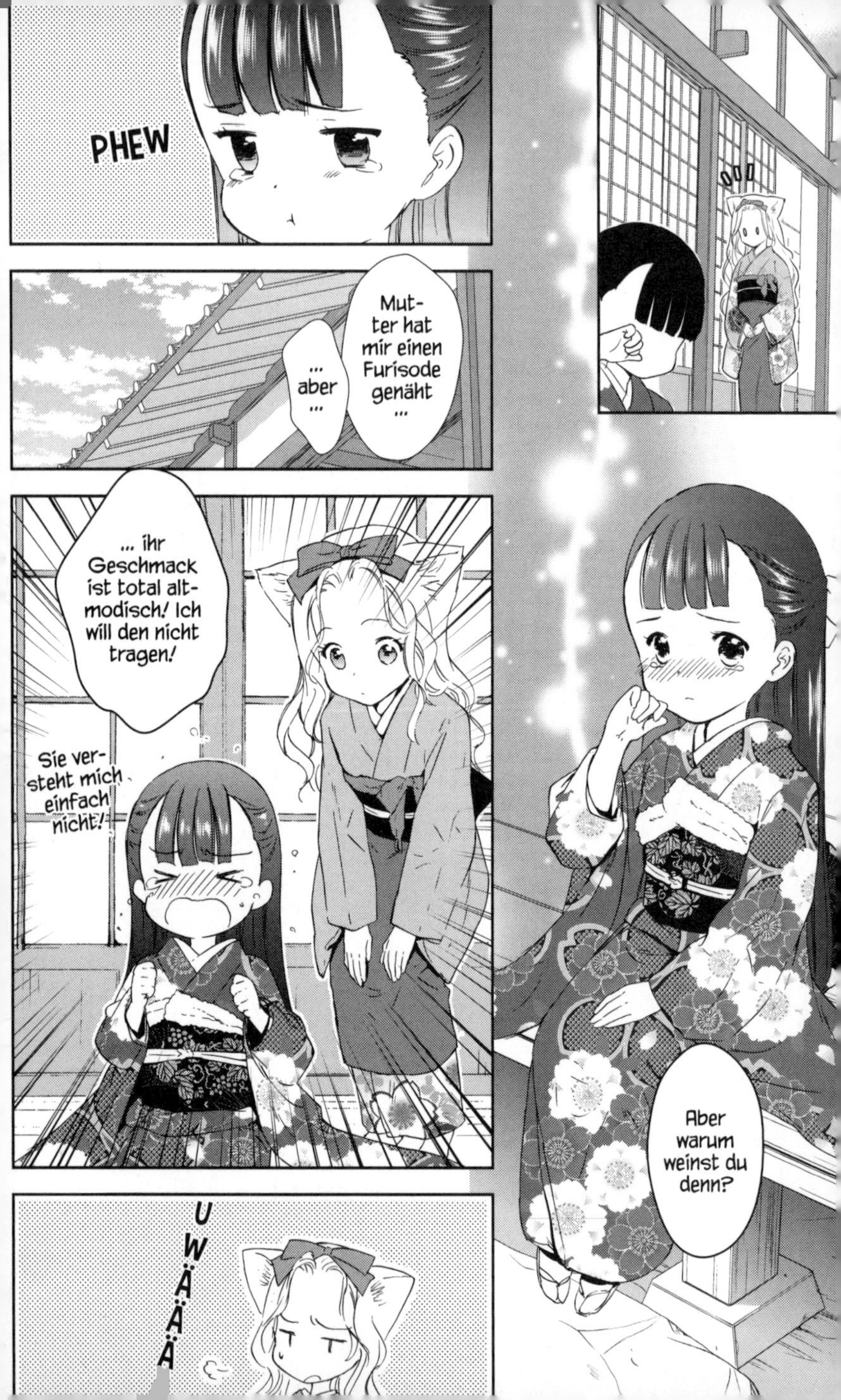
PHEW
Mutter hat mir einen Furisode genäht …
… aber …
… ihr Geschmack ist total altmodisch! Ich will den nicht tragen!
Sie versteht mich einfach nicht!
Aber warum weinst du denn?
UWÄÄÄÄ

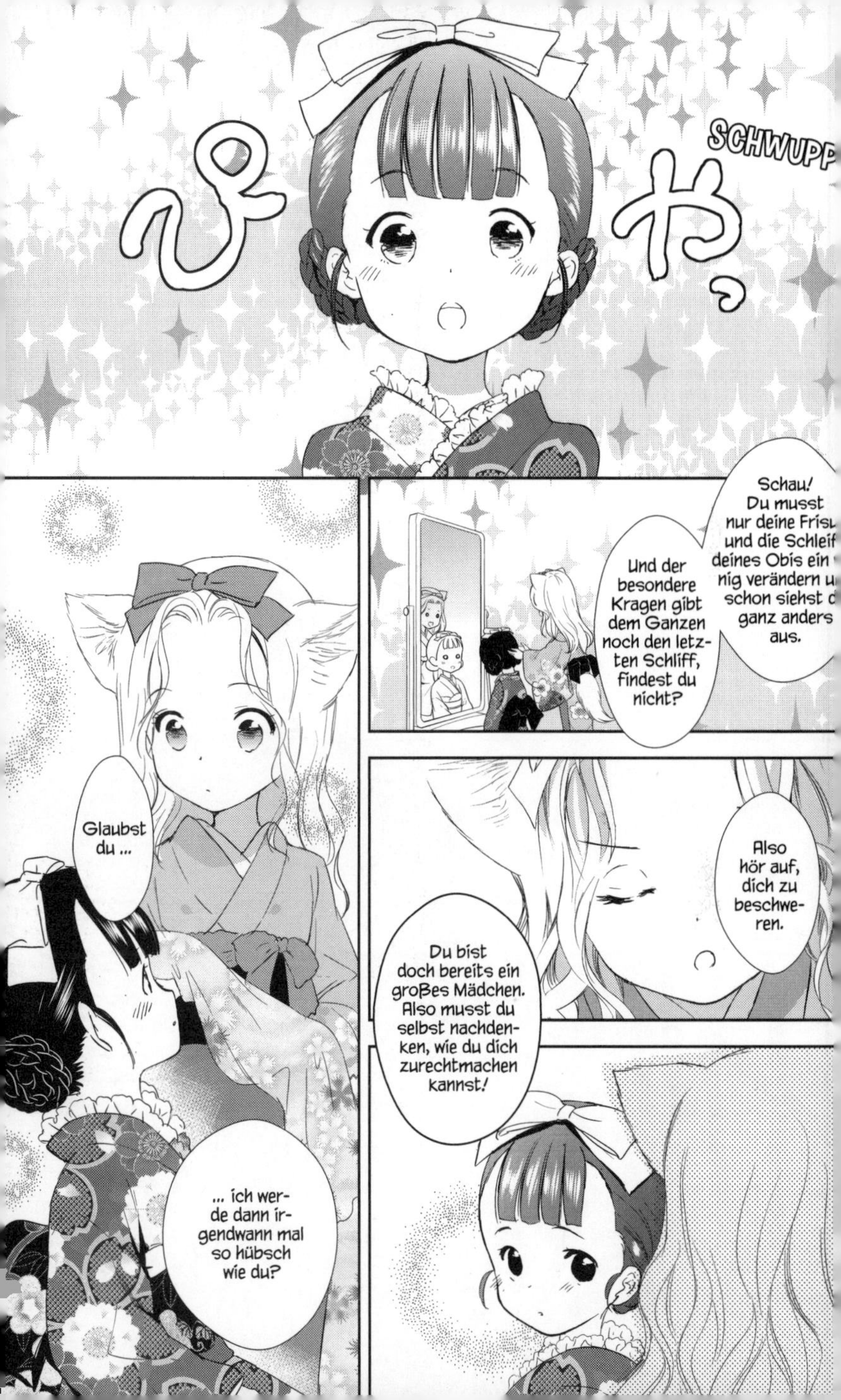
ぴや
SCHWUPP
Schau! Du musst nur deine Frisu und die Schleif deines Obis ein nig verändern u schon siehst d ganz anders aus.
Und der besondere Kragen gibt dem Ganzen noch den letzten Schliff, findest du nicht?
Also hör auf, dich zu beschweren.
Du bist doch bereits ein großes Mädchen. Also musst du selbst nachdenken, wie du dich zurechtmachen kannst!
Glaubst du ...
... ich werde dann irgendwann mal so hübsch wie du?

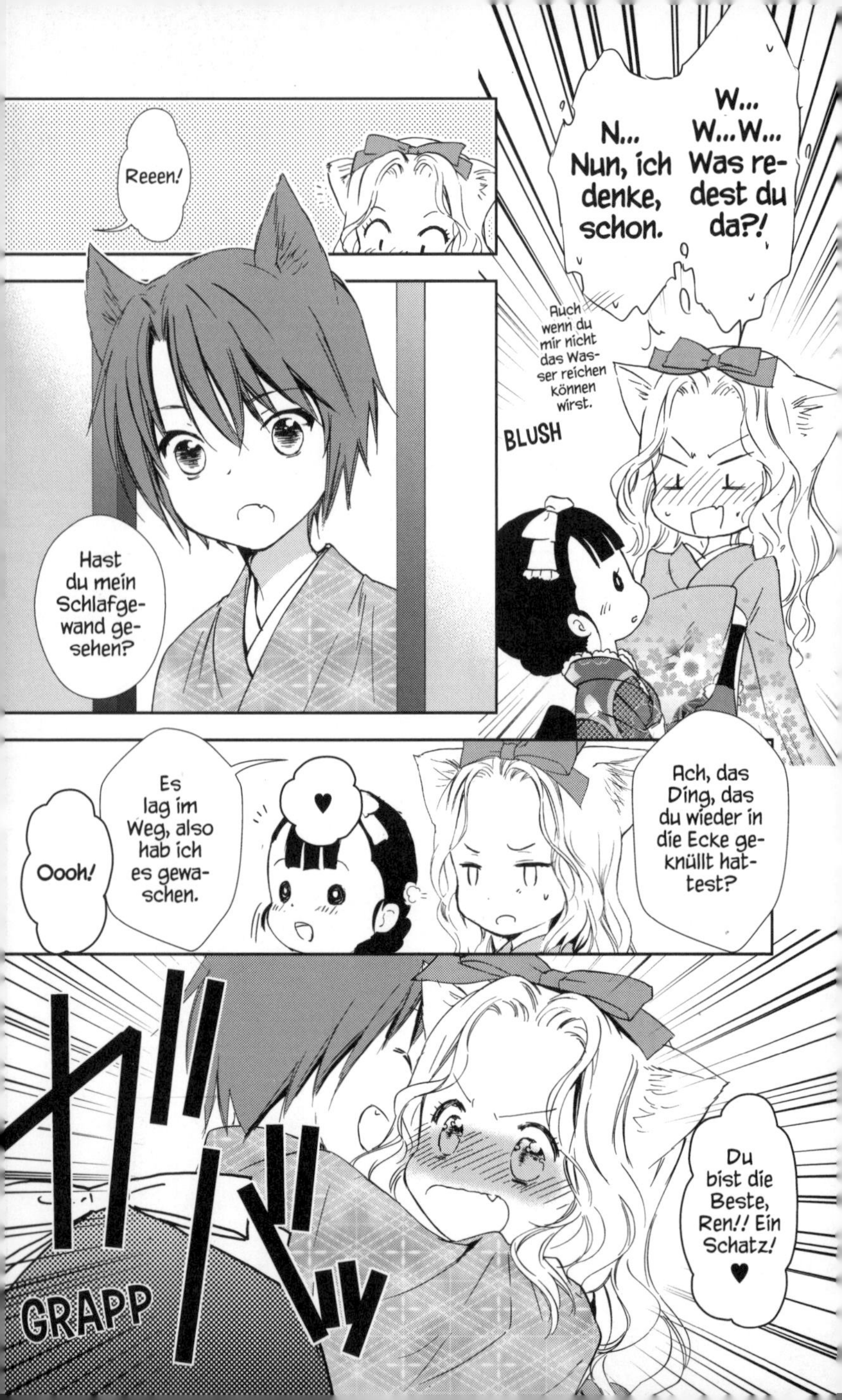
W... W...W... Was redest du da?!
N... Nun, ich denke, schon.
Auch wenn du mir nicht das Wasser reichen können wirst.
BLUSH
Reeen!
Hast du mein Schlafgewand gesehen?
Ach, das Ding, das du wieder in die Ecke geknüllt hattest?
Es lag im Weg, also hab ich es gewaschen.
Oooh!
Du bist die Beste, Ren!! Ein Schatz! ♥
GRAPP

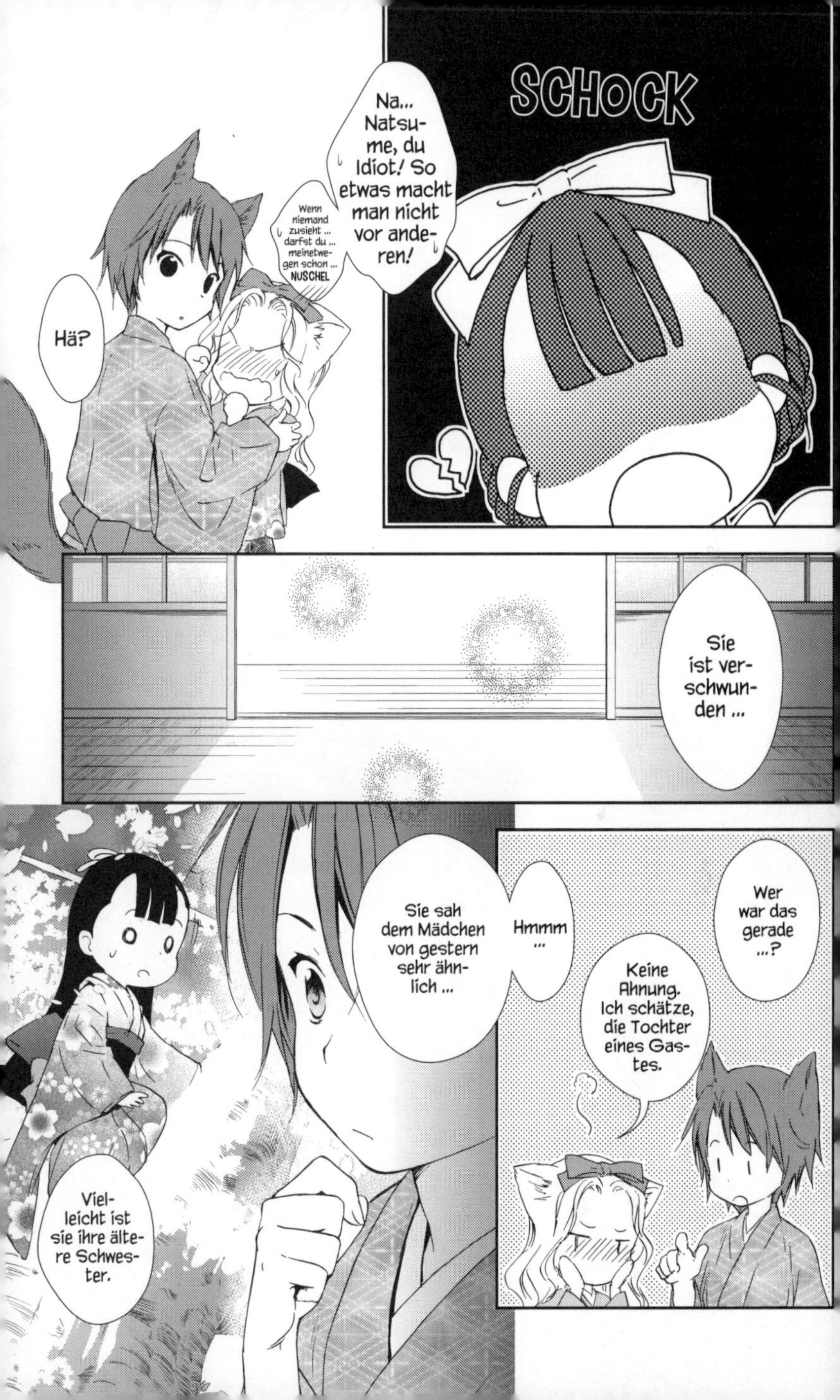
SCHOCK
Na... Natsume, du Idiot! So etwas macht man nicht vor anderen!
Wenn niemand zusieht ... darfst du ... meinetwegen schon ... NUSCHEL
Hä?
Sie ist verschwunden ...
Wer war das gerade ...?
Keine Ahnung. Ich schätze, die Tochter eines Gastes.
Hmmm ...
Sie sah dem Mädchen von gestern sehr ähnlich ...
Vielleicht ist sie ihre ältere Schwester.

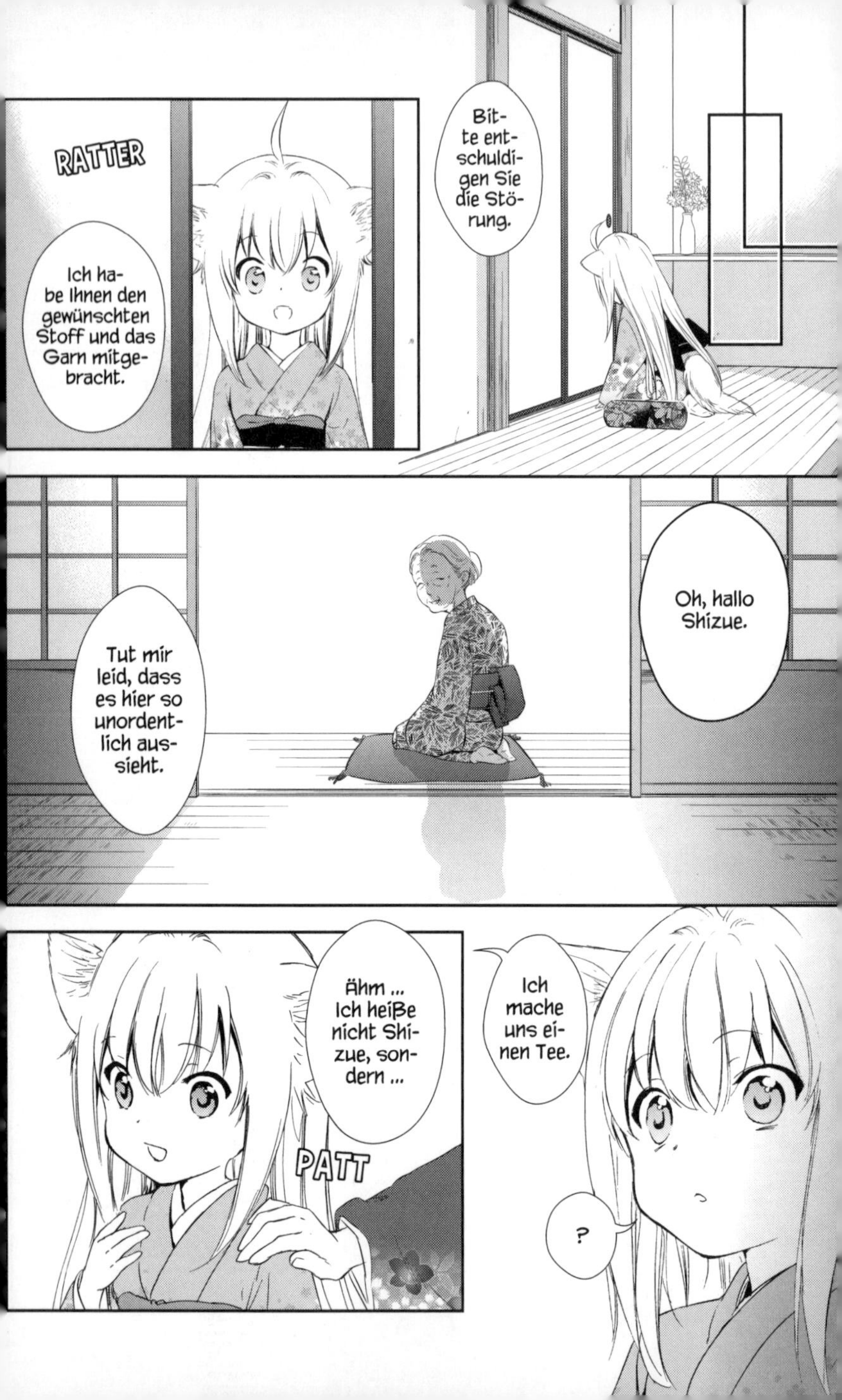
Bitte entschuldigen Sie die Störung.
RATTER
Ich habe Ihnen den gewünschten Stoff und das Garn mitgebracht.
Oh, hallo Shizue.
Tut mir leid, dass es hier so unordentlich aussieht.
Ich mache uns einen Tee.
?
Ähm ... Ich heiße nicht Shizue, sondern ...
PATT

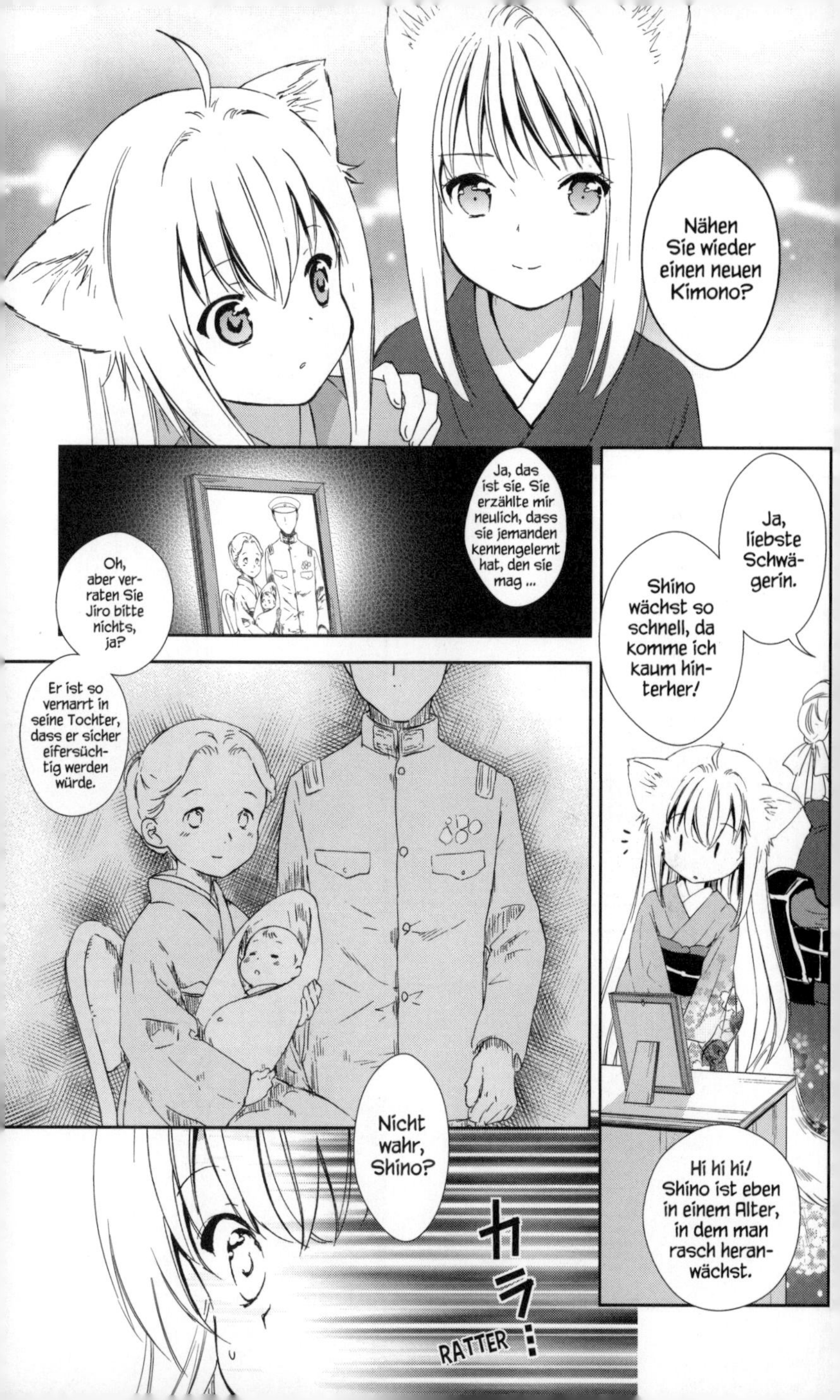
Nähen Sie wieder einen neuen Kimono?
Ja, liebste Schwägerin.
Shino wächst so schnell, da komme ich kaum hinterher!
Ja, das ist sie. Sie erzählte mir neulich, dass sie jemanden kennengelernt hat, den sie mag ...
Oh, aber verraten Sie Jiro bitte nichts, ja?
Er ist so vernarrt in seine Tochter, dass er sicher eifersüchtig werden würde.
Hi hi hi! Shino ist eben in einem Alter, in dem man rasch heranwächst.
Nicht wahr, Shino?
カラ…
RATTER

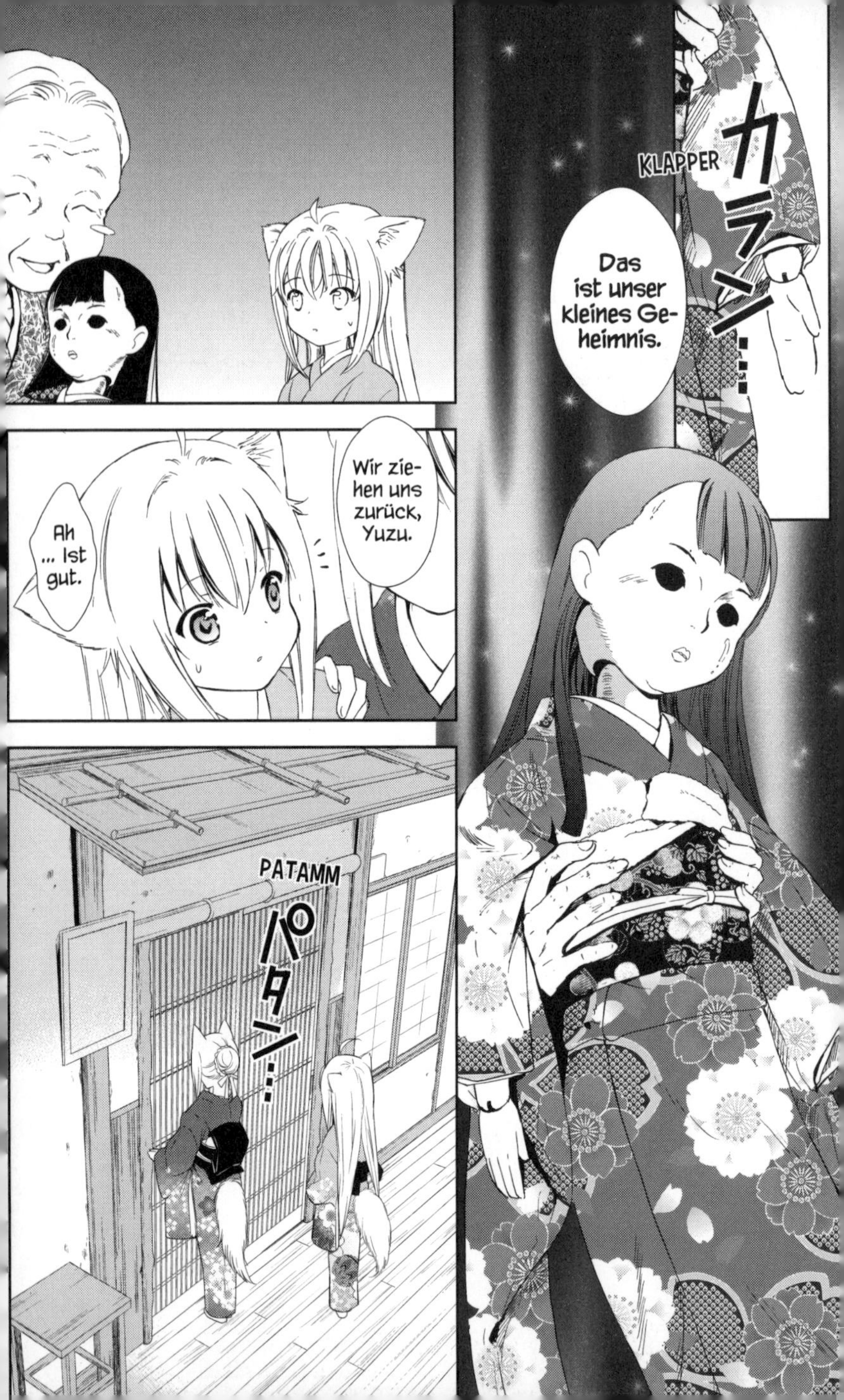
KLAPPER
カラン…
Das ist unser kleines Geheimnis.
Wir ziehen uns zurück, Yuzu.
Ah ... Ist gut.
PATAMM
パタン…

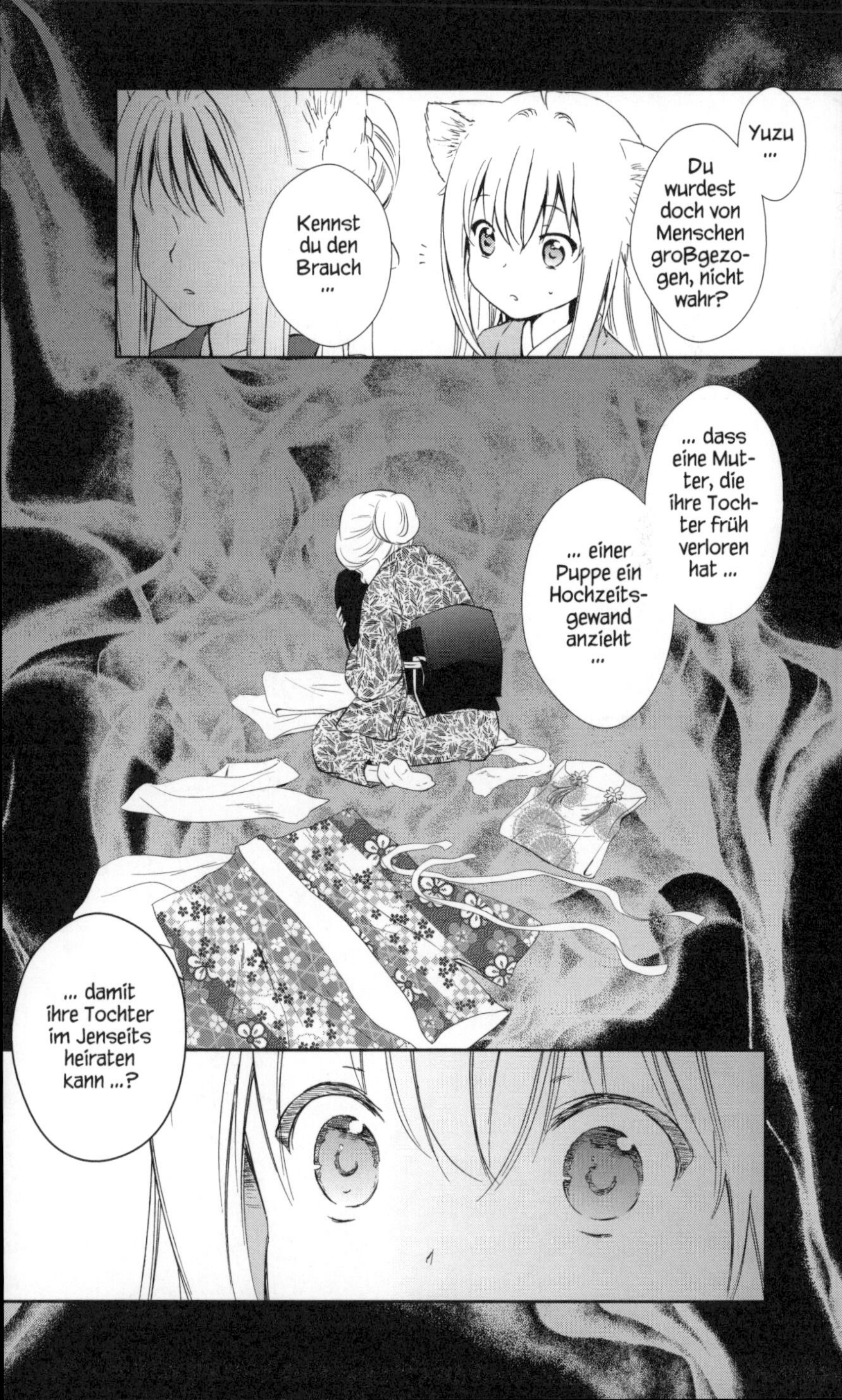
Yuzu ...
Du wurdest doch von Menschen großgezogen, nicht wahr?
Kennst du den Brauch ...
... dass eine Mutter, die ihre Tochter früh verloren hat ...
... einer Puppe ein Hochzeitsgewand anzieht ...
... damit ihre Tochter im Jenseits heiraten kann ...?

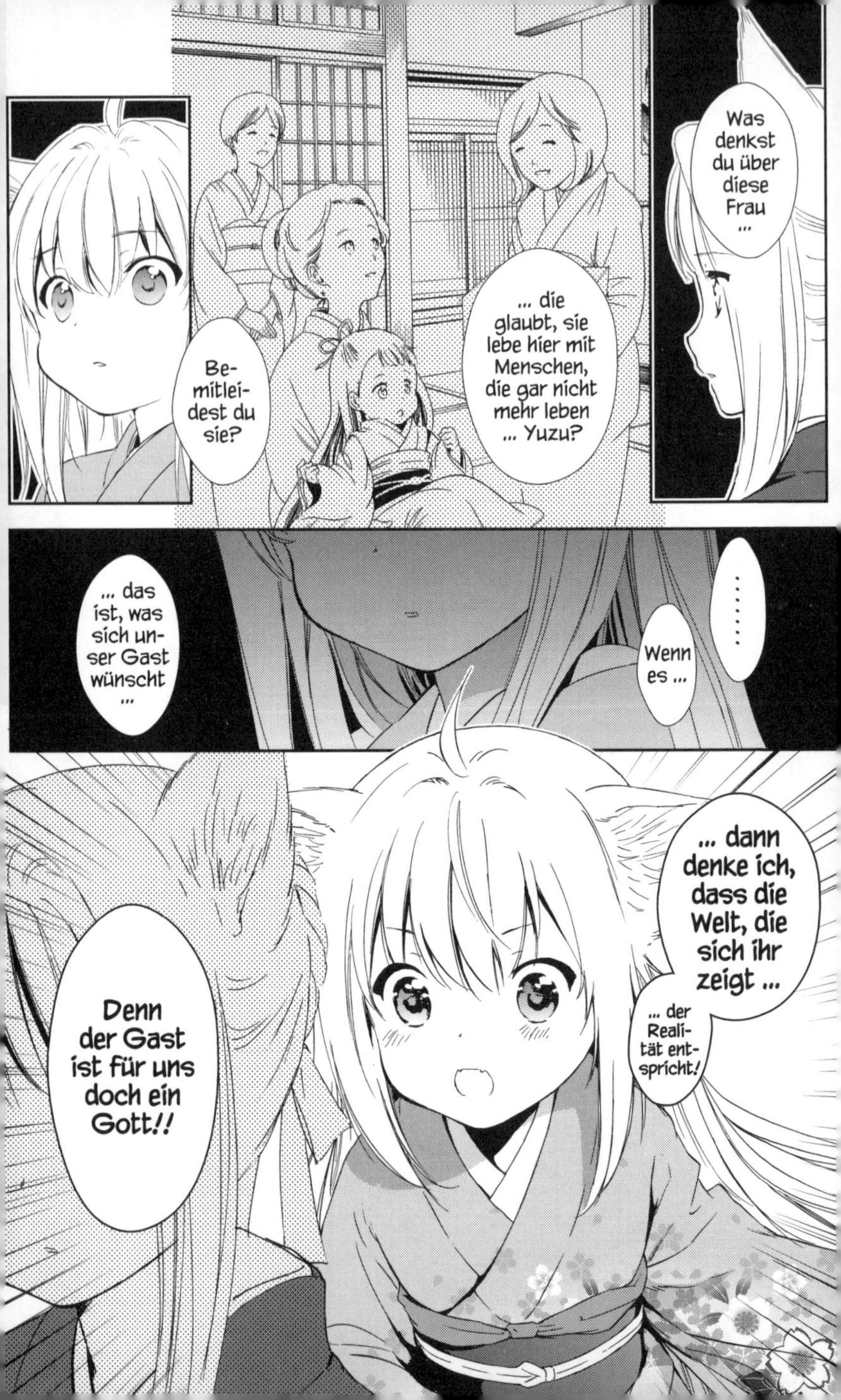
Was denkst du über diese Frau ...
... die glaubt, sie lebe hier mit Menschen, die gar nicht mehr leben ... Yuzu?
Be-mitlei-dest du sie?
.......
Wenn es ...
... das ist, was sich un-ser Gast wünscht ...
... dann denke ich, dass die Welt, die sich ihr zeigt ...
... der Reali-tät ent-spricht!
Denn der Gast ist für uns doch ein Gott!!

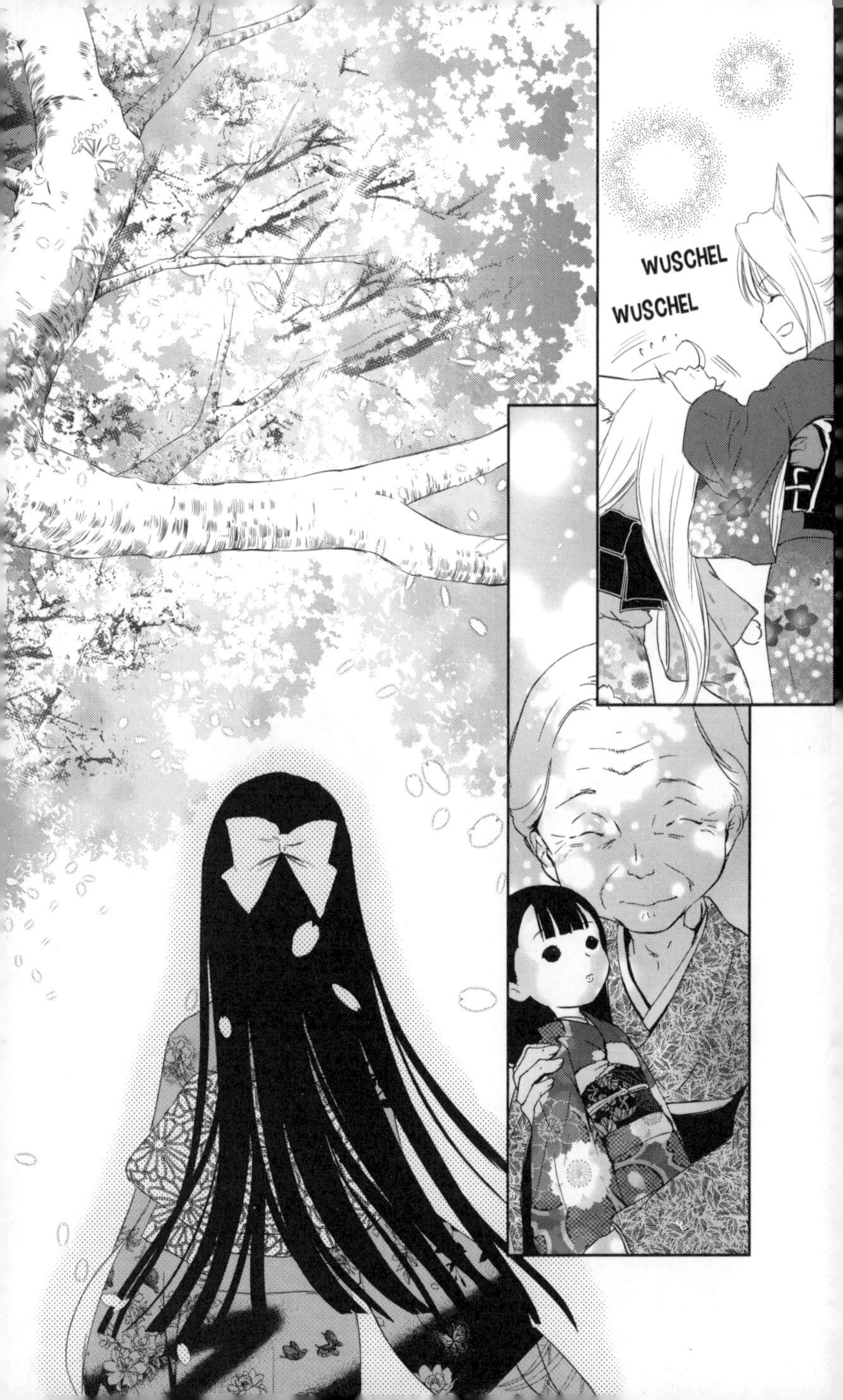
WUSCHEL
WUSCHEL

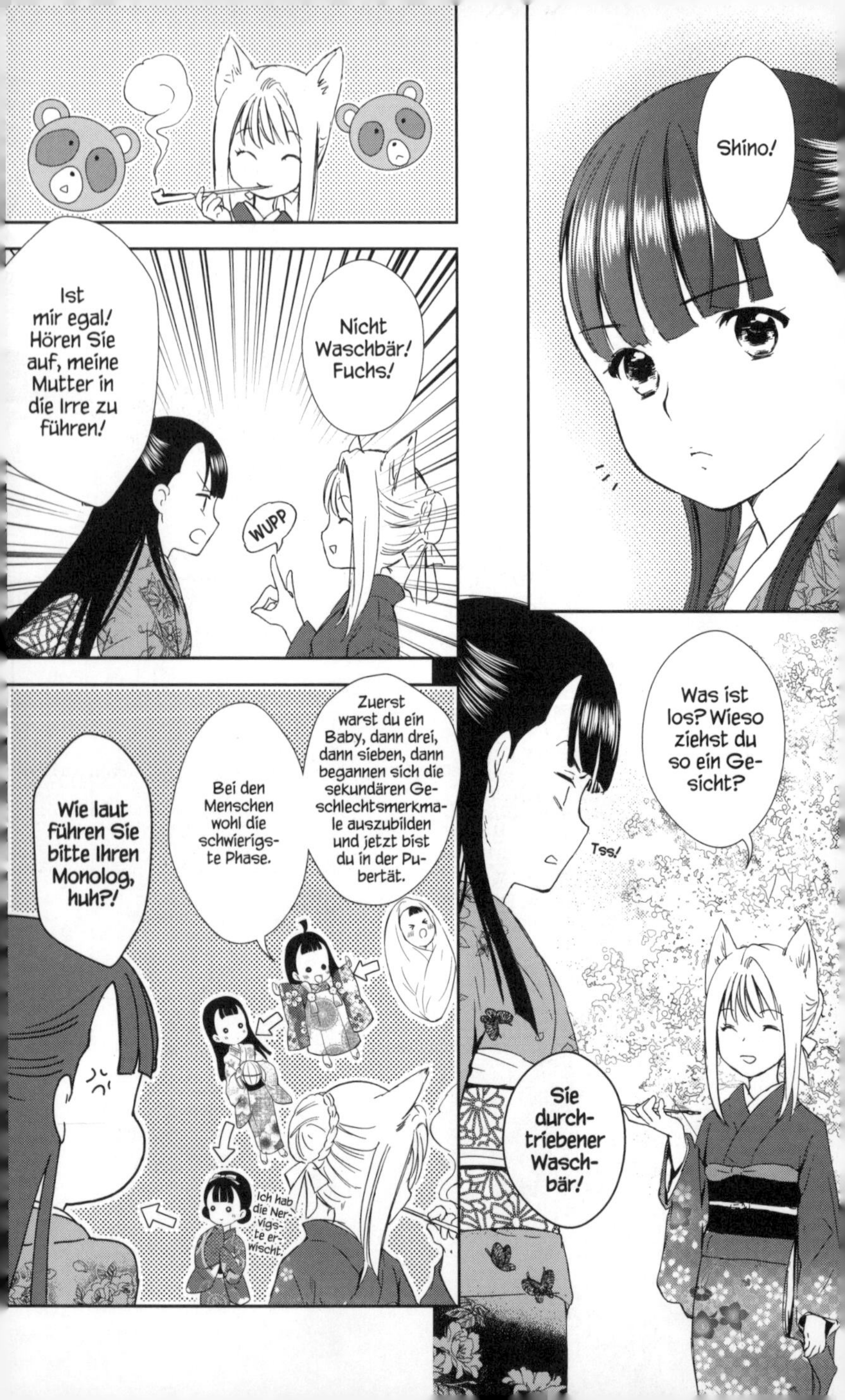

Shino!
Was ist los? Wieso ziehst du so ein Gesicht?
Tss!
Sie durchtriebener Waschbär!
Nicht Waschbär! Fuchs!
WUPP
Ist mir egal! Hören Sie auf, meine Mutter in die Irre zu führen!
Zuerst warst du ein Baby, dann drei, dann sieben, dann begannen sich die sekundären Geschlechtsmerkmale auszubilden und jetzt bist du in der Pubertät.
Bei den Menschen wohl die schwierigste Phase.
Ich hab die Nervigste erwischt.
Wie laut führen Sie bitte Ihren Monolog, huh?!

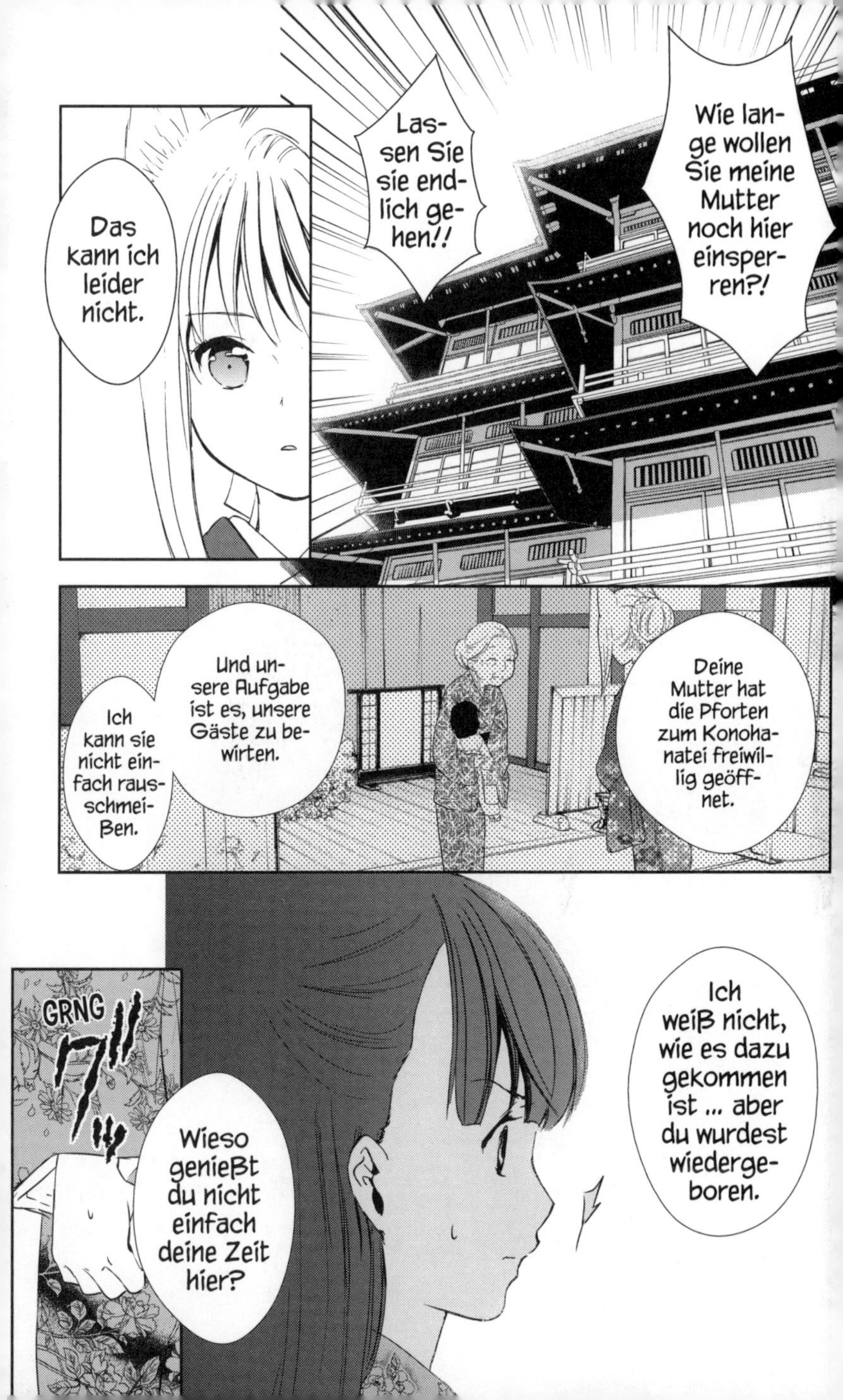
Wie lange wollen Sie meine Mutter noch hier einsperren?!
Lassen Sie sie endlich gehen!!
Das kann ich leider nicht.
Deine Mutter hat die Pforten zum Konohatei freiwillig geöffnet.
Und unsere Aufgabe ist es, unsere Gäste zu bewirten.
Ich kann sie nicht einfach rausschmeißen.
Ich weiß nicht, wie es dazu gekommen ist ... aber du wurdest wiedergeboren.
Wieso genießt du nicht einfach deine Zeit hier?
GRNG

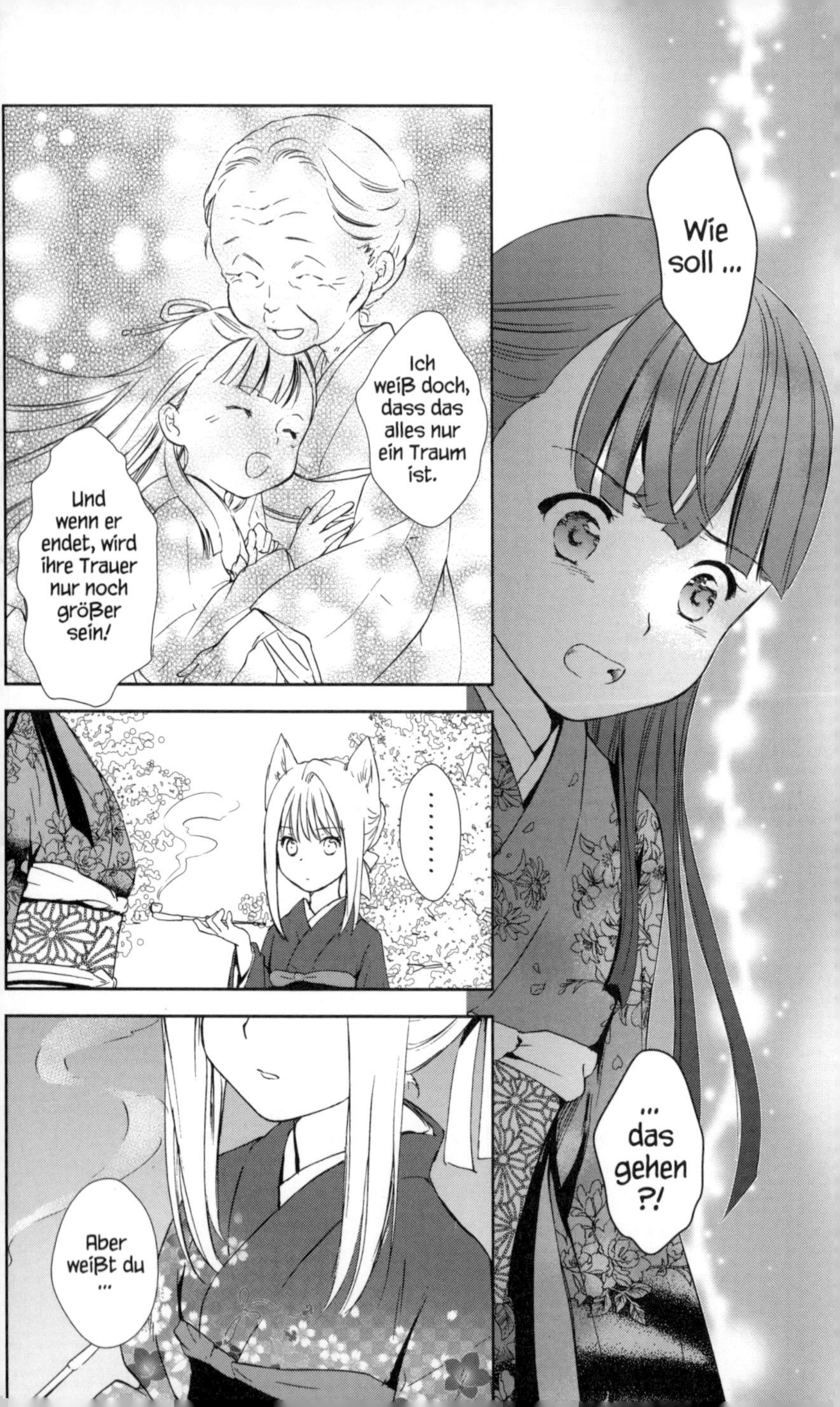

Wie soll ...
... das gehen?!
Ich weiß doch, dass das alles nur ein Traum ist.
Und wenn er endet, wird ihre Trauer nur noch größer sein!
......
Aber weißt du ...

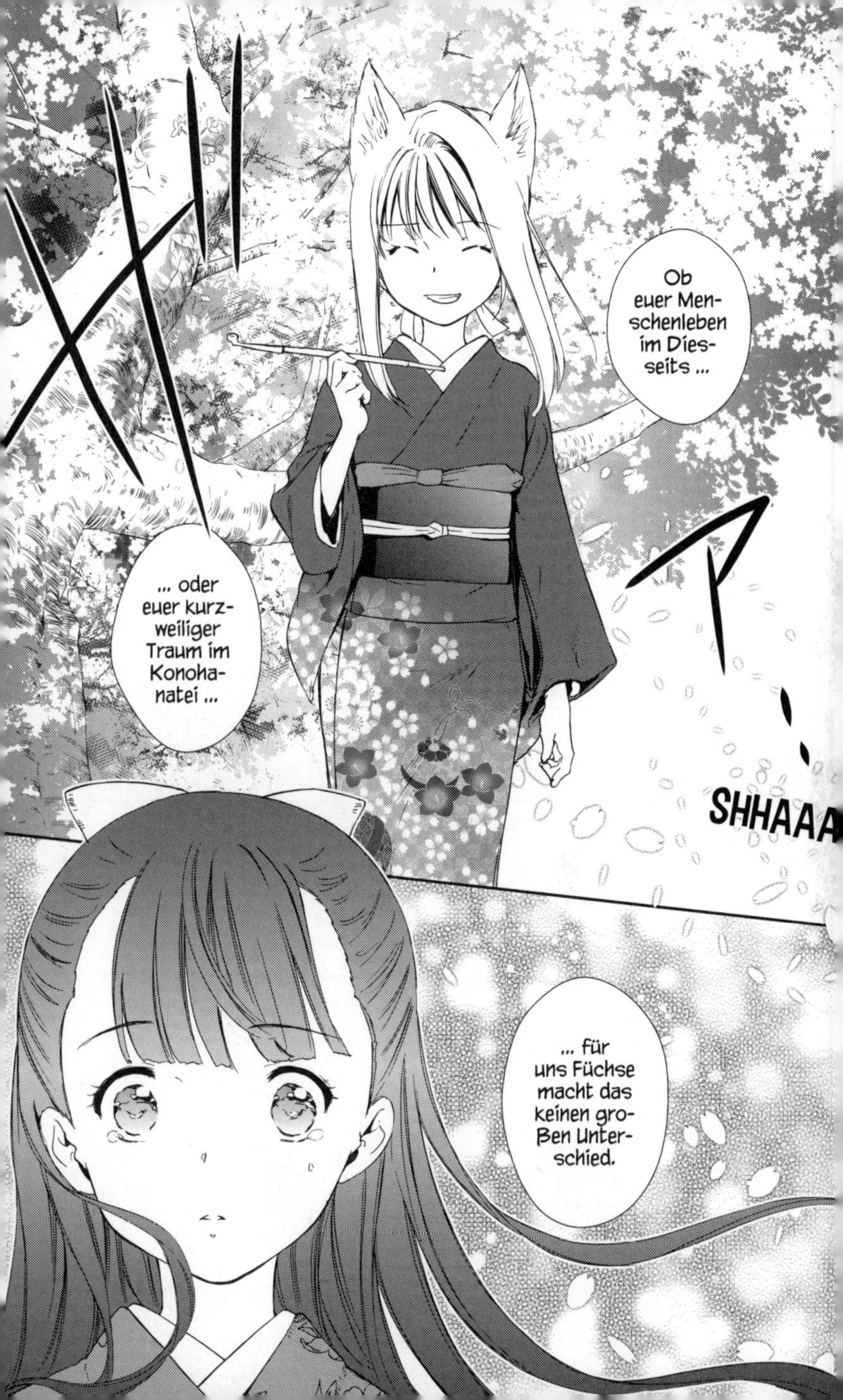
Ob euer Menschenleben im Diesseits ...
... oder euer kurzweiliger Traum im Konohanatei ...
SHHAAA
... für uns Füchse macht das keinen großen Unterschied.

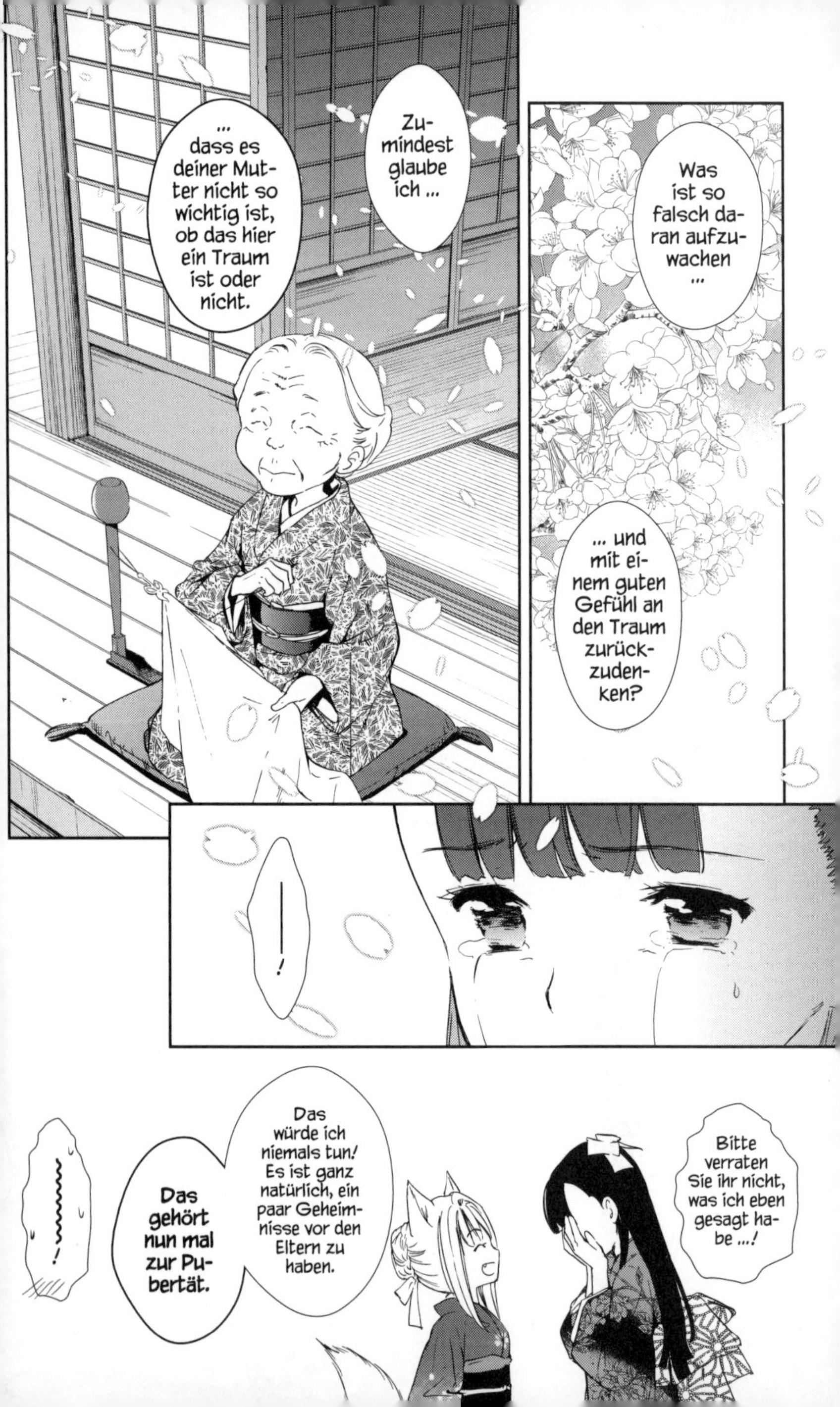
Zumindest glaube ich ...
... dass es deiner Mutter nicht so wichtig ist, ob das hier ein Traum ist oder nicht.
Was ist so falsch daran aufzuwachen ...
... und mit einem guten Gefühl an den Traum zurückzudenken?
—!
Bitte verraten Sie ihr nicht, was ich eben gesagt habe ...!
Das würde ich niemals tun! Es ist ganz natürlich, ein paar Geheimnisse vor den Eltern zu haben.
Das gehört nun mal zur Pubertät.
~~~!
~~~

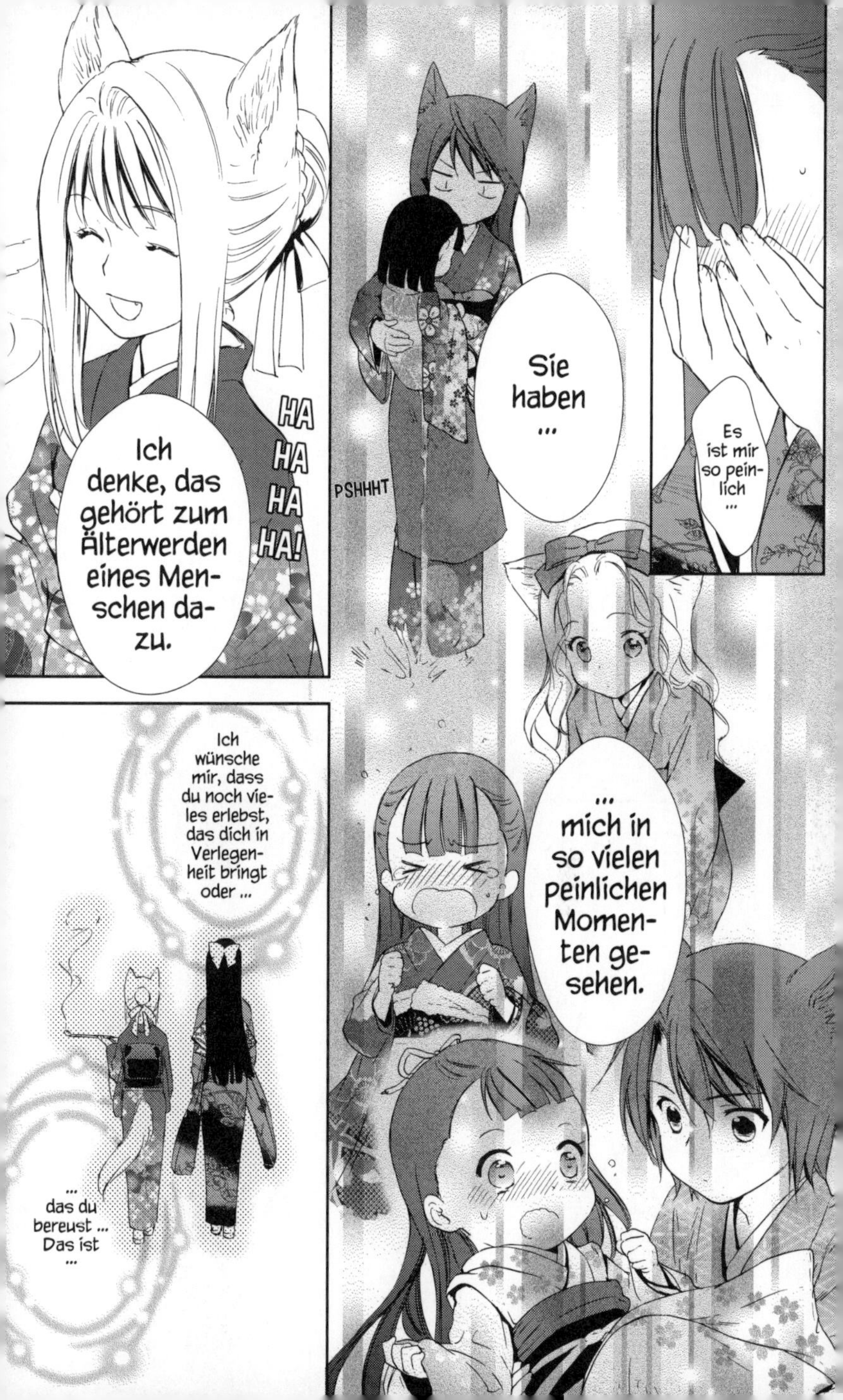
Es ist mir so peinlich ...
Sie haben ...
PSHHHT
... mich in so vielen peinlichen Momenten gesehen.
Ich denke, das gehört zum Älterwerden eines Menschen dazu.
HA HA HA HA!
Ich wünsche mir, dass du noch vieles erlebst, das dich in Verlegenheit bringt oder ...
... das du bereust ... Das ist ...

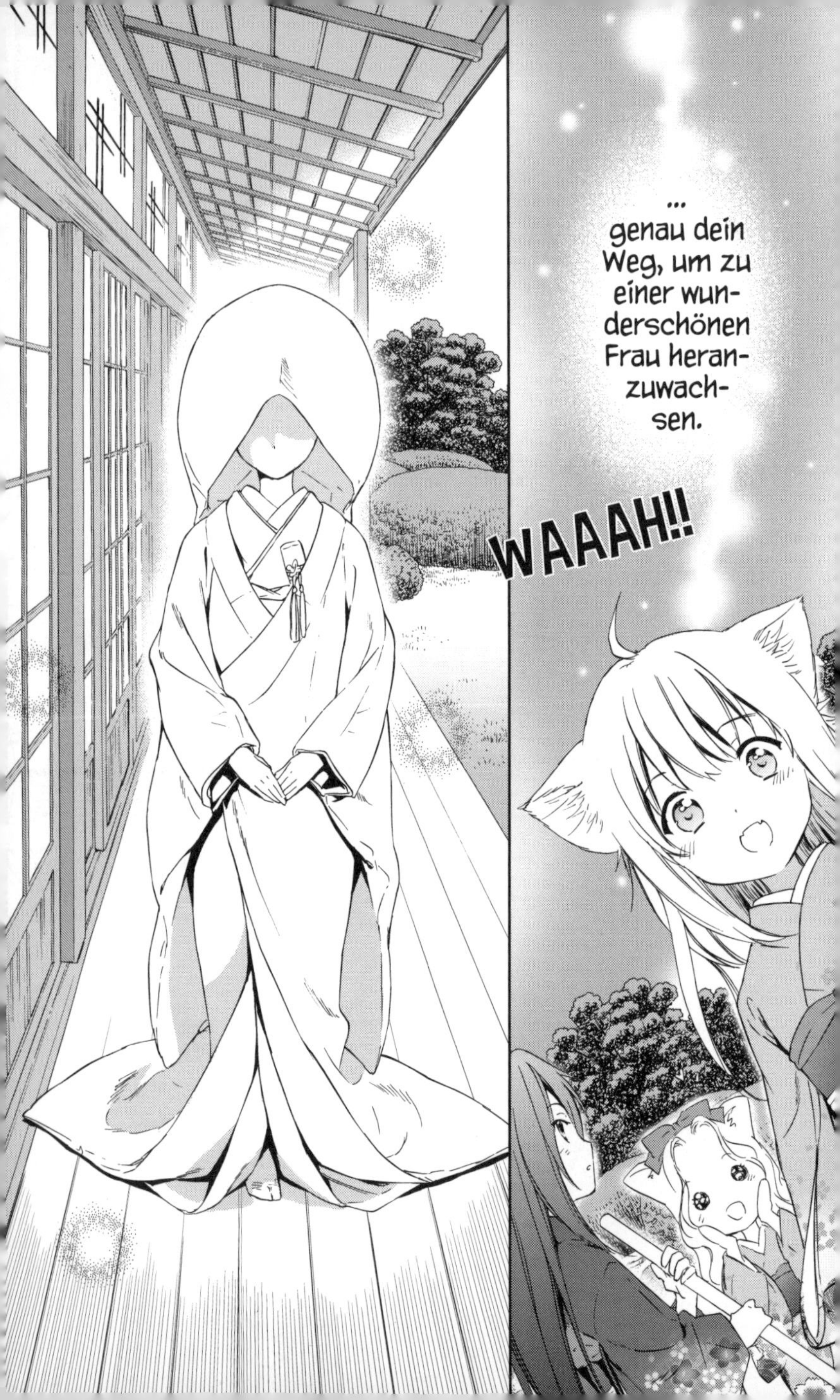

... genau dein Weg, um zu einer wunderschönen Frau heranzuwachsen.
WAAAH!!

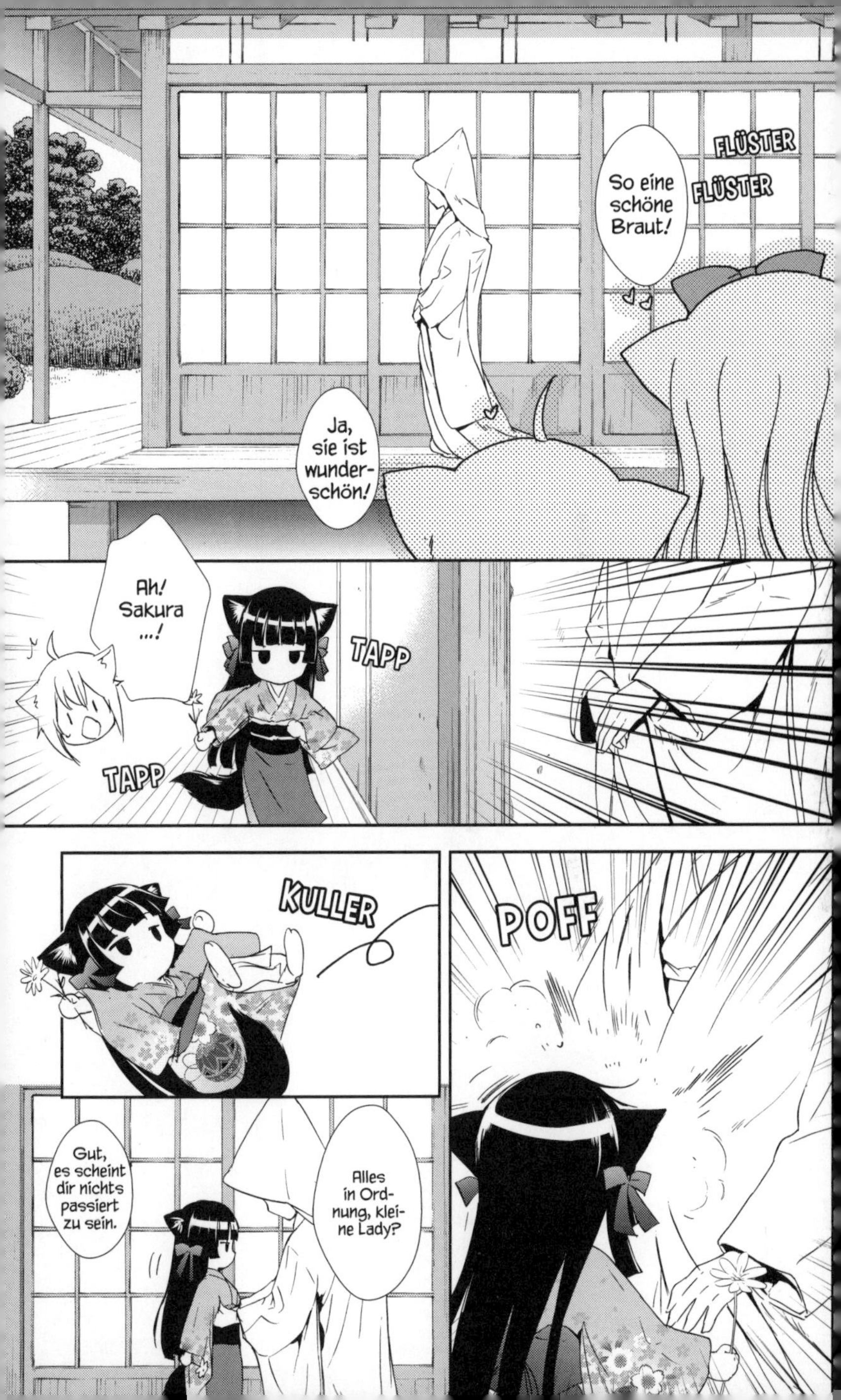
FLÜSTER
FLÜSTER
So eine schöne Braut!
Ja, sie ist wunder-schön!
Ah! Sakura ...!
TAPP
TAPP
POFF
KULLER
Alles in Ord-nung, klei-ne Lady?
Gut, es scheint dir nichts passiert zu sein.

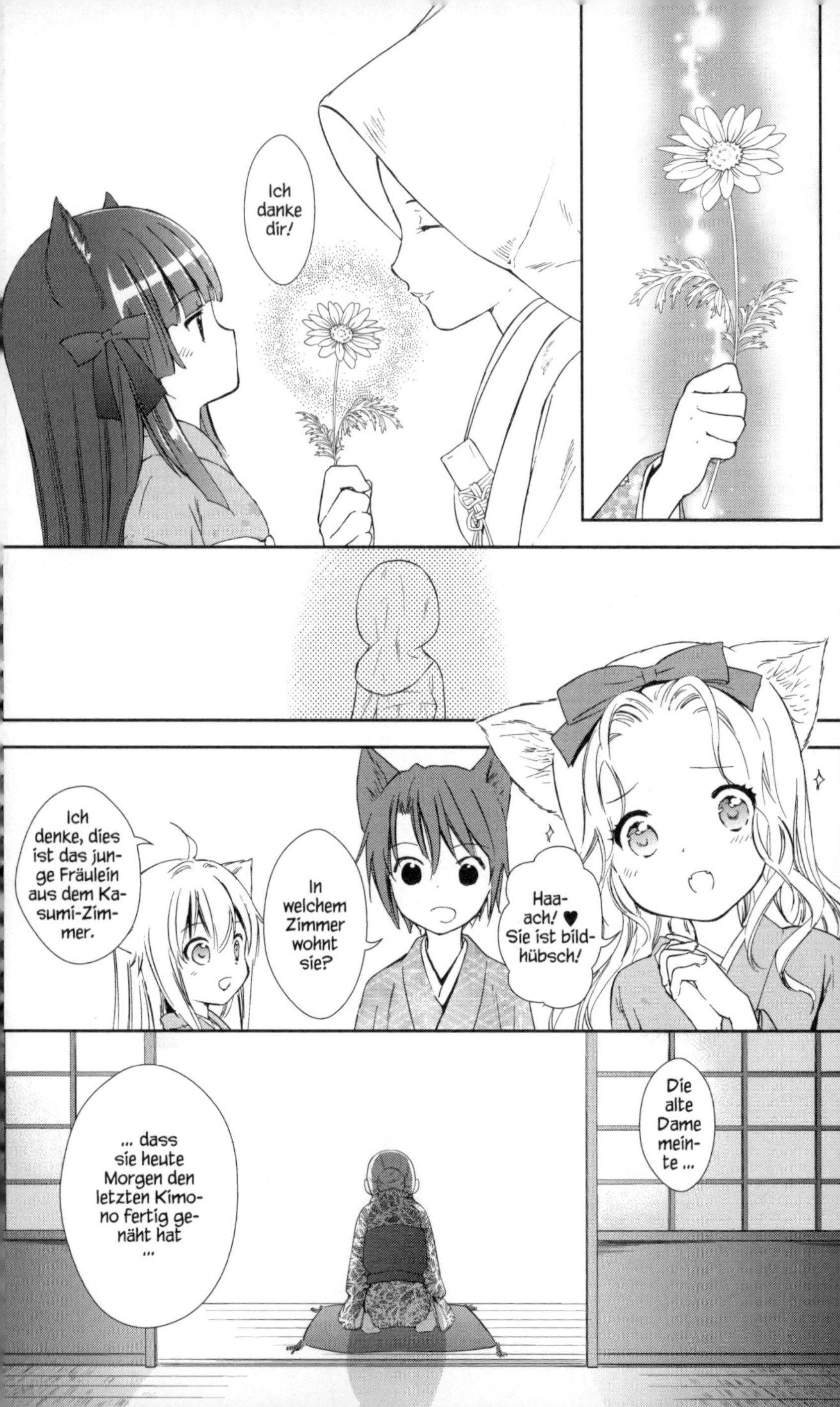
Ich danke dir!
Haa-ach! ♥ Sie ist bildhübsch!
In welchem Zimmer wohnt sie?
Ich denke, dies ist das junge Fräulein aus dem Kasumi-Zimmer.
Die alte Dame meinte ...
... dass sie heute Morgen den letzten Kimono fertig genäht hat ...

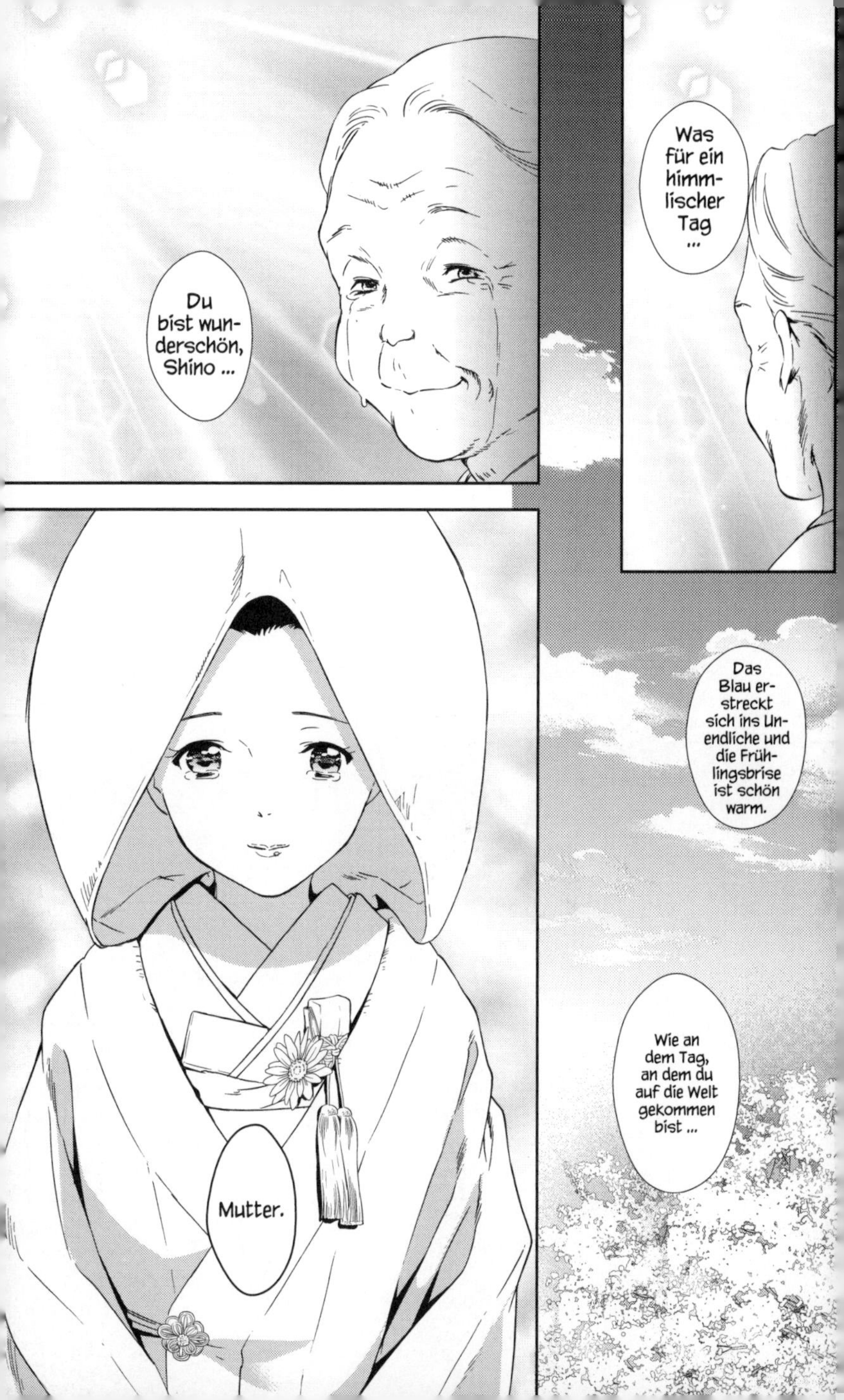
Was für ein himmlischer Tag ...
Du bist wunderschön, Shino ...
Das Blau erstreckt sich ins Unendliche und die Frühlingsbrise ist schön warm.
Wie an dem Tag, an dem du auf die Welt gekommen bist ...
Mutter.

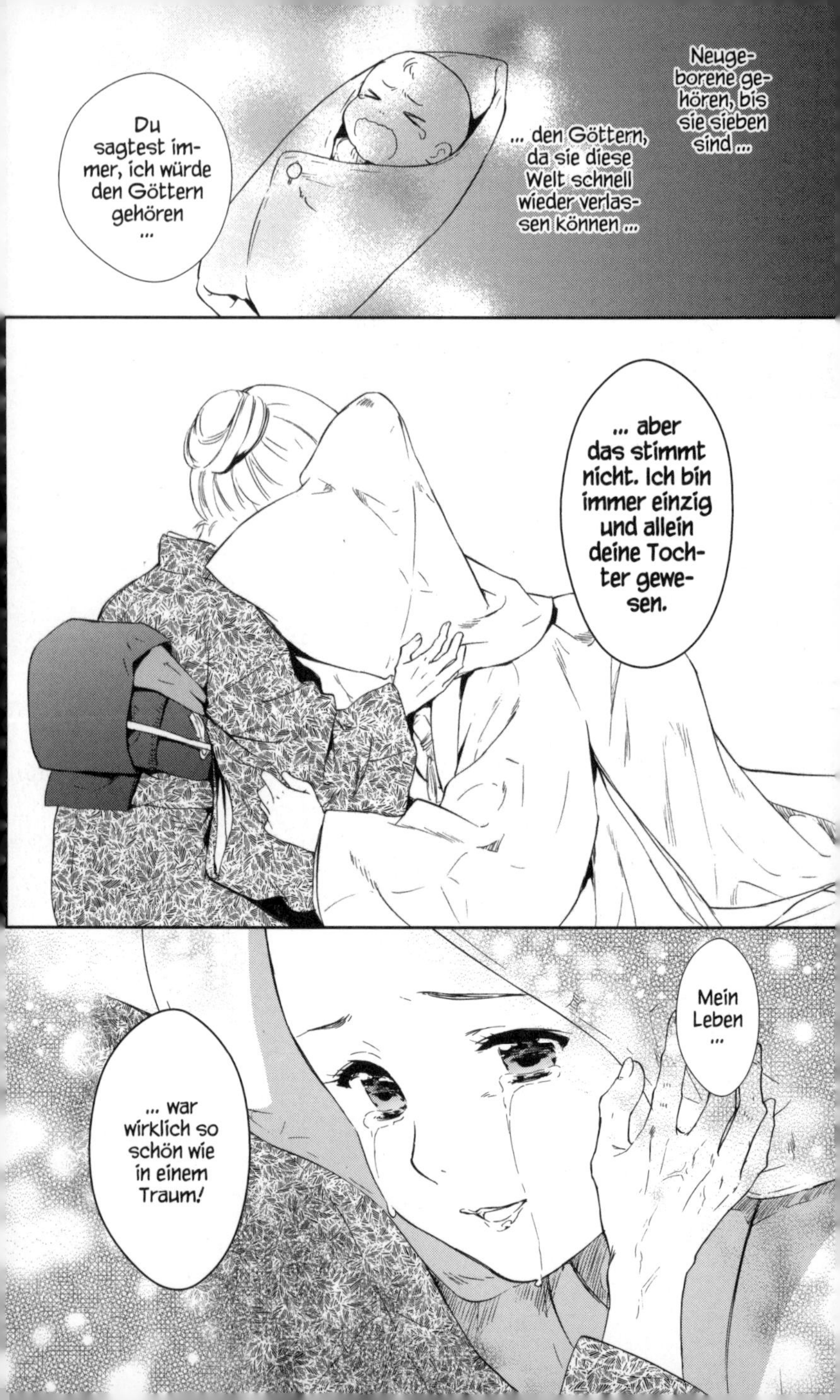
Neugeborene gehören, bis sie sieben sind ...
... den Göttern, da sie diese Welt schnell wieder verlassen können ...
Du sagtest immer, ich würde den Göttern gehören ...
... aber das stimmt nicht. Ich bin immer einzig und allein deine Tochter gewesen.
Mein Leben ...
... war wirklich so schön wie in einem Traum!

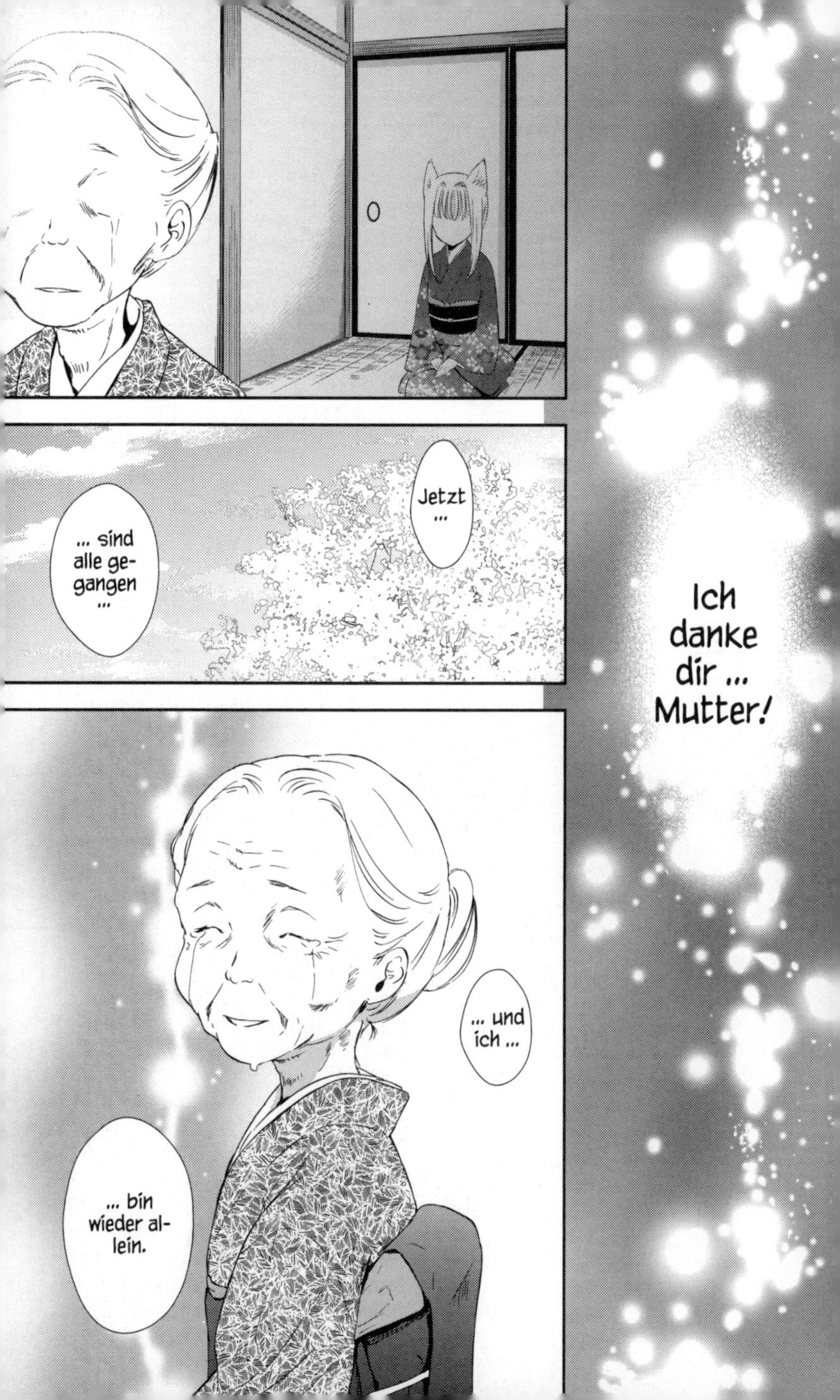

Ich danke dir ... Mutter!
Jetzt ...
... sind alle gegangen ...
... und ich ...
... bin wieder allein.

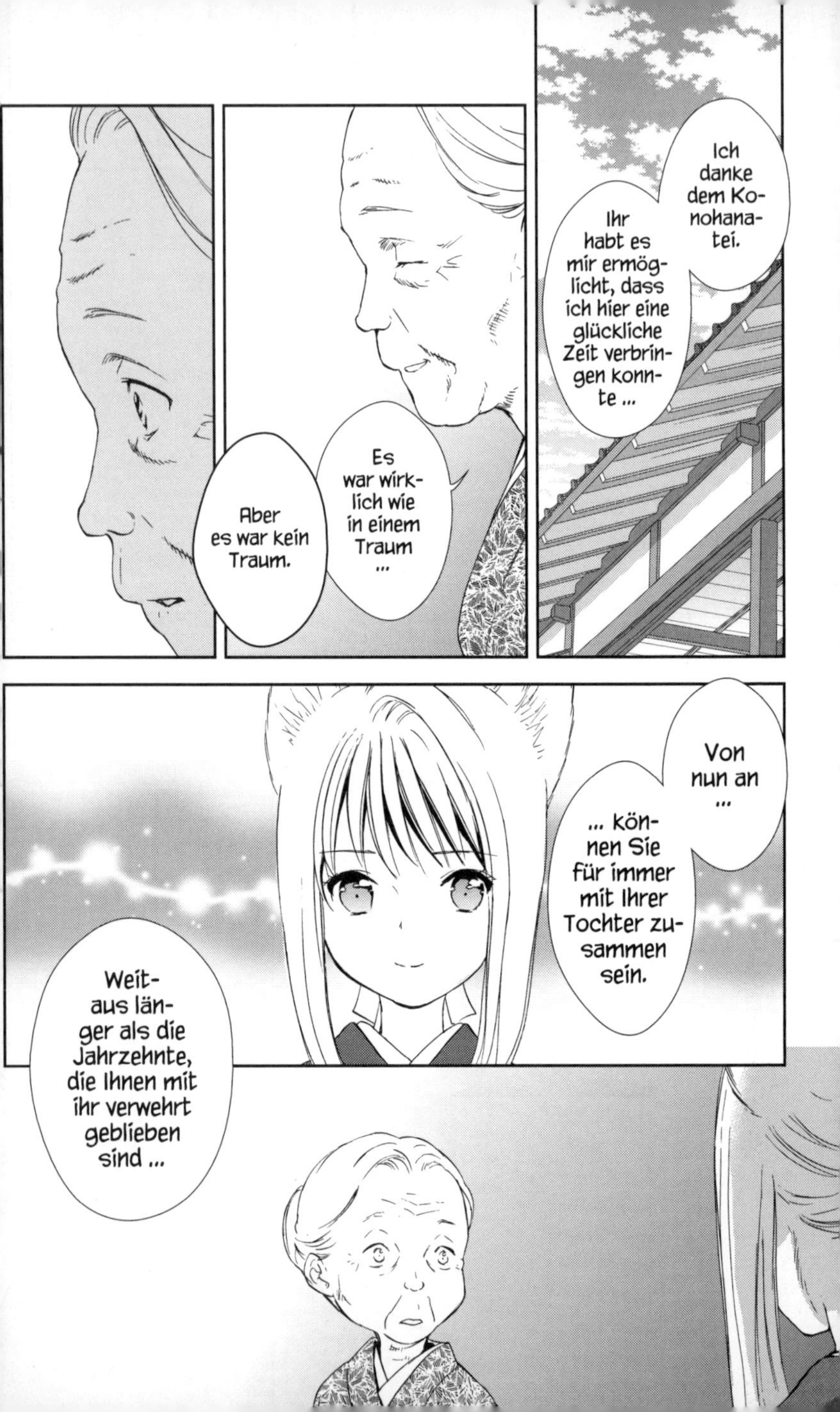
Ich danke dem Konohanatei.
Ihr habt es mir ermöglicht, dass ich hier eine glückliche Zeit verbringen konnte ...
Es war wirklich wie in einem Traum ...
Aber es war kein Traum.
Von nun an ...
... können Sie für immer mit Ihrer Tochter zusammen sein.
Weitaus länger als die Jahrzehnte, die Ihnen mit ihr verwehrt geblieben sind ...

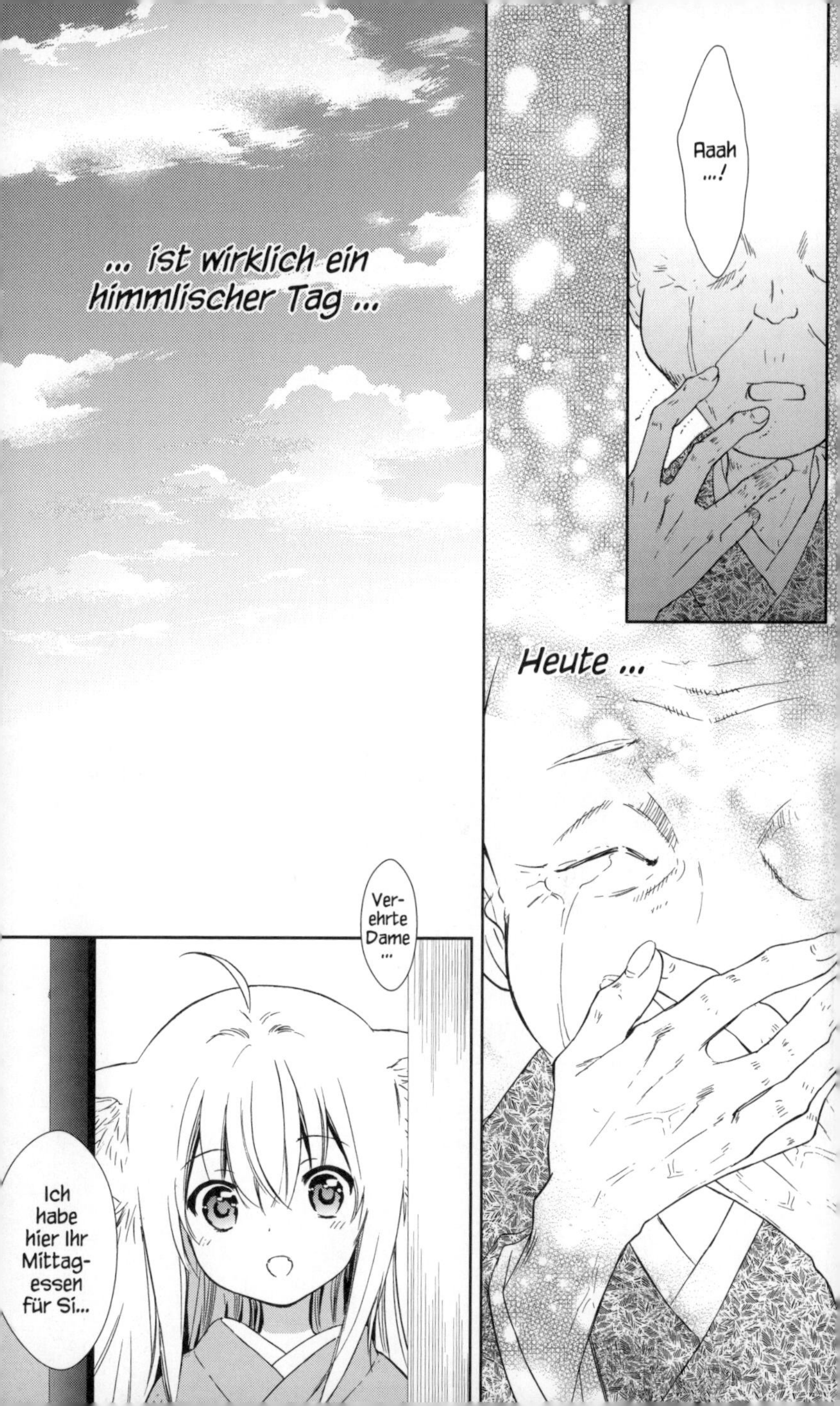
Aaah ...!
Heute ...
... ist wirklich ein himmlischer Tag ...
Ver-ehrte Dame ...
Ich habe hier Ihr Mittag-essen für Si...

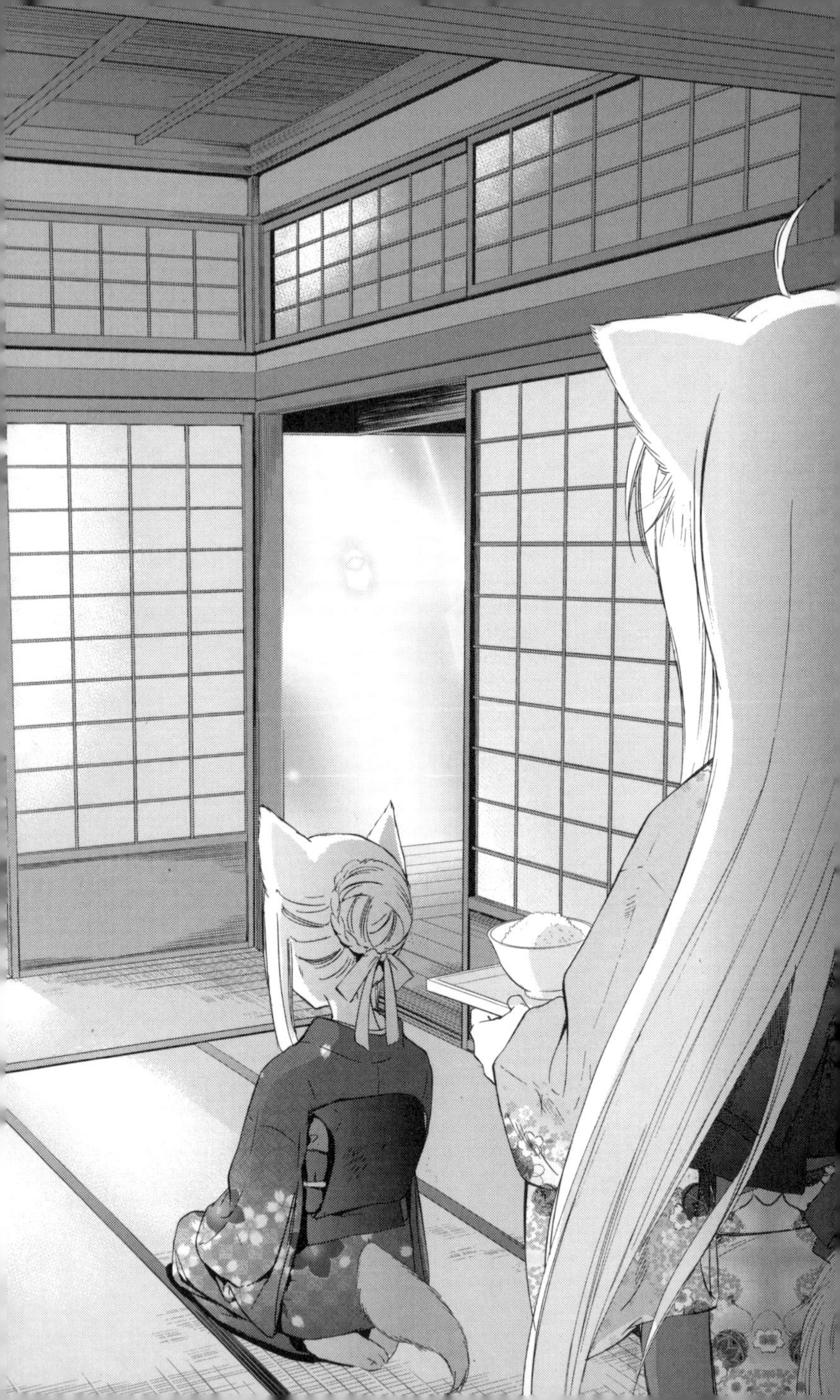

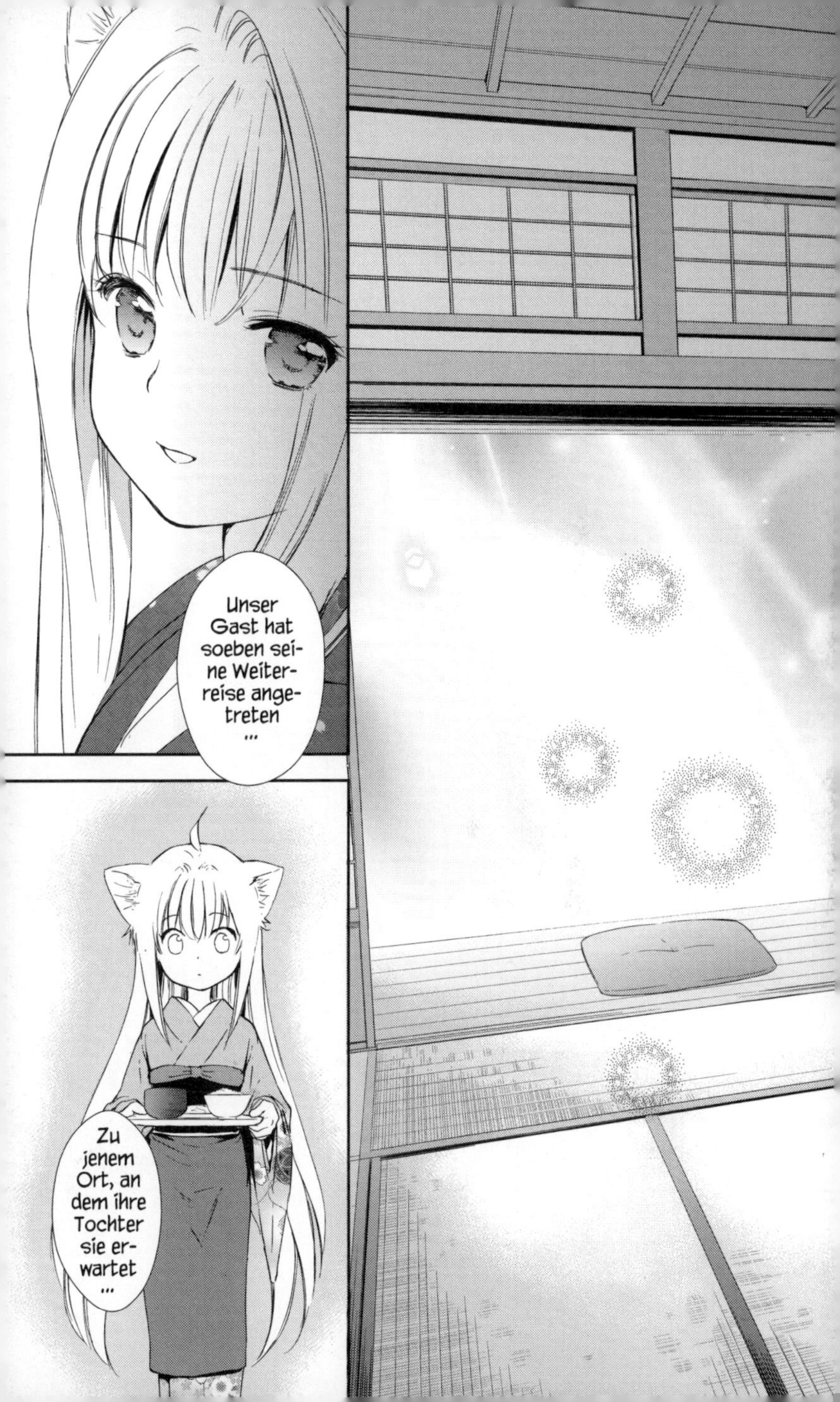
Unser Gast hat soeben seine Weiterreise angetreten ...
Zu jenem Ort, an dem ihre Tochter sie erwartet ...

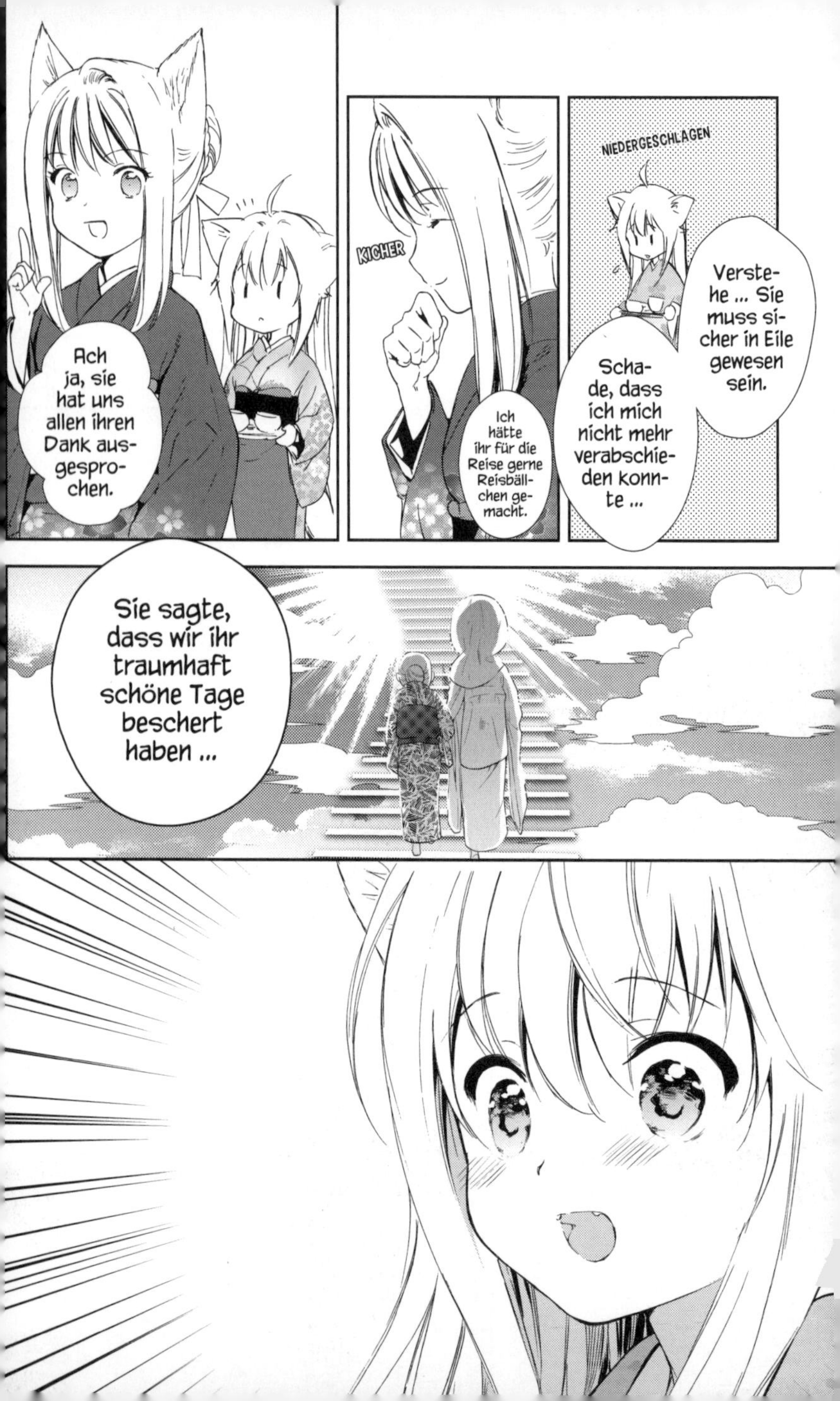

NIEDERGESCHLAGEN
Verste-he ... Sie muss si-cher in Eile gewesen sein.
Scha-de, dass ich mich nicht mehr verabschie-den konn-te ...
KICHER
Ich hätte ihr für die Reise gerne Reisbäll-chen ge-macht.
Ach ja, sie hat uns allen ihren Dank aus-gespro-chen.
Sie sagte, dass wir ihr traumhaft schöne Tage beschert haben ...

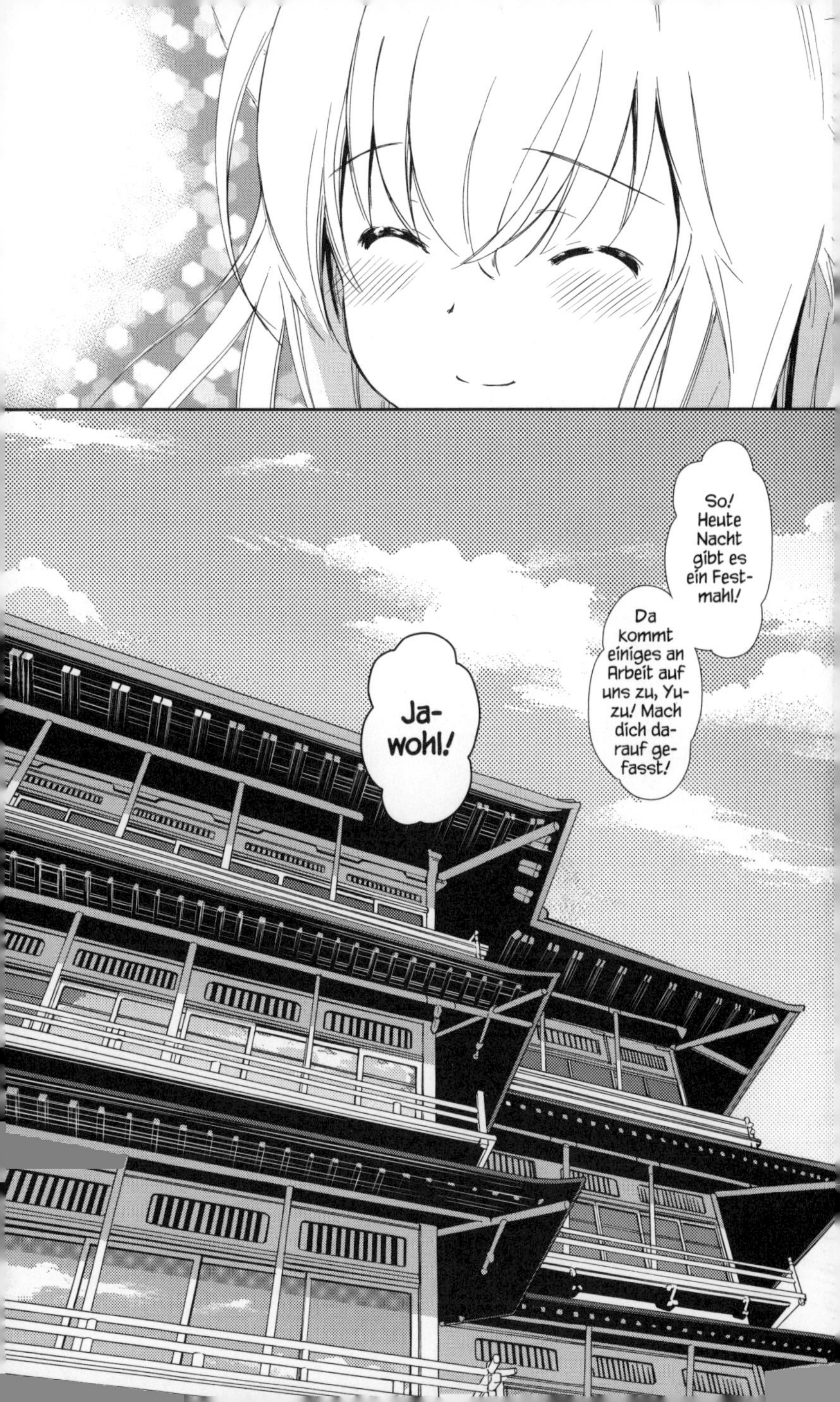
So! Heute Nacht gibt es ein Fest-mahl!
Da kommt einiges an Arbeit auf uns zu, Yu-zu! Mach dich da-rauf ge-fasst!
Ja-wohl!

Fox Spirit Tales

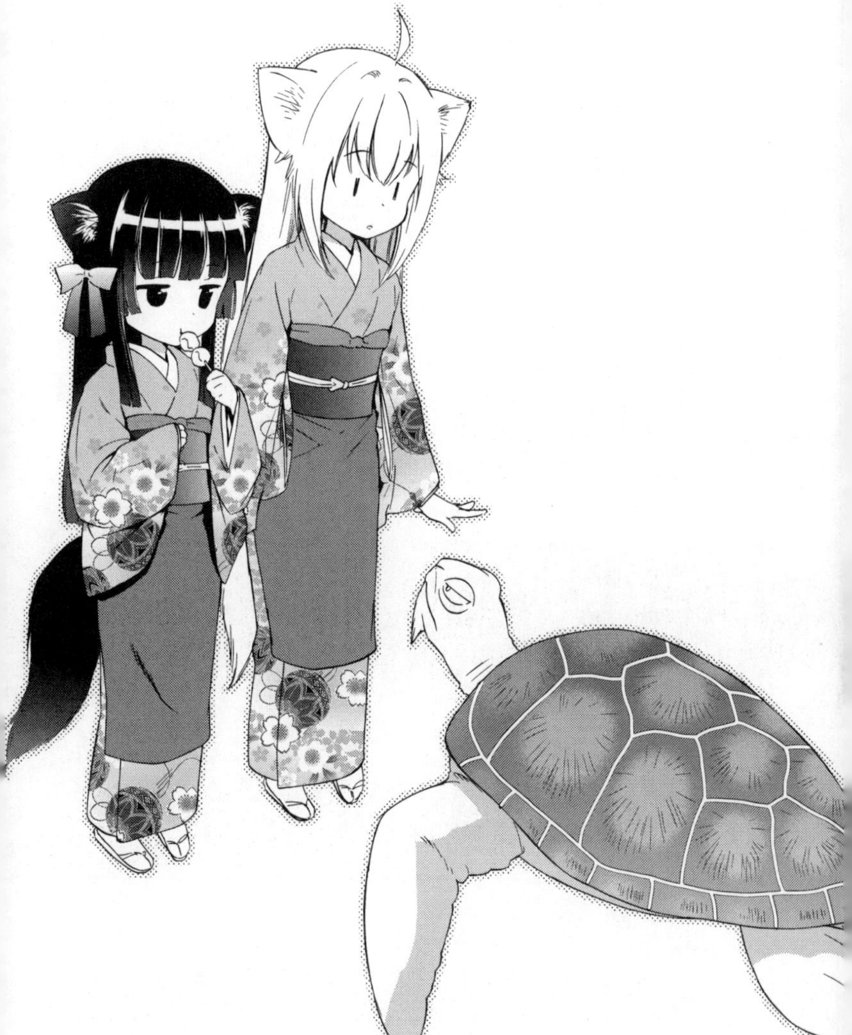

# Die Dankbarkeit der Schildkröte

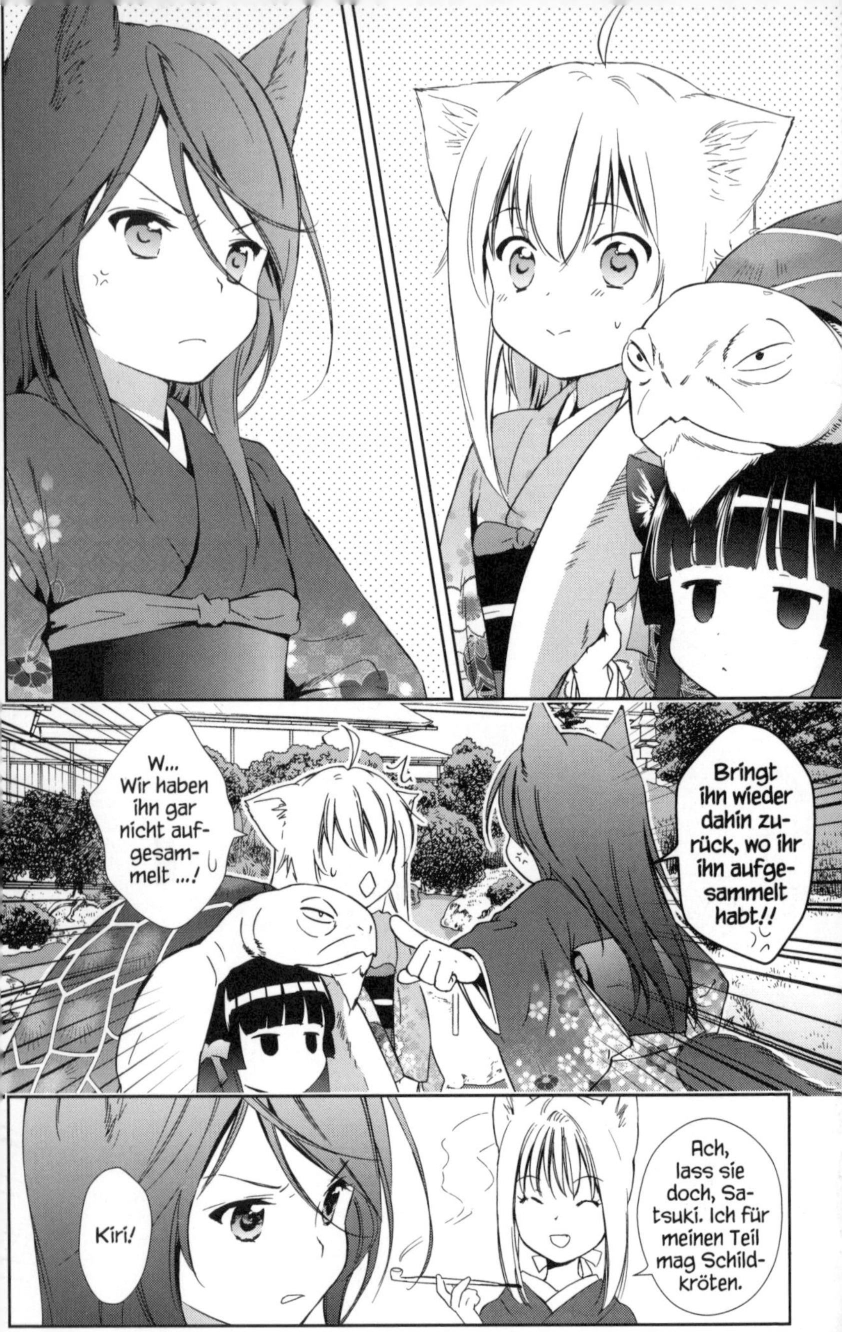
Bringt ihn wieder dahin zurück, wo ihr ihn aufgesammelt habt!!
W... Wir haben ihn gar nicht aufgesammelt ...!
Ach, lass sie doch, Satsuki. Ich für meinen Teil mag Schildkröten.
Kiri!

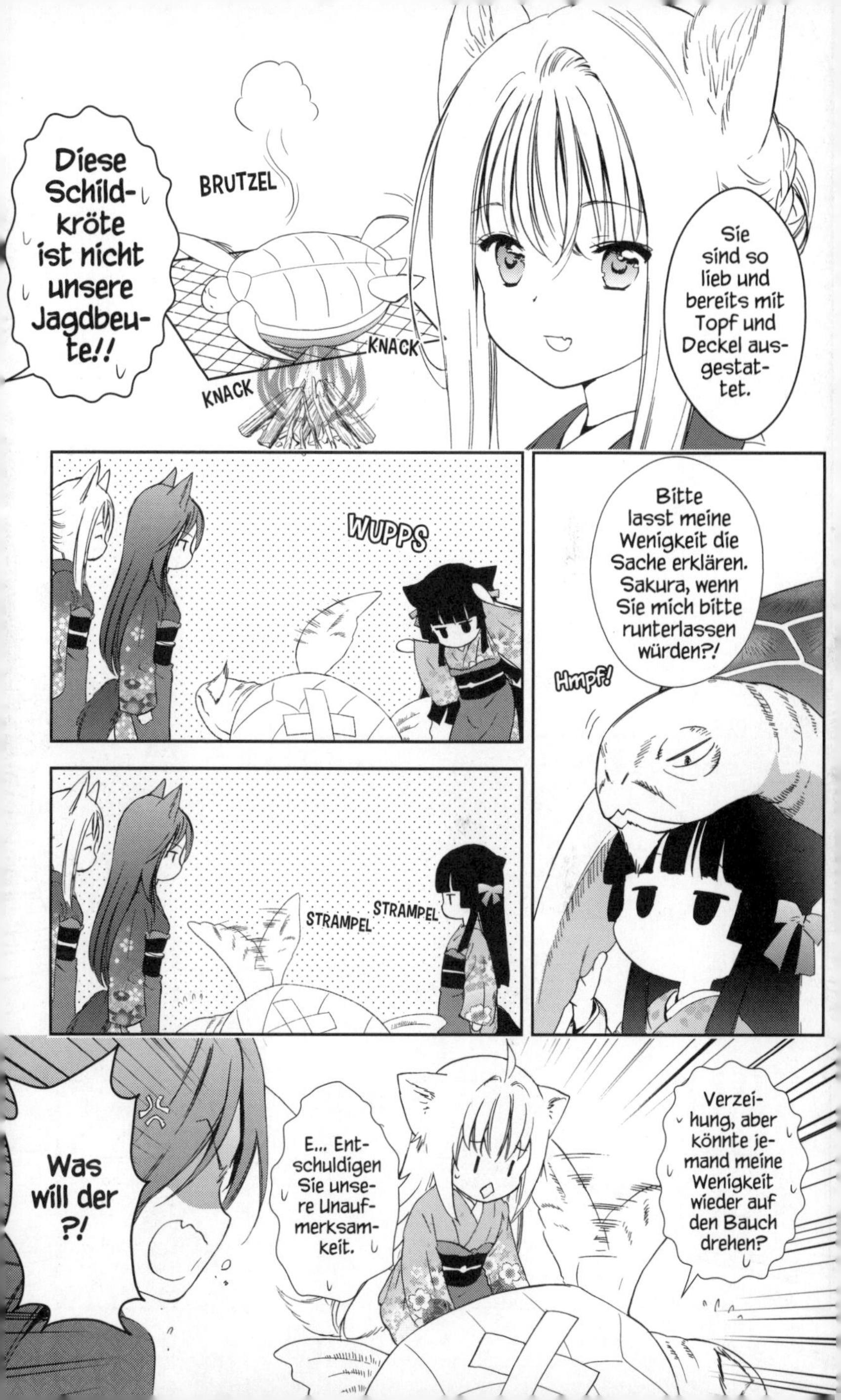
Sie sind so lieb und bereits mit Topf und Deckel ausgestattet.
BRUTZEL
KNACK
KNACK
Diese Schildkröte ist nicht unsere Jagdbeute!!
Bitte lasst meine Wenigkeit die Sache erklären. Sakura, wenn Sie mich bitte runterlassen würden?!
Hmpf!
WUPPS
STRAMPEL
STRAMPEL
Verzeihung, aber könnte jemand meine Wenigkeit wieder auf den Bauch drehen?
E... Entschuldigen Sie unsere Unaufmerksamkeit.
Was will der?!

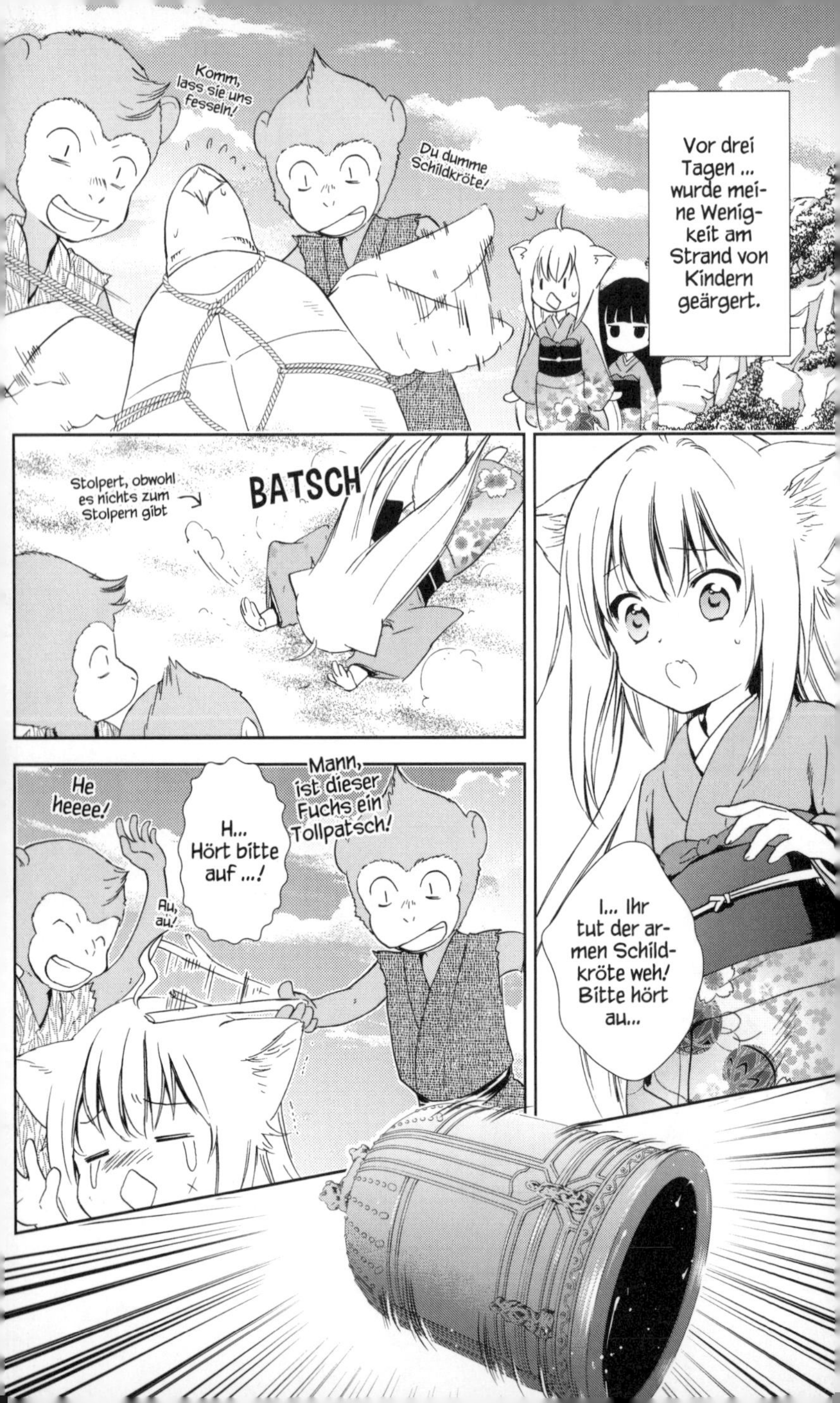
Vor drei Tagen ... wurde meine Wenigkeit am Strand von Kindern geärgert.
Du dumme Schildkröte!
Komm, lass sie uns fesseln!
I... Ihr tut der armen Schildkröte weh! Bitte hört au...
BATSCH
Stolpert, obwohl es nichts zum Stolpern gibt
Mann, ist dieser Fuchs ein Tollpatsch!
H... Hört bitte auf ...!
He heeee!
Au, au!

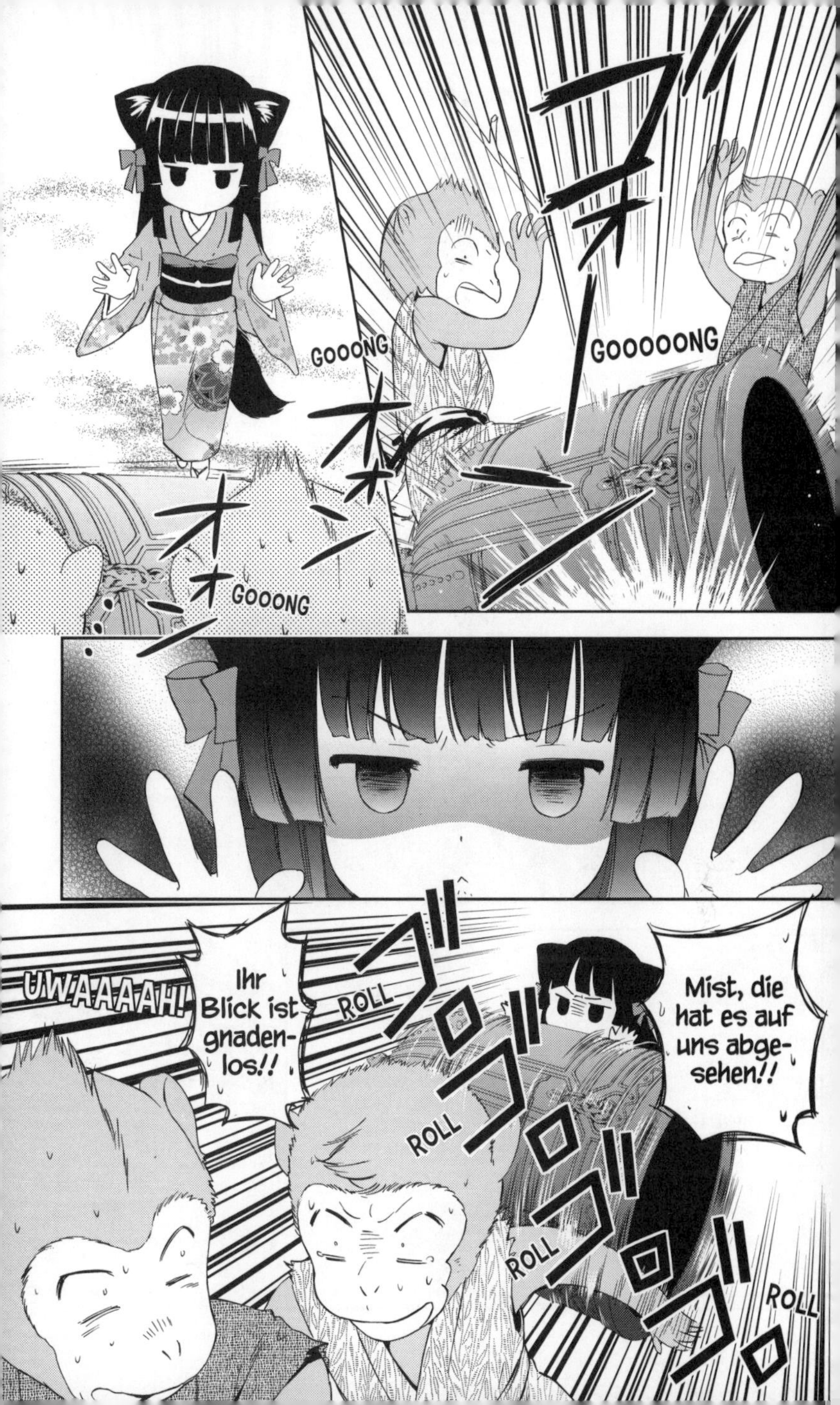
GOOOOONG
GOOONG
GOOONG
Mist, die hat es auf uns abge-sehen!!
ROLL
ROLL
ROLL
ROLL
Ihr Blick ist gnaden-los!!
UWAAAAAH!

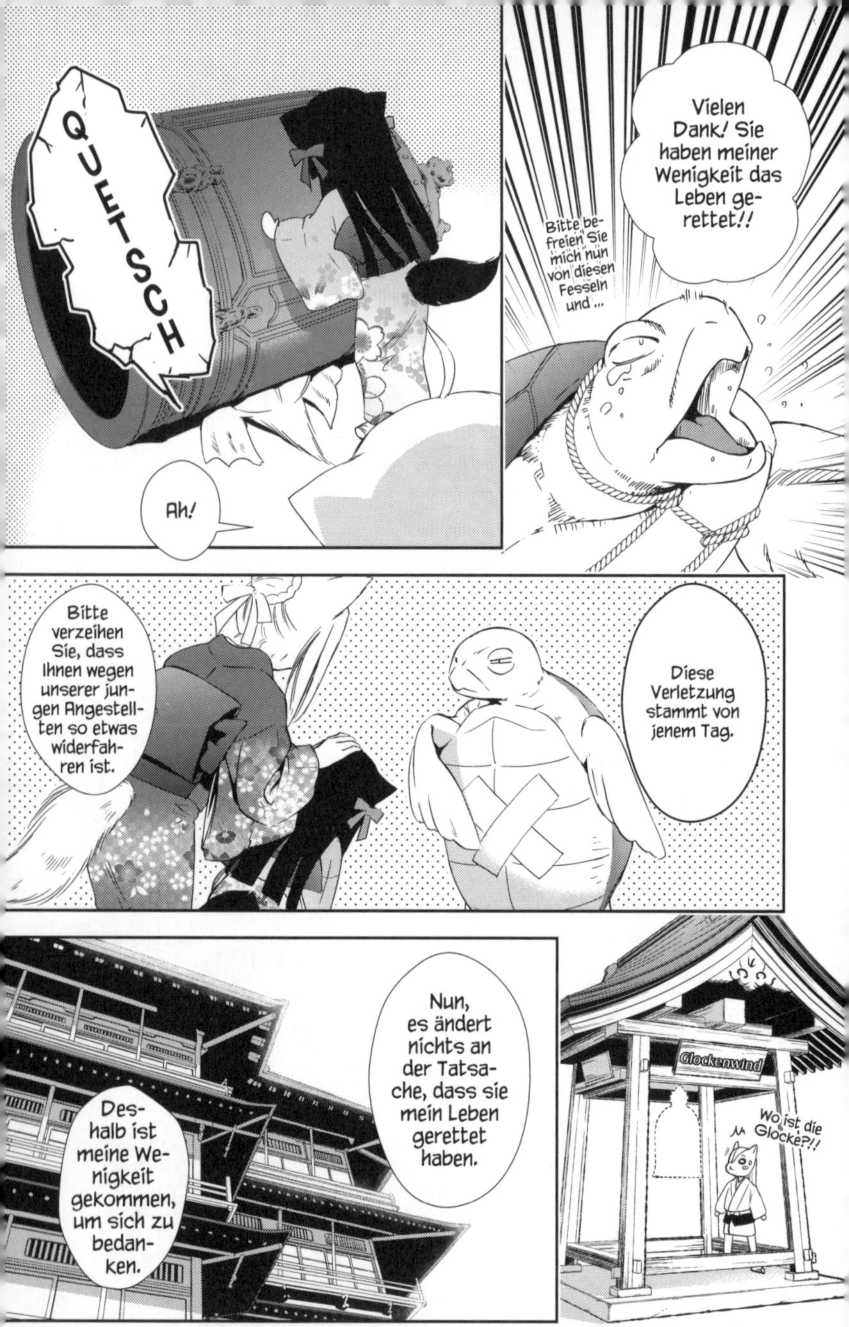
Vielen Dank! Sie haben meiner Wenigkeit das Leben gerettet!!
Bitte befreien Sie mich nun von diesen Fesseln und ...
QUETSCH
Ah!
Diese Verletzung stammt von jenem Tag.
Bitte verzeihen Sie, dass Ihnen wegen unserer jungen Angestellten so etwas widerfahren ist.
Glockenwind
Wo ist die Glocke?!!
Nun, es ändert nichts an der Tatsache, dass sie mein Leben gerettet haben.
Deshalb ist meine Wenigkeit gekommen, um sich zu bedanken.

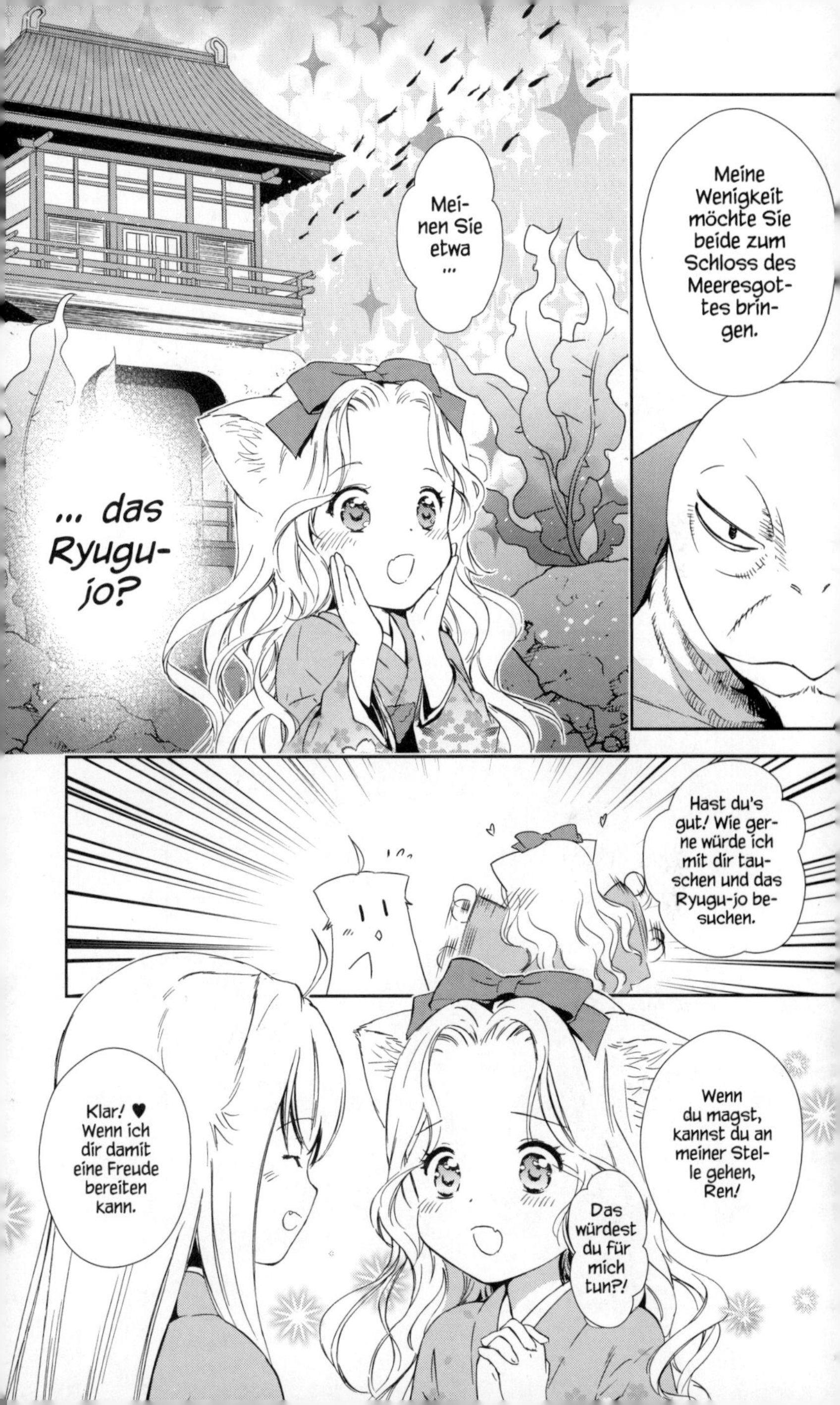
Meine Wenigkeit möchte Sie beide zum Schloss des Meeresgottes bringen.
Meinen Sie etwa ...
... das Ryugu-jo?
Hast du's gut! Wie gerne würde ich mit dir tauschen und das Ryugu-jo besuchen.
Wenn du magst, kannst du an meiner Stelle gehen, Ren!
Das würdest du für mich tun?!
Klar! ♥ Wenn ich dir damit eine Freude bereiten kann.

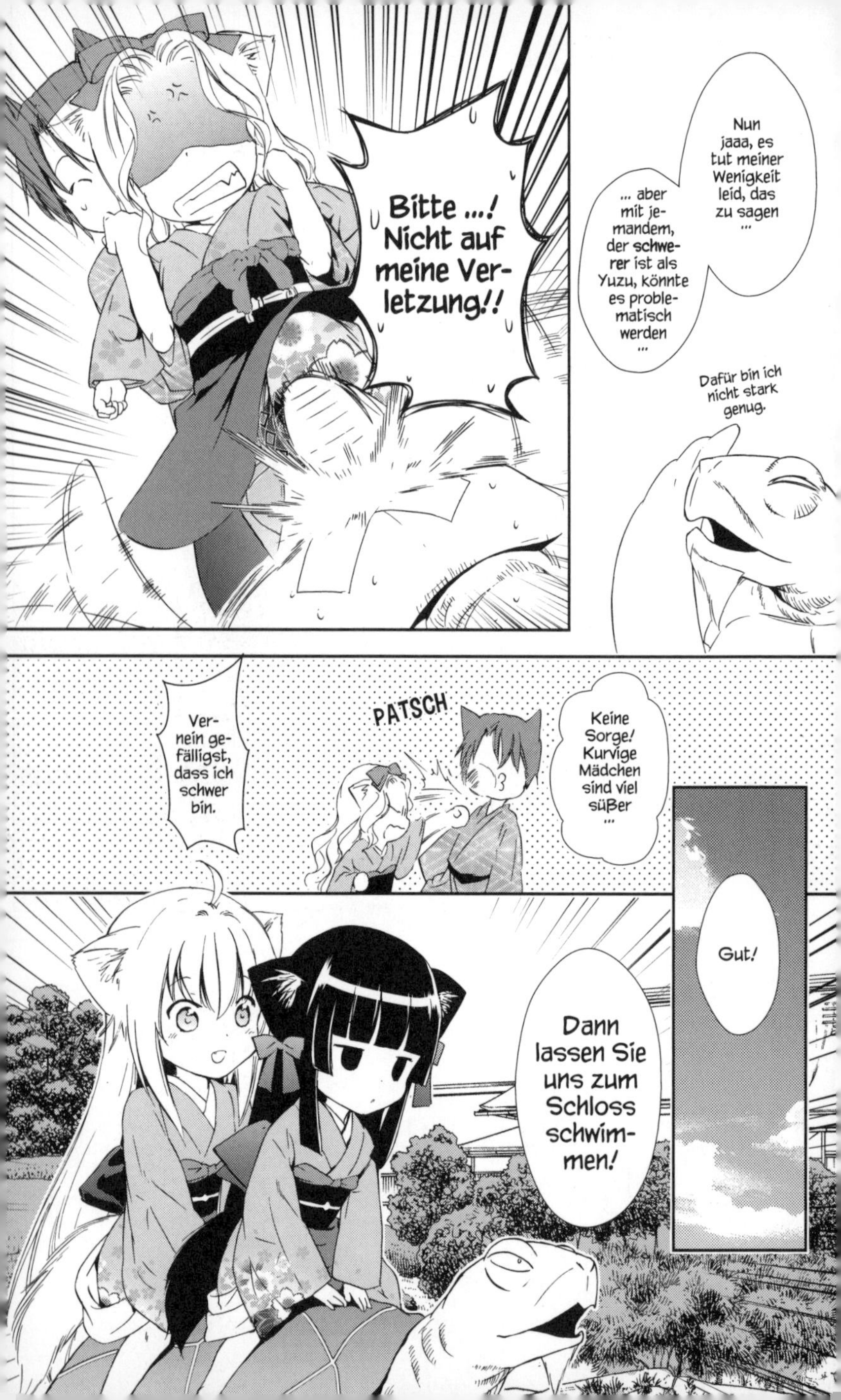

Nun jaaa, es tut meiner Wenigkeit leid, das zu sagen ...
... aber mit jemandem, der schwerer ist als Yuzu, könnte es problematisch werden ...
Dafür bin ich nicht stark genug.
Bitte ...! Nicht auf meine Verletzung!!
Keine Sorge! Kurvige Mädchen sind viel süßer ...
PATSCH
Vernein gefälligst, dass ich schwer bin.
Gut!
Dann lassen Sie uns zum Schloss schwimmen!

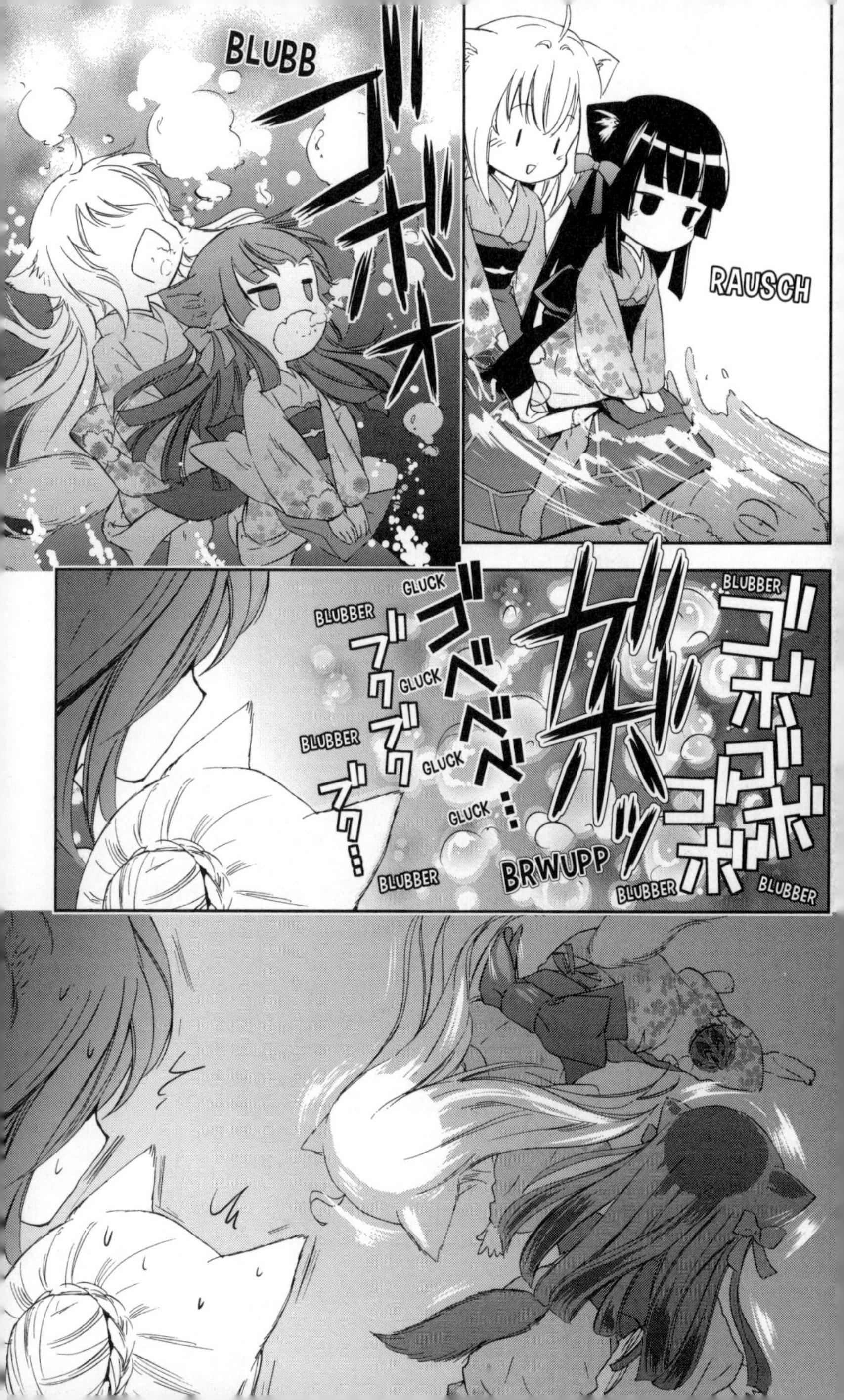
RAUSCH
BLUBB
BLUBBER
BLUBBER
BLUBBER
BRWUPP
GLUCK
GLUCK
GLUCK
GLUCK
BLUBBER
BLUBBER
BLUBBER

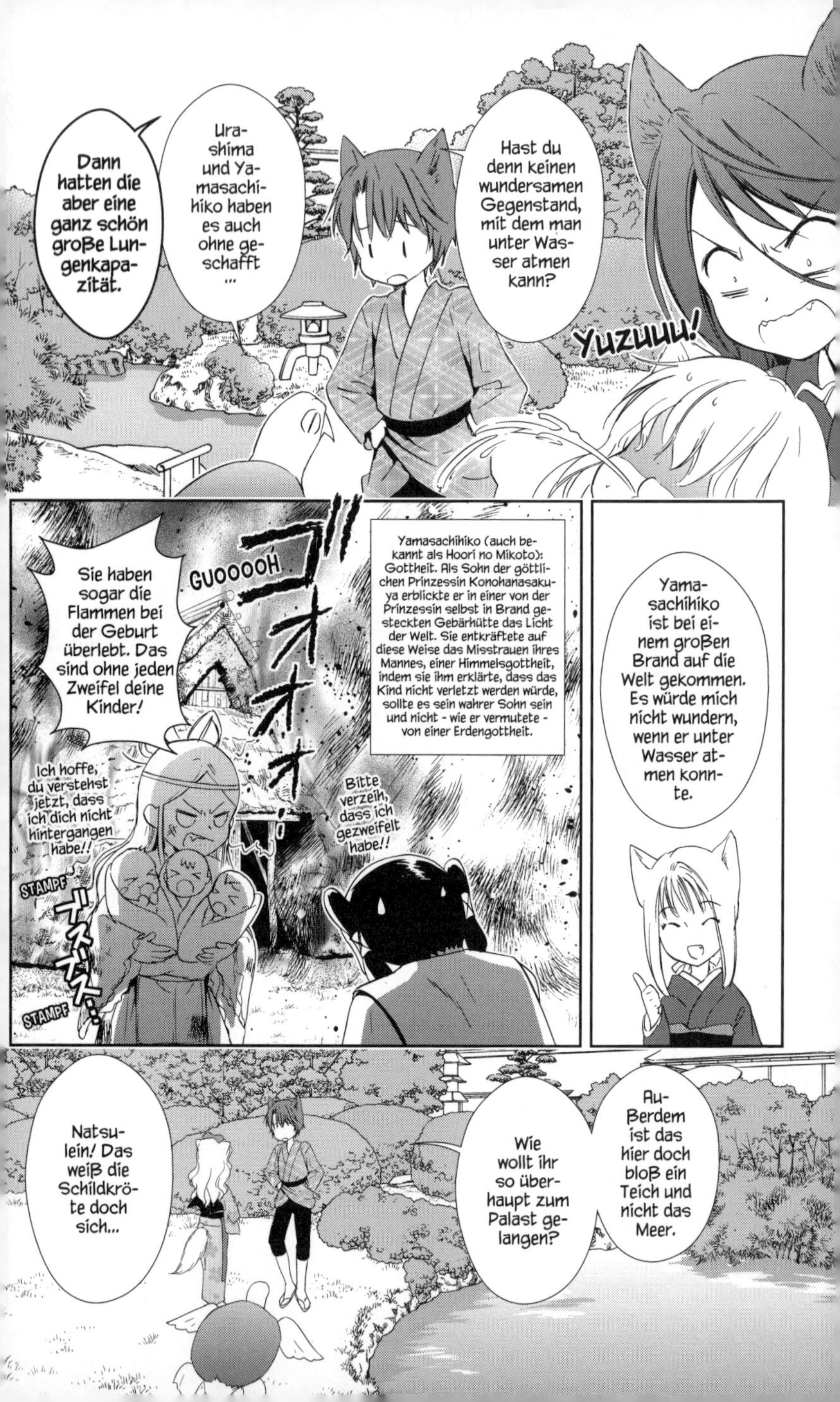
Hast du denn keinen wundersamen Gegenstand, mit dem man unter Wasser atmen kann?
YUZUUU!
Urashima und Yamasachihiko haben es auch ohne geschafft ...
Dann hatten die aber eine ganz schön große Lungenkapazität.
Yamasachihiko ist bei einem großen Brand auf die Welt gekommen. Es würde mich nicht wundern, wenn er unter Wasser atmen konnte.
Yamasachihiko (auch bekannt als Hoori no Mikoto): Gottheit. Als Sohn der göttlichen Prinzessin Konohanasakuya erblickte er in einer von der Prinzessin selbst in Brand gesteckten Gebärhütte das Licht der Welt. Sie entkräftete auf diese Weise das Misstrauen ihres Mannes, einer Himmelsgottheit, indem sie ihm erklärte, dass das Kind nicht verletzt werden würde, sollte es sein wahrer Sohn sein und nicht - wie er vermutete - von einer Erdengottheit.
GUOOOOH
Sie haben sogar die Flammen bei der Geburt überlebt. Das sind ohne jeden Zweifel deine Kinder!
Bitte verzeih, dass ich gezweifelt habe!!
Ich hoffe, du verstehst jetzt, dass ich dich nicht hintergangen habe!!
STAMPF
STAMPF
Außerdem ist das hier doch bloß ein Teich und nicht das Meer.
Wie wollt ihr so überhaupt zum Palast gelangen?
Natsulein! Das weiß die Schildkröte doch sich...

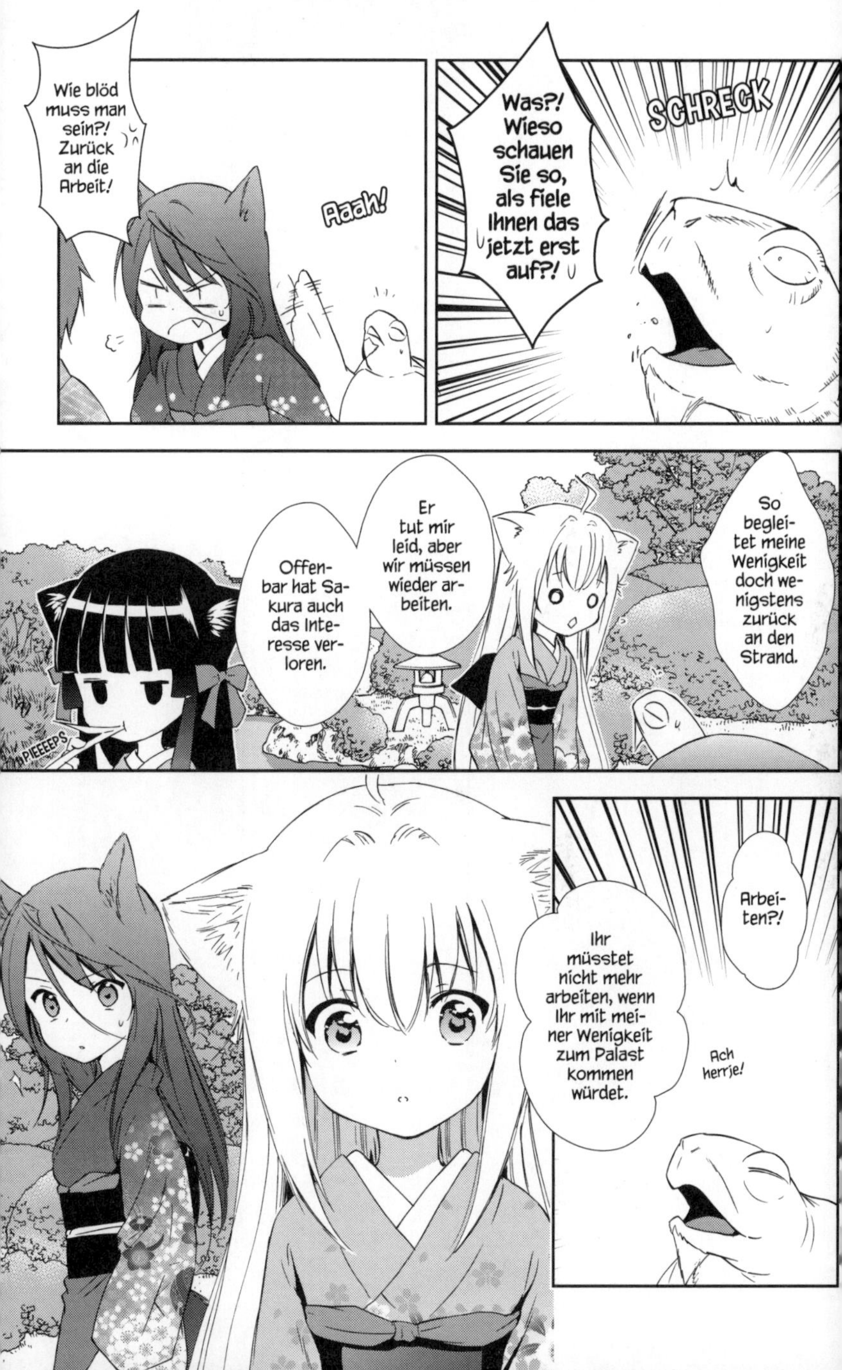
Was?! Wieso schauen Sie so, als fiele Ihnen das jetzt erst auf?!
SCHRECK
Aaah!
Wie blöd muss man sein?! Zurück an die Arbeit!
So begleitet meine Wenigkeit doch wenigstens zurück an den Strand.
Er tut mir leid, aber wir müssen wieder arbeiten.
Offenbar hat Sakura auch das Interesse verloren.
PIEEEEPS
Arbeiten?!
Ach herrje!
Ihr müsstet nicht mehr arbeiten, wenn Ihr mit meiner Wenigkeit zum Palast kommen würdet.

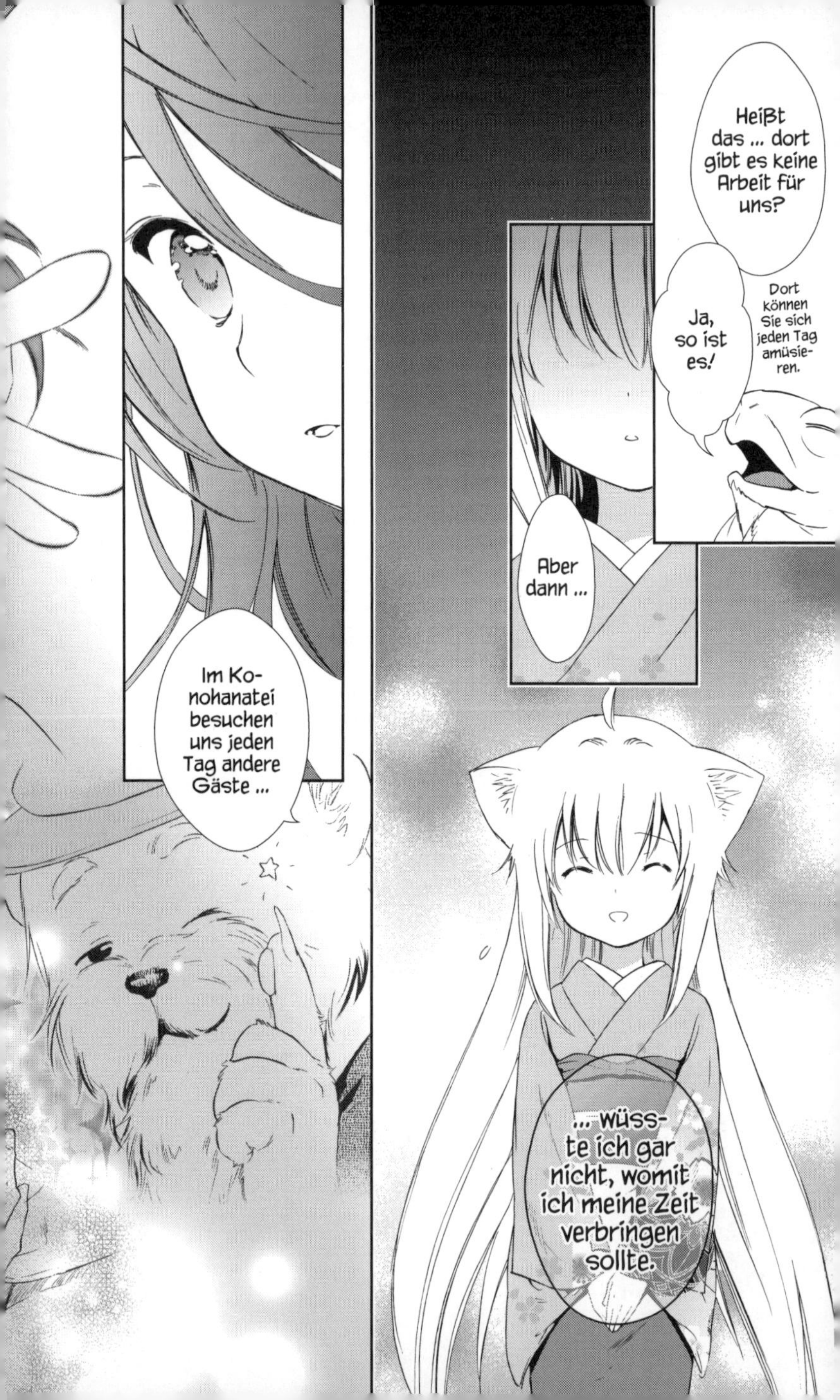
Heißt das ... dort gibt es keine Arbeit für uns?
Dort können Sie sich jeden Tag amüsieren.
Ja, so ist es!
Aber dann ...
... wüsste ich gar nicht, womit ich meine Zeit verbringen sollte.
Im Konohanatei besuchen uns jeden Tag andere Gäste ...

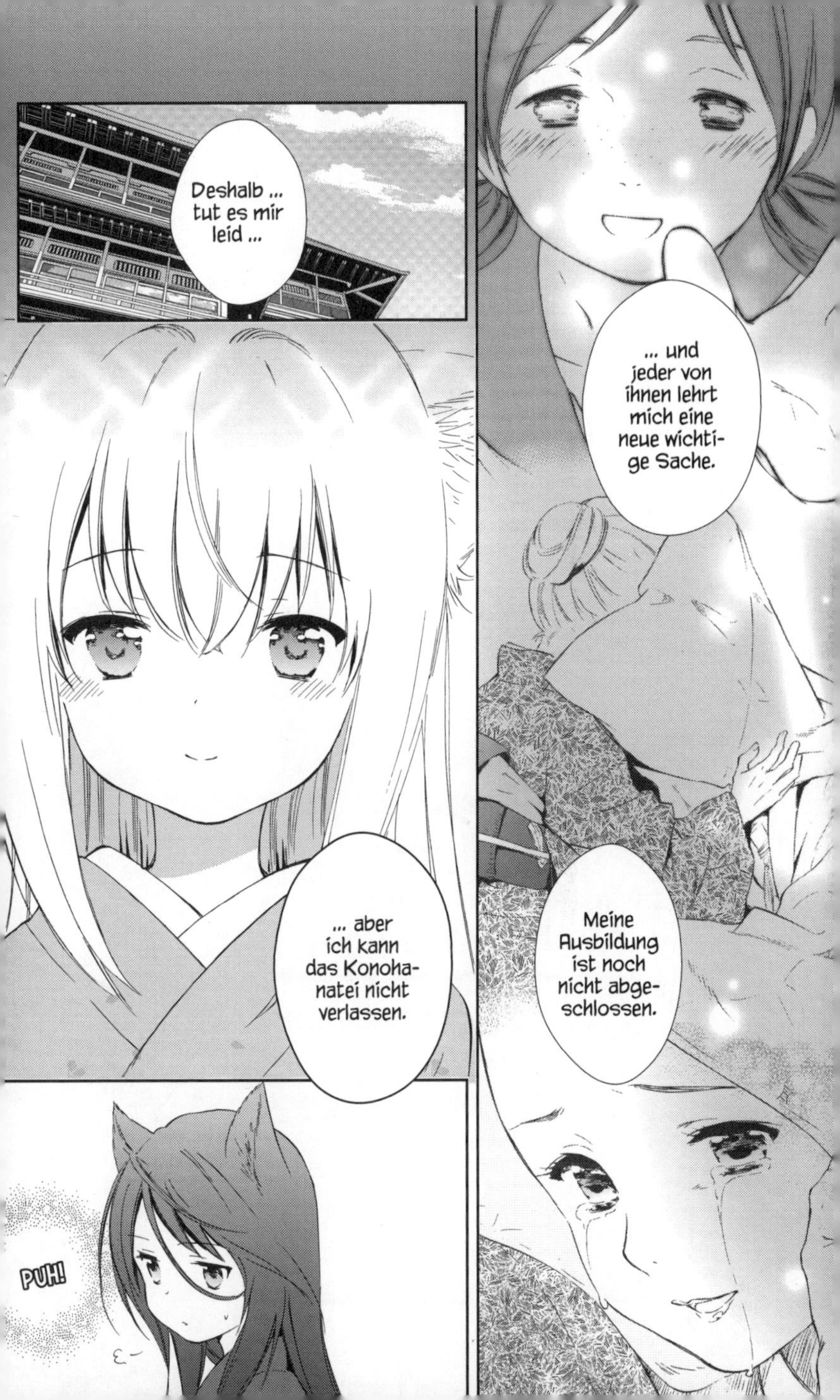
... und jeder von ihnen lehrt mich eine neue wichtige Sache.
Meine Ausbildung ist noch nicht abgeschlossen.
Deshalb ... tut es mir leid ...
... aber ich kann das Konohanatei nicht verlassen.
PUH!

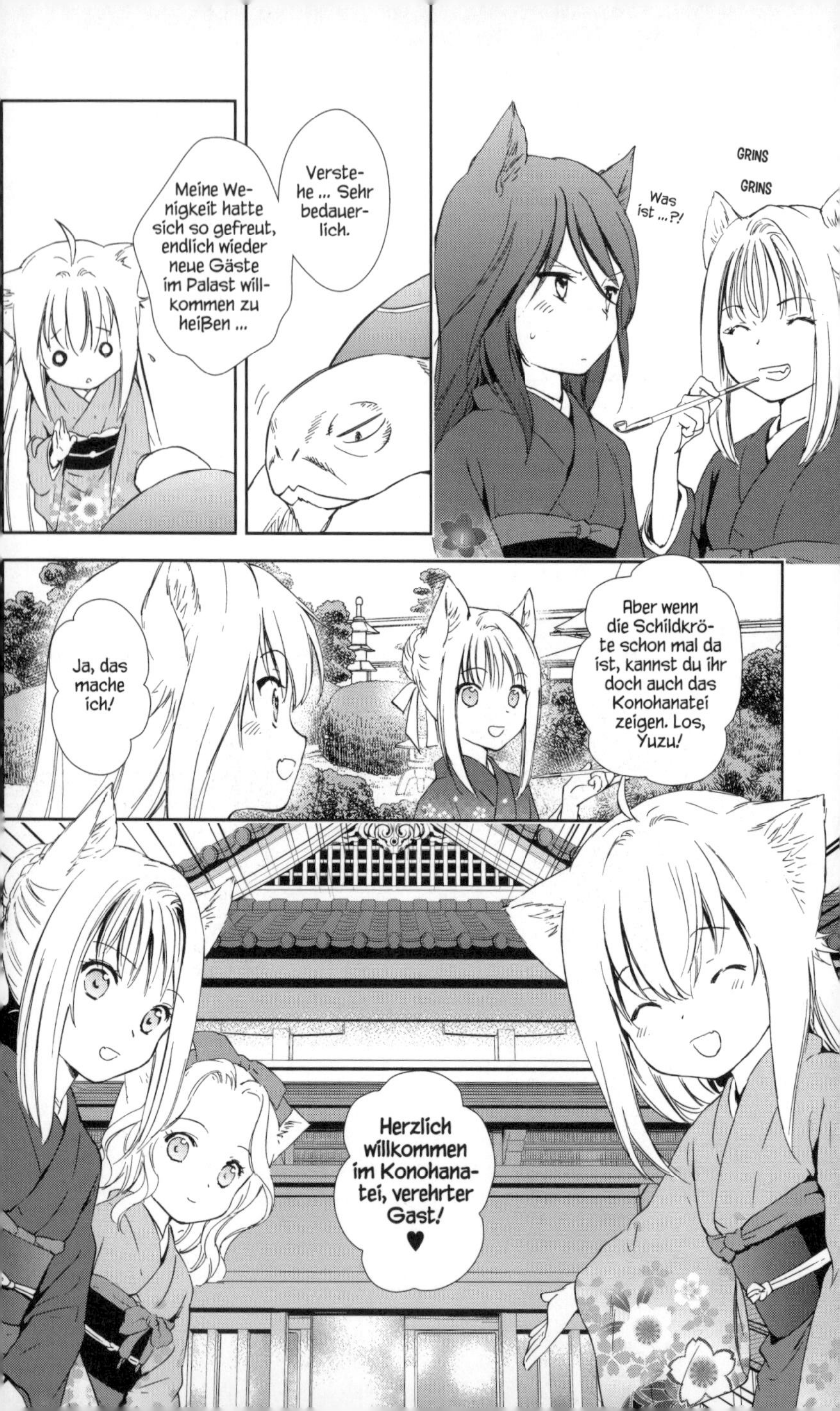
GRINS
GRINS
Was ist ...?!
Verste-he ... Sehr bedauer-lich.
Meine We-nigkeit hatte sich so gefreut, endlich wieder neue Gäste im Palast will-kommen zu heißen ...
Aber wenn die Schildkrö-te schon mal da ist, kannst du ihr doch auch das Konohanatei zeigen. Los, Yuzu!
Ja, das mache ich!
Herzlich willkommen im Konohana-tei, verehrter Gast! ♥

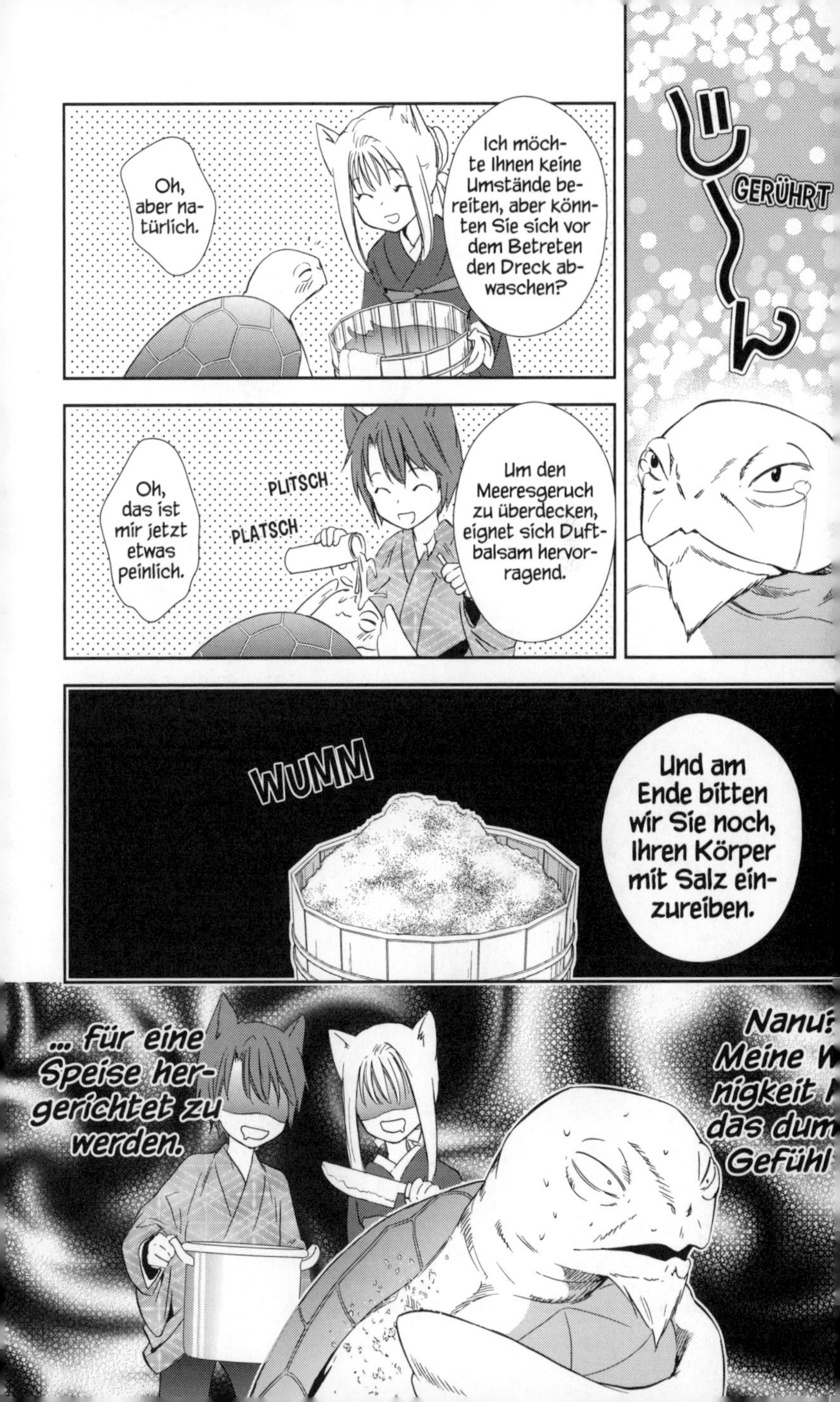

GERÜHRT
Ich möchte Ihnen keine Umstände bereiten, aber könnten Sie sich vor dem Betreten den Dreck abwaschen?
Oh, aber natürlich.
Um den Meeresgeruch zu überdecken, eignet sich Duftbalsam hervorragend.
PLITSCH
PLATSCH
Oh, das ist mir jetzt etwas peinlich.
Und am Ende bitten wir Sie noch, Ihren Körper mit Salz einzureiben.
WUMM
Nanu!? Meine W nigkeit das dum Gefühl
... für eine Speise hergerichtet zu werden.

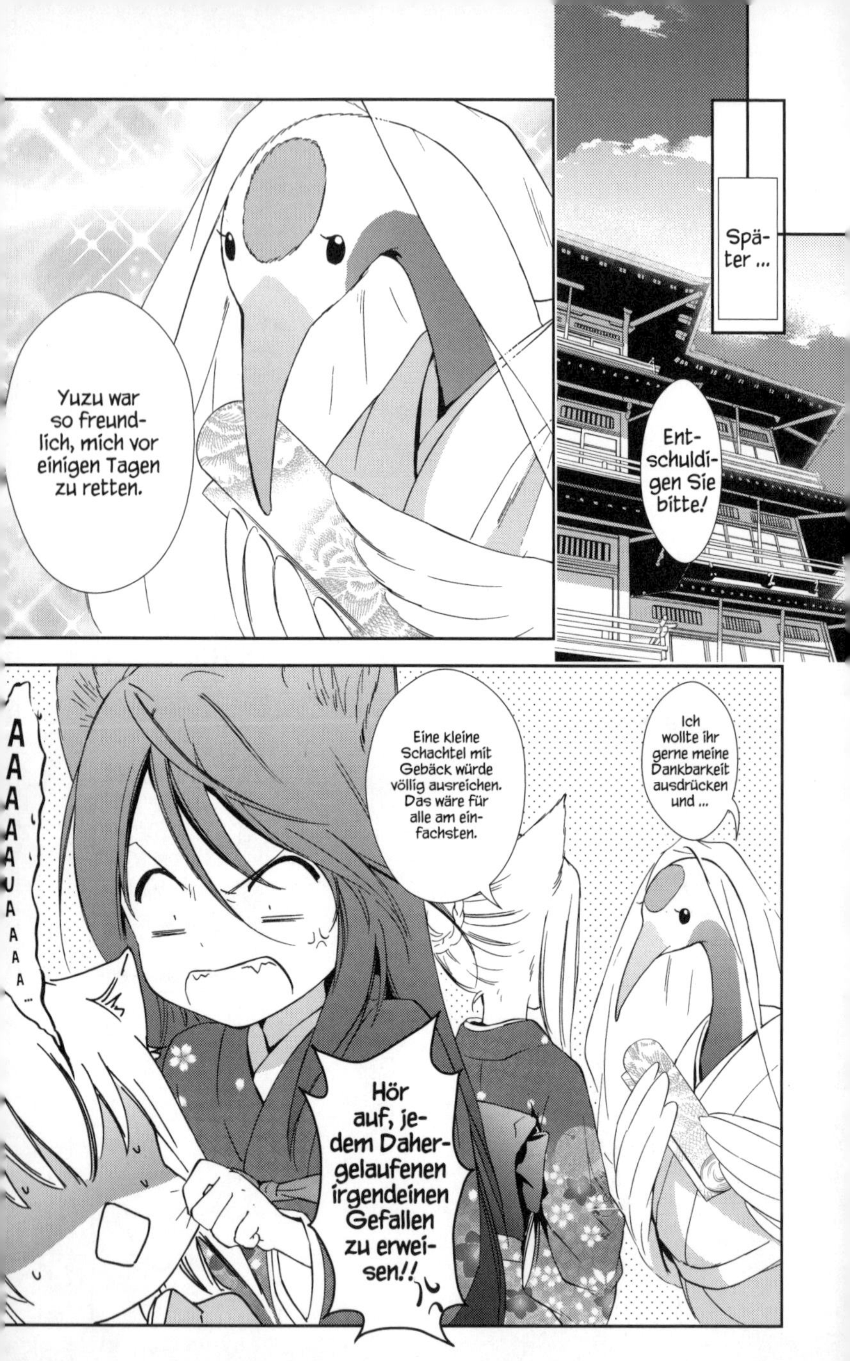

Später ...
Entschuldigen Sie bitte!
Yuzu war so freundlich, mich vor einigen Tagen zu retten.
Ich wollte ihr gerne meine Dankbarkeit ausdrücken und ...
Eine kleine Schachtel mit Gebäck würde völlig ausreichen. Das wäre für alle am einfachsten.
Hör auf, jedem Dahergelaufenen irgendeinen Gefallen zu erweisen!!
AAAAAAAAAAA ...

## Der Traum des Eis

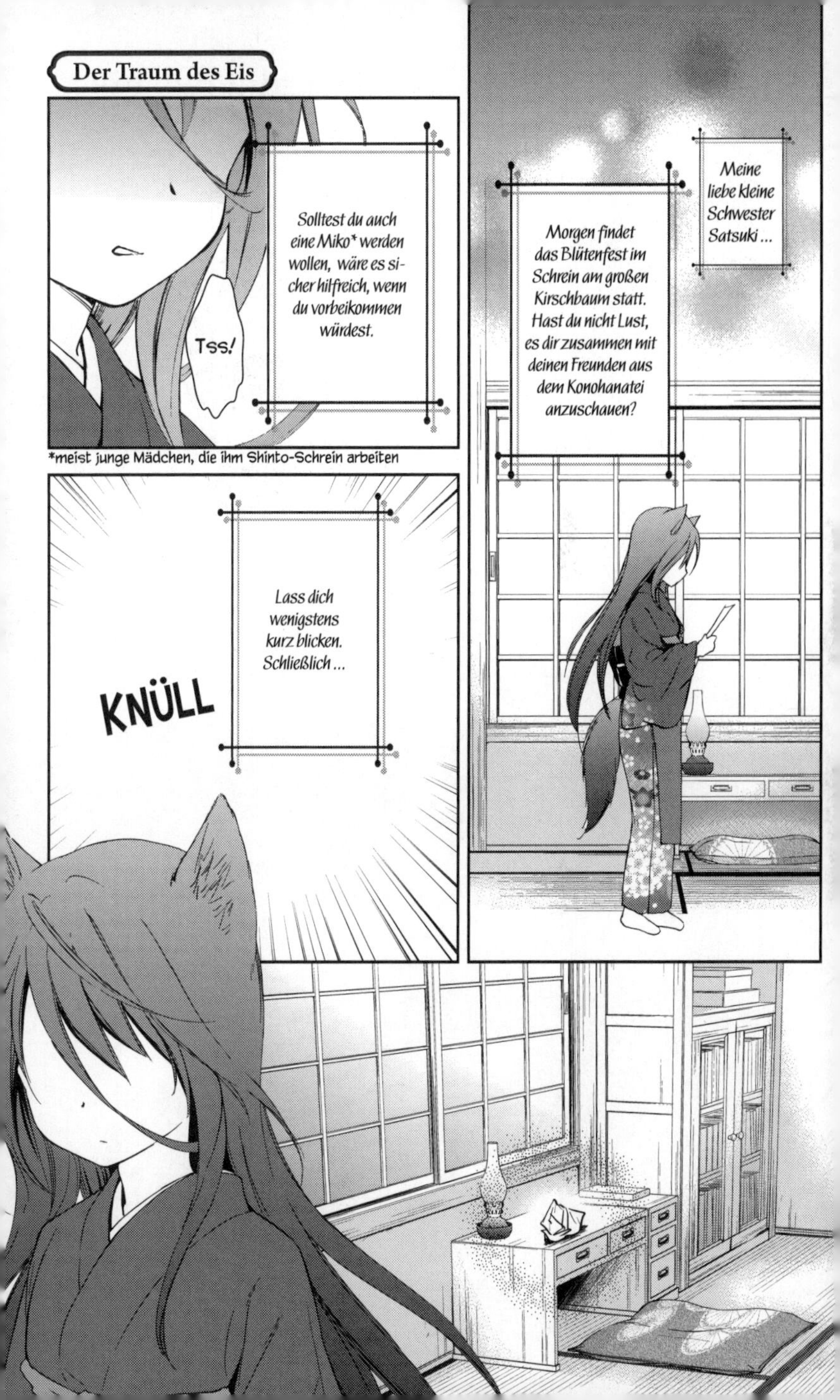


*meist junge Mädchen, die ihm Shinto-Schrein arbeiten

# Der Traum des Eis

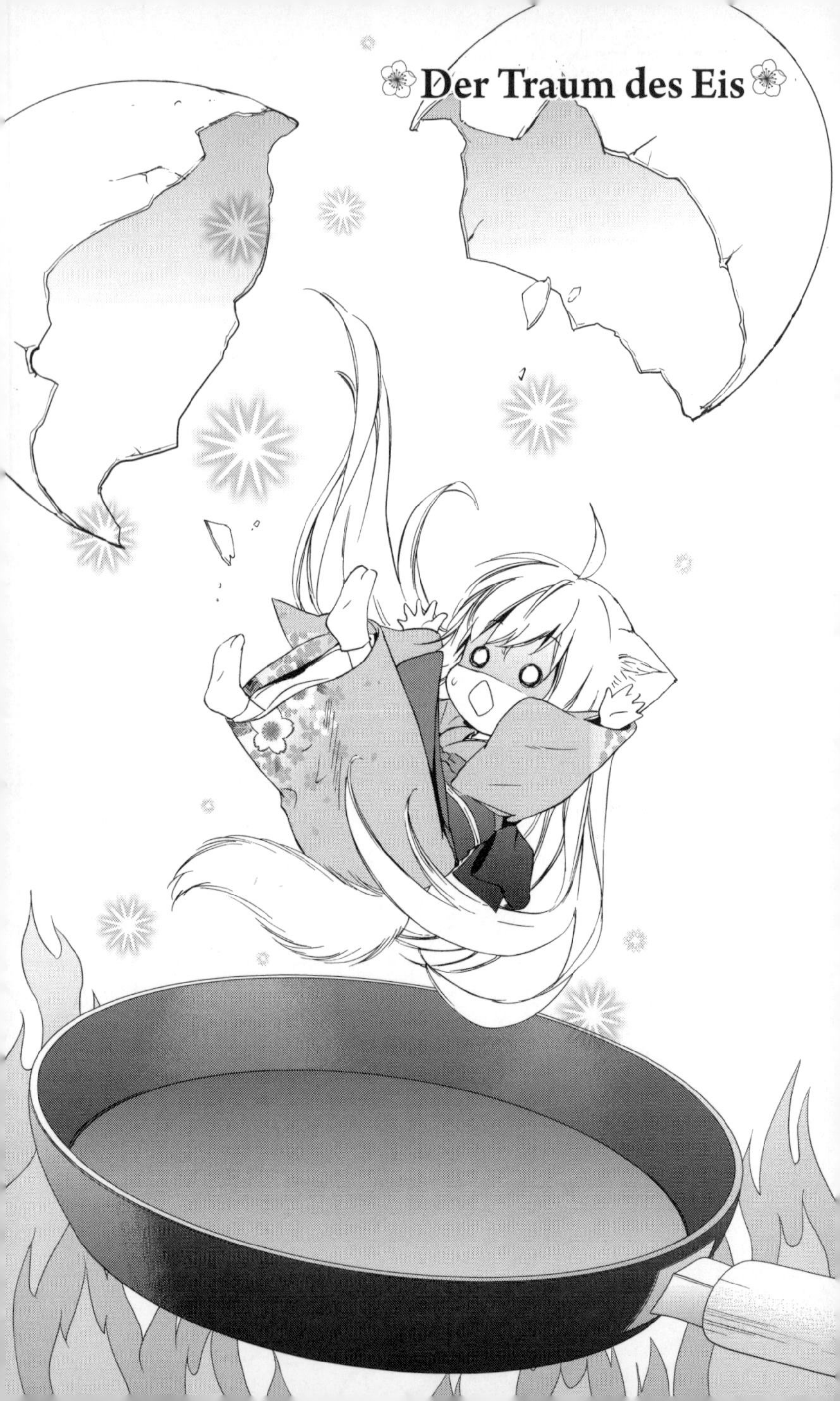

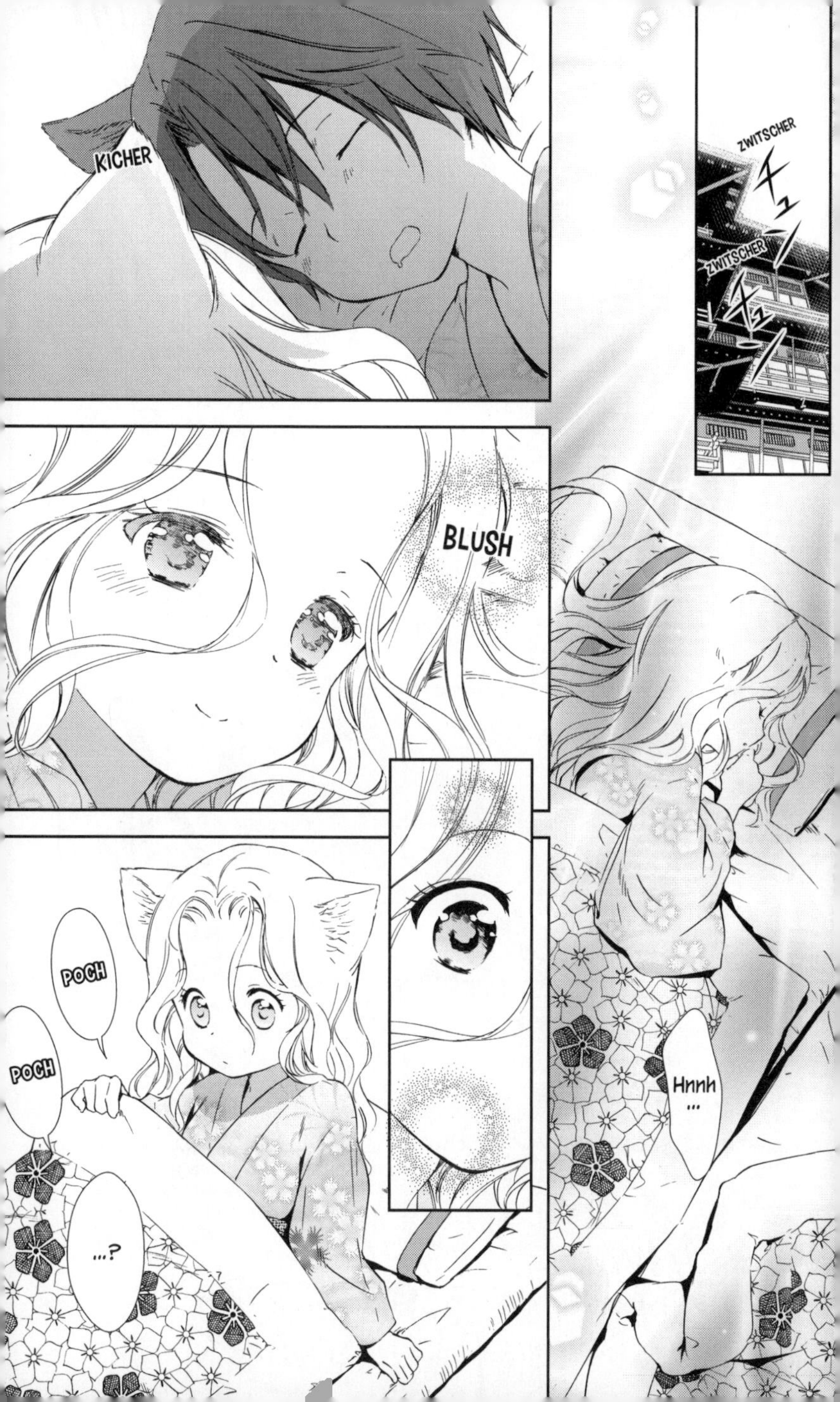
ZWITSCHER
ZWITSCHER
Hnnh ...
KICHER
BLUSH
POCH
POCH
...?

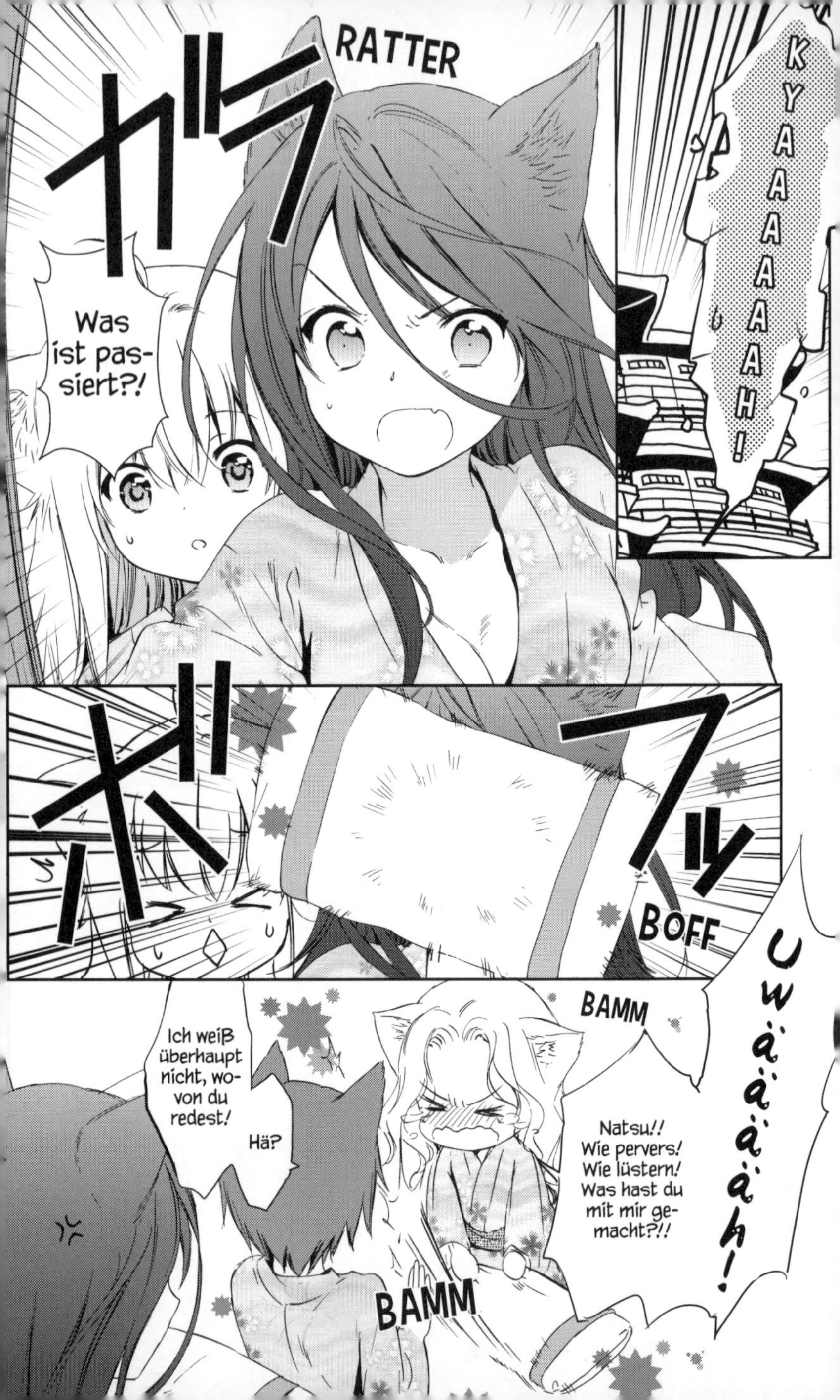
KYAAAAAAAAH!
RATTER
Was ist pas-siert?!
BOFF
Uwäääääh!
BAMM
Natsu!! Wie pervers! Wie lüstern! Was hast du mit mir ge-macht?!!
Ich weiß überhaupt nicht, wo-von du redest!
Hä?
BAMM

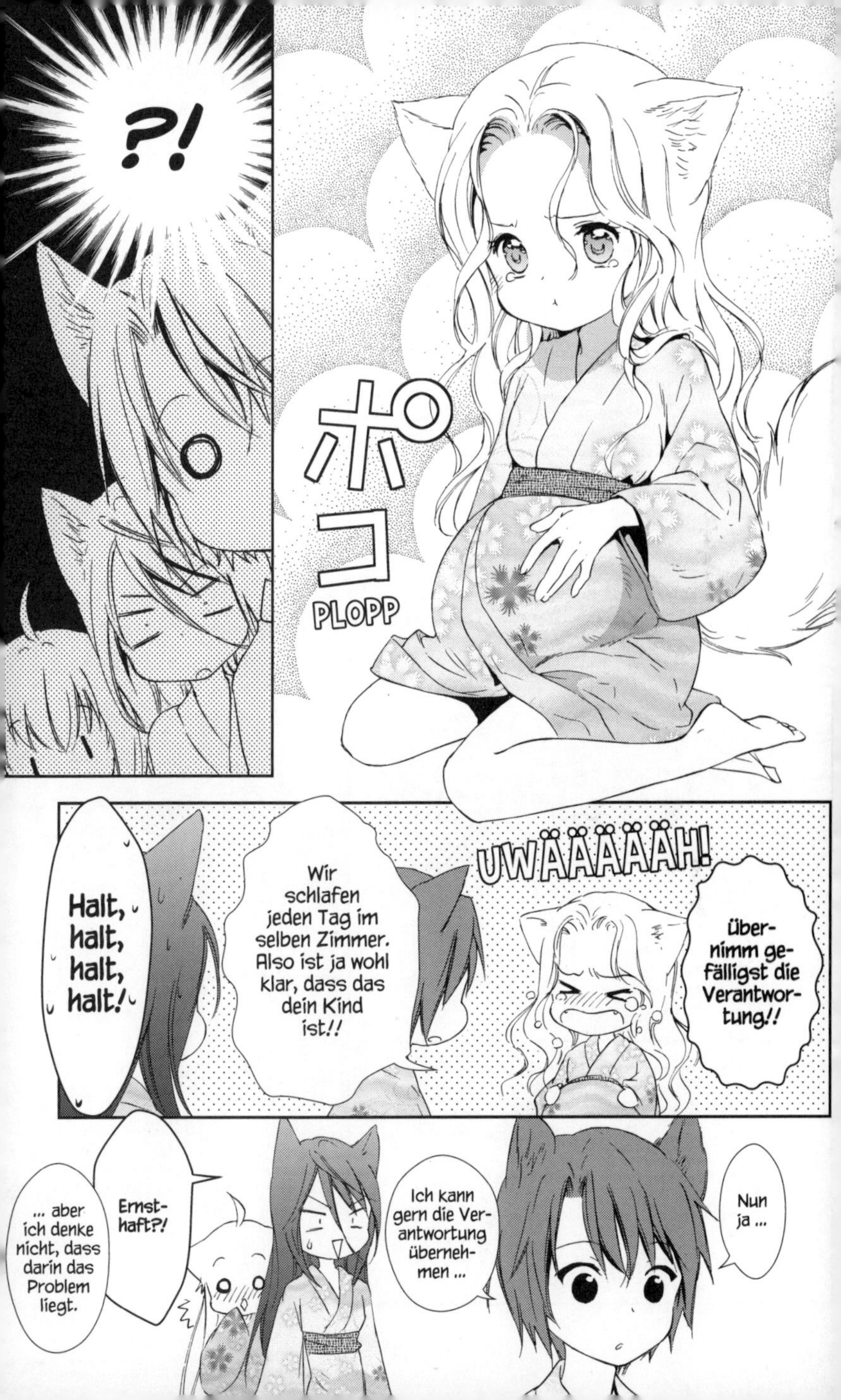
ポコ
PLOPP
?!
Über-nimm ge-fälligst die Verantwor-tung!!
UWÄÄÄÄÄH!
Wir schlafen jeden Tag im selben Zimmer. Also ist ja wohl klar, dass das dein Kind ist!!
Halt, halt, halt, halt!
Nun ja ...
Ich kann gern die Ver-antwortung überneh-men ...
Ernst-haft?!
... aber ich denke nicht, dass darin das Problem liegt.

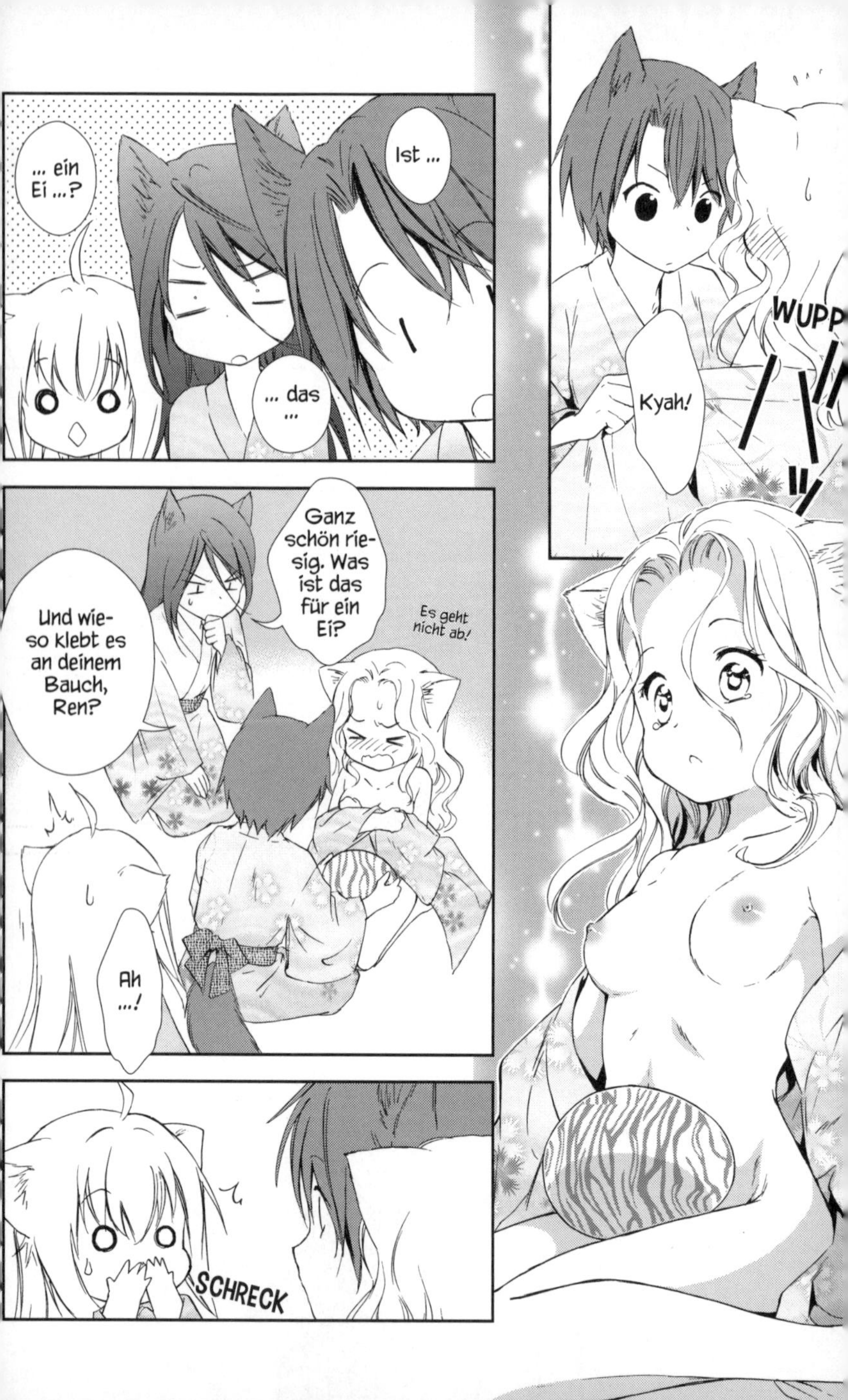
WUPP
Kyah!
Ist ...
... das ...
... ein Ei ...?
Ganz schön riesig. Was ist das für ein Ei?
Es geht nicht ab!
Und wieso klebt es an deinem Bauch, Ren?
Ah ...!
SCHRECK

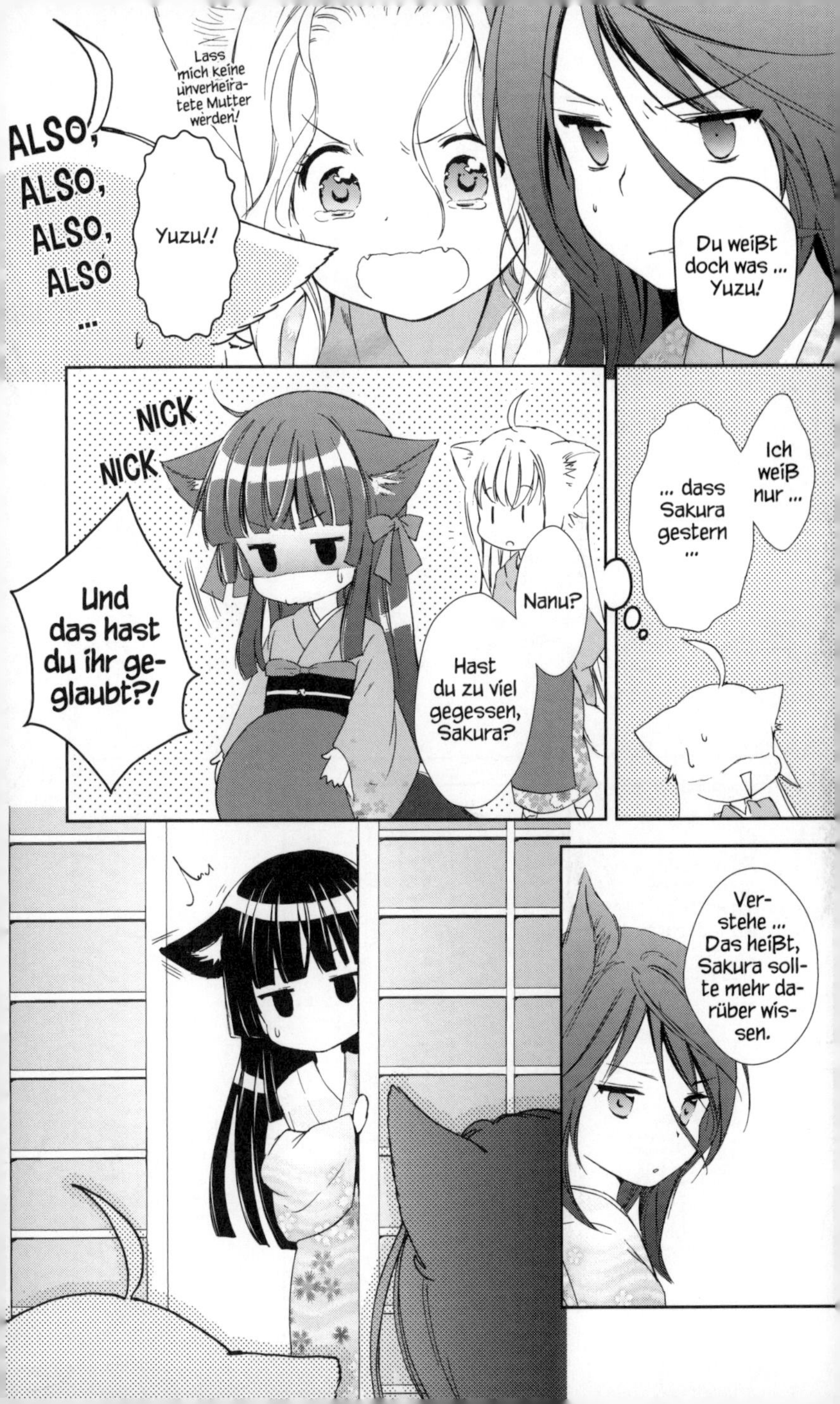
Du weißt doch was ... Yuzu!
Yuzu!!
Lass mich keine unverheira-tete Mutter werden!
ALSO, ALSO, ALSO, ALSO ...
Ich weiß nur ...
... dass Sakura gestern ...
Nanu?
Hast du zu viel gegessen, Sakura?
NICK NICK
Und das hast du ihr ge-glaubt?!
Ver-stehe ... Das heißt, Sakura soll-te mehr da-rüber wis-sen.

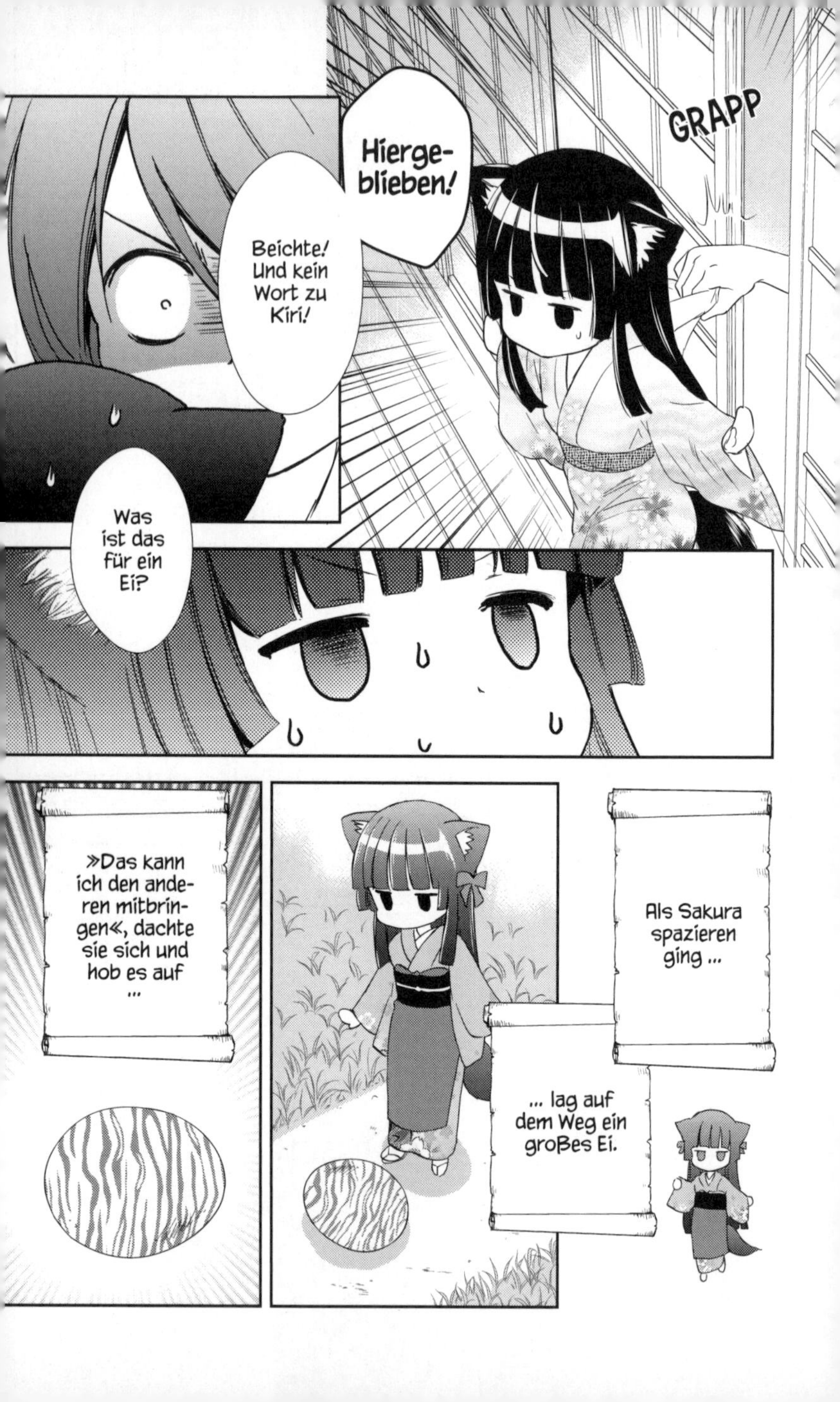
GRAPP
Hierge-blieben!
Beichte! Und kein Wort zu Kiri!
Was ist das für ein Ei?
Als Sakura spazieren ging ...
... lag auf dem Weg ein großes Ei.
»Das kann ich den anderen mitbringen«, dachte sie sich und hob es auf ...

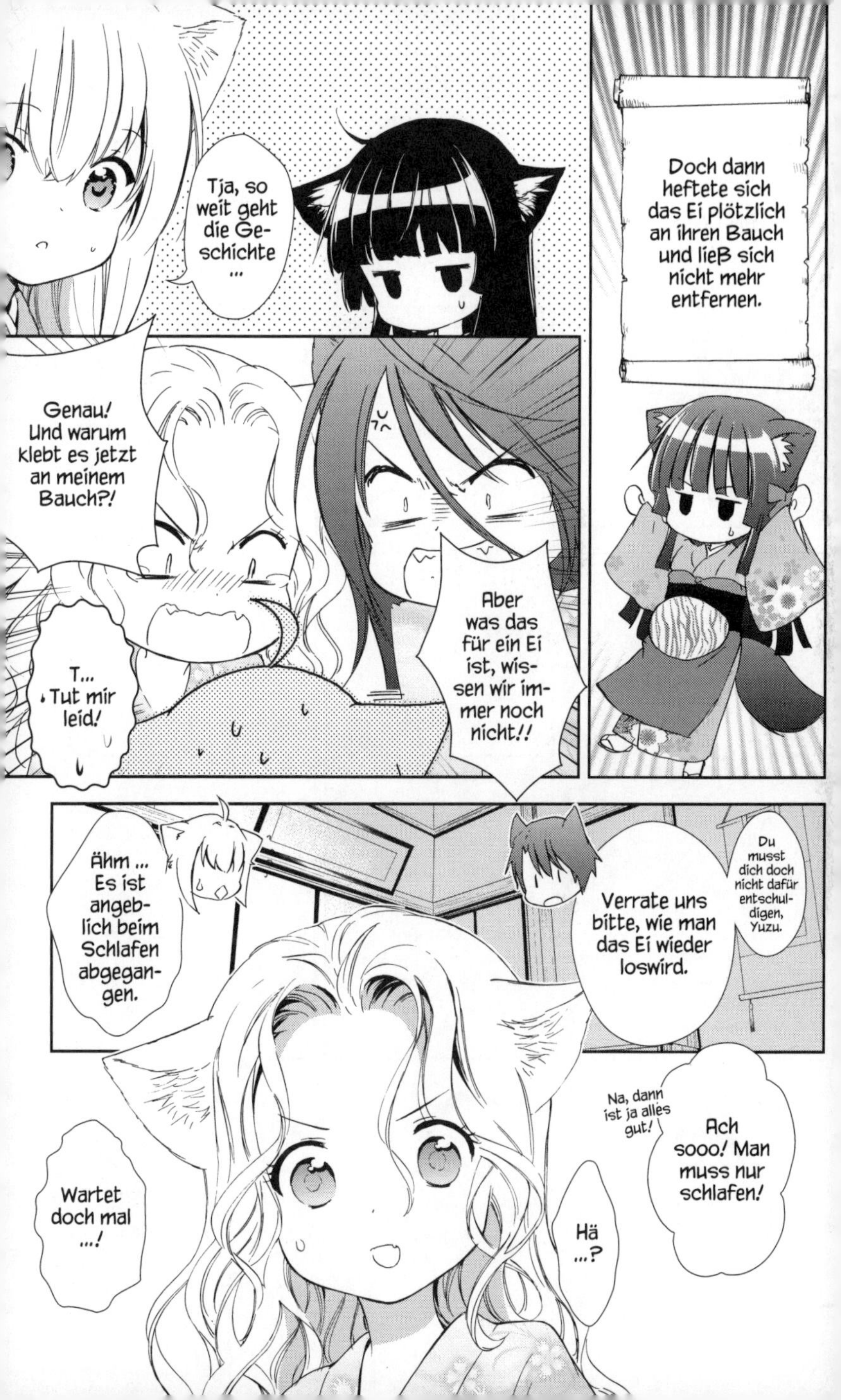
Doch dann heftete sich das Ei plötzlich an ihren Bauch und ließ sich nicht mehr entfernen.
Tja, so weit geht die Geschichte ...
Aber was das für ein Ei ist, wissen wir immer noch nicht!!
Genau! Und warum klebt es jetzt an meinem Bauch?!
T... Tut mir leid!
Du musst dich doch nicht dafür entschuldigen, Yuzu.
Verrate uns bitte, wie man das Ei wieder loswird.
Ähm ... Es ist angeblich beim Schlafen abgegangen.
Ach sooo! Man muss nur schlafen!
Na, dann ist ja alles gut!
Hä ...?
Wartet doch mal ...!

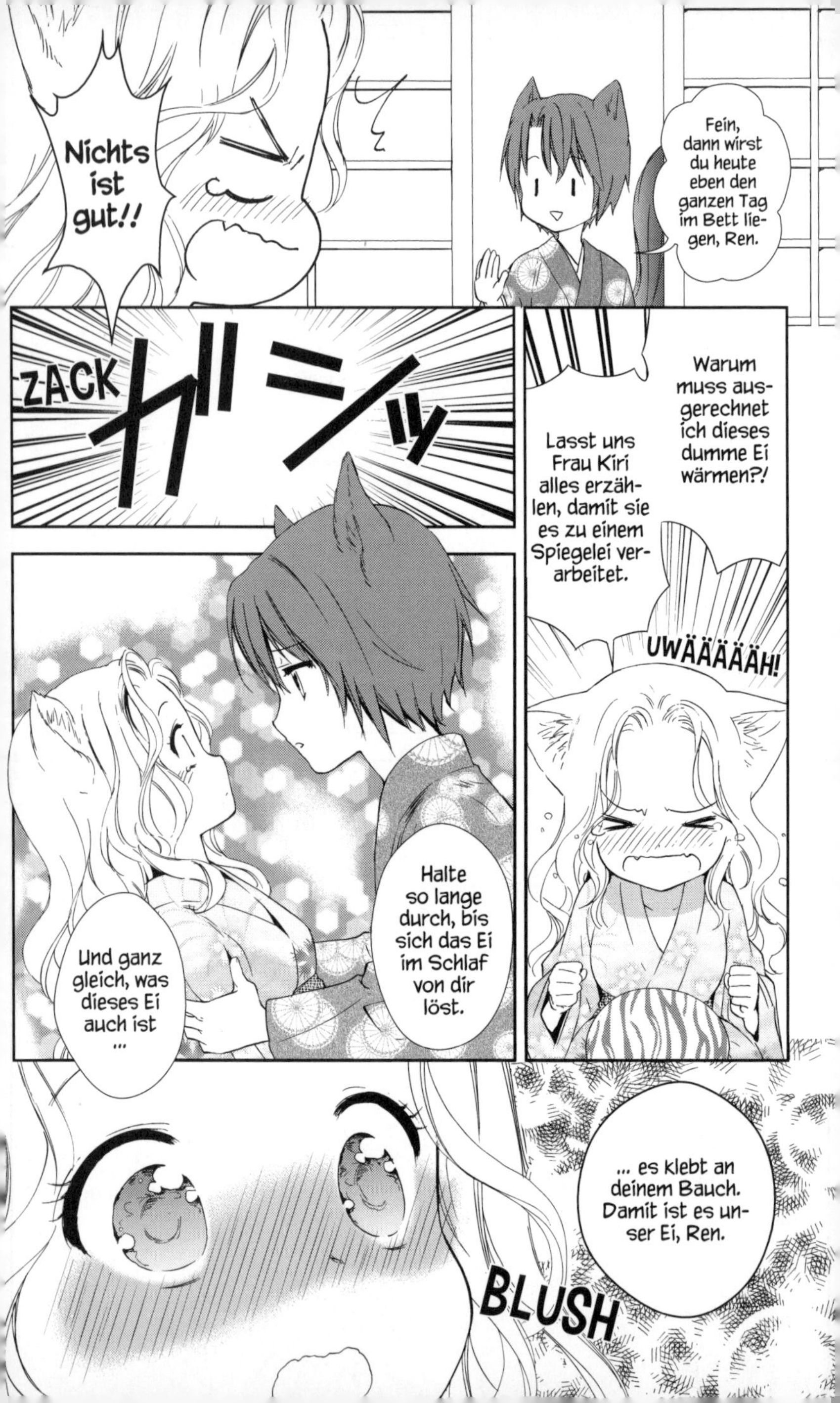

Fein, dann wirst du heute eben den ganzen Tag im Bett liegen, Ren.
Nichts ist gut!!
Warum muss ausgerechnet ich dieses dumme Ei wärmen?!
Lasst uns Frau Kiri alles erzählen, damit sie es zu einem Spiegelei verarbeitet.
UWÄÄÄÄÄH!
ZACK
Halte so lange durch, bis sich das Ei im Schlaf von dir löst.
Und ganz gleich, was dieses Ei auch ist ...
... es klebt an deinem Bauch. Damit ist es unser Ei, Ren.
BLUSH

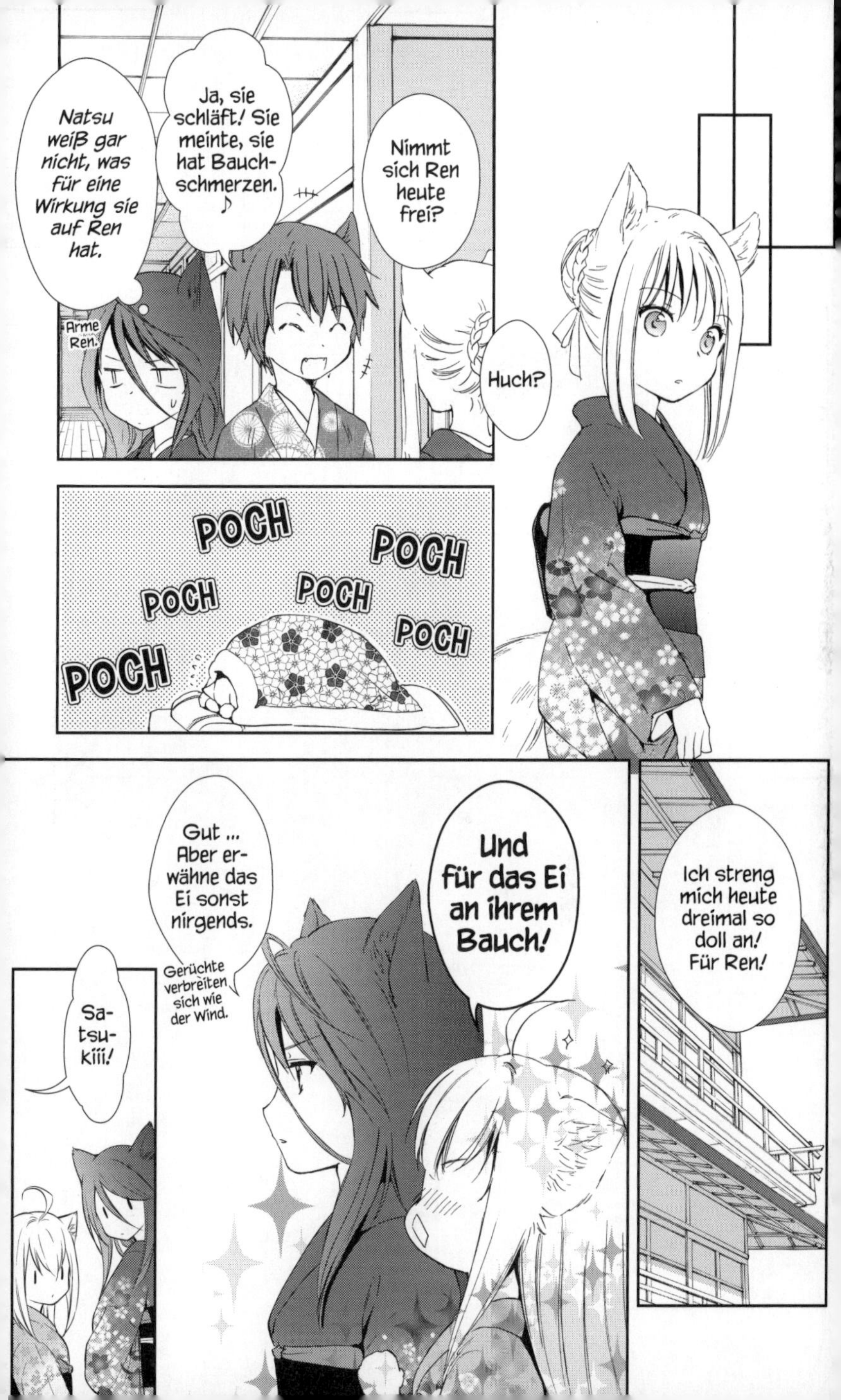

Huch?
Nimmt sich Ren heute frei?
Ja, sie schläft! Sie meinte, sie hat Bauchschmerzen. ♪
Natsu weiß gar nicht, was für eine Wirkung sie auf Ren hat.
Arme Ren.
POCH
POCH
POCH
POCH
POCH
POCH
Ich streng mich heute dreimal so doll an! Für Ren!
Und für das Ei an ihrem Bauch!
Gut ... Aber erwähne das Ei sonst nirgends.
Gerüchte verbreiten sich wie der Wind.
Satsukiii!

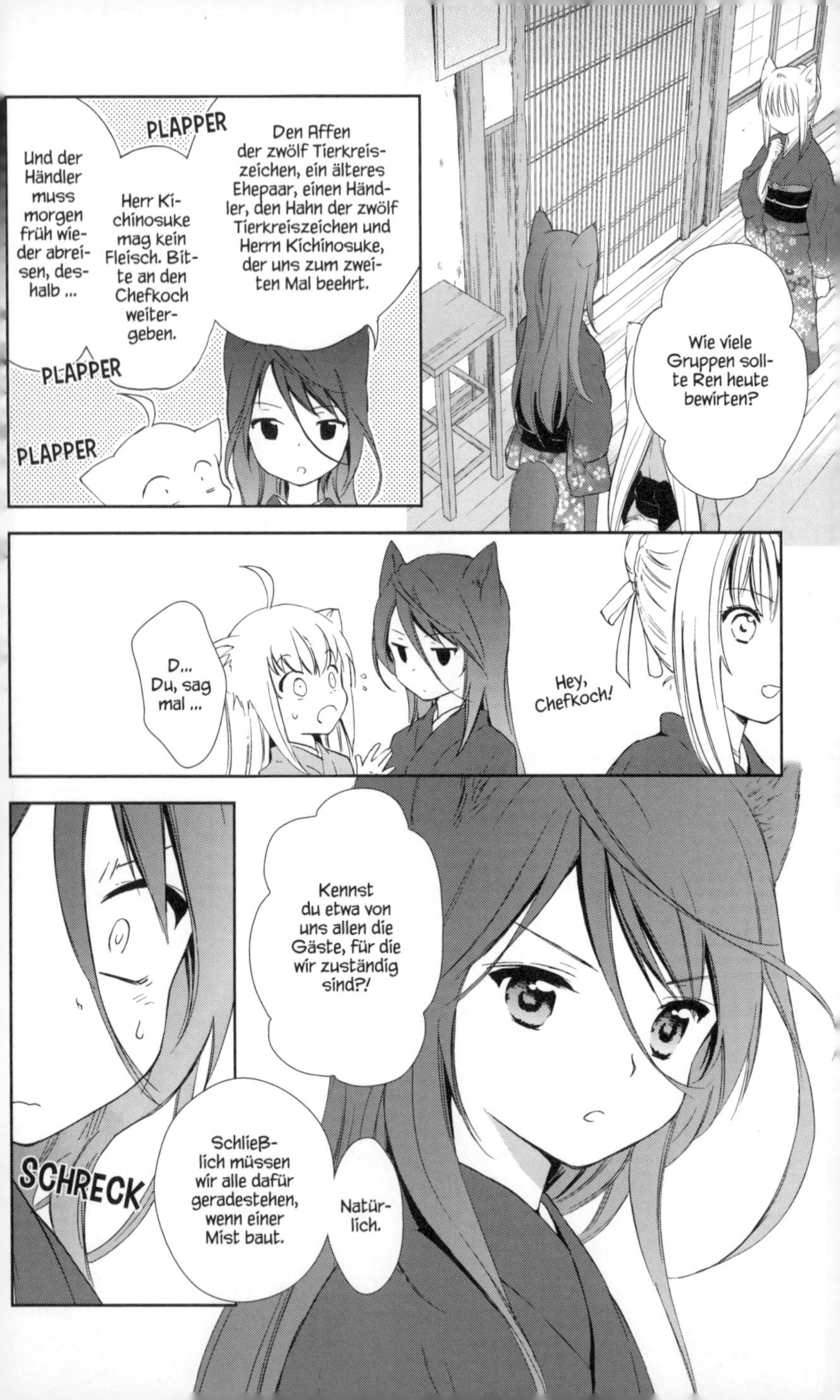

Wie viele Gruppen sollte Ren heute bewirten?
Den Affen der zwölf Tierkreiszeichen, ein älteres Ehepaar, einen Händler, den Hahn der zwölf Tierkreiszeichen und Herrn Kichinosuke, der uns zum zweiten Mal beehrt.
PLAPPER
Herr Kichinosuke mag kein Fleisch. Bitte an den Chefkoch weitergeben.
Und der Händler muss morgen früh wieder abreisen, deshalb ...
PLAPPER
PLAPPER
Hey, Chefkoch!
D... Du, sag mal ...
Kennst du etwa von uns allen die Gäste, für die wir zuständig sind?!
Natürlich.
Schließlich müssen wir alle dafür geradestehen, wenn einer Mist baut.
SCHRECK

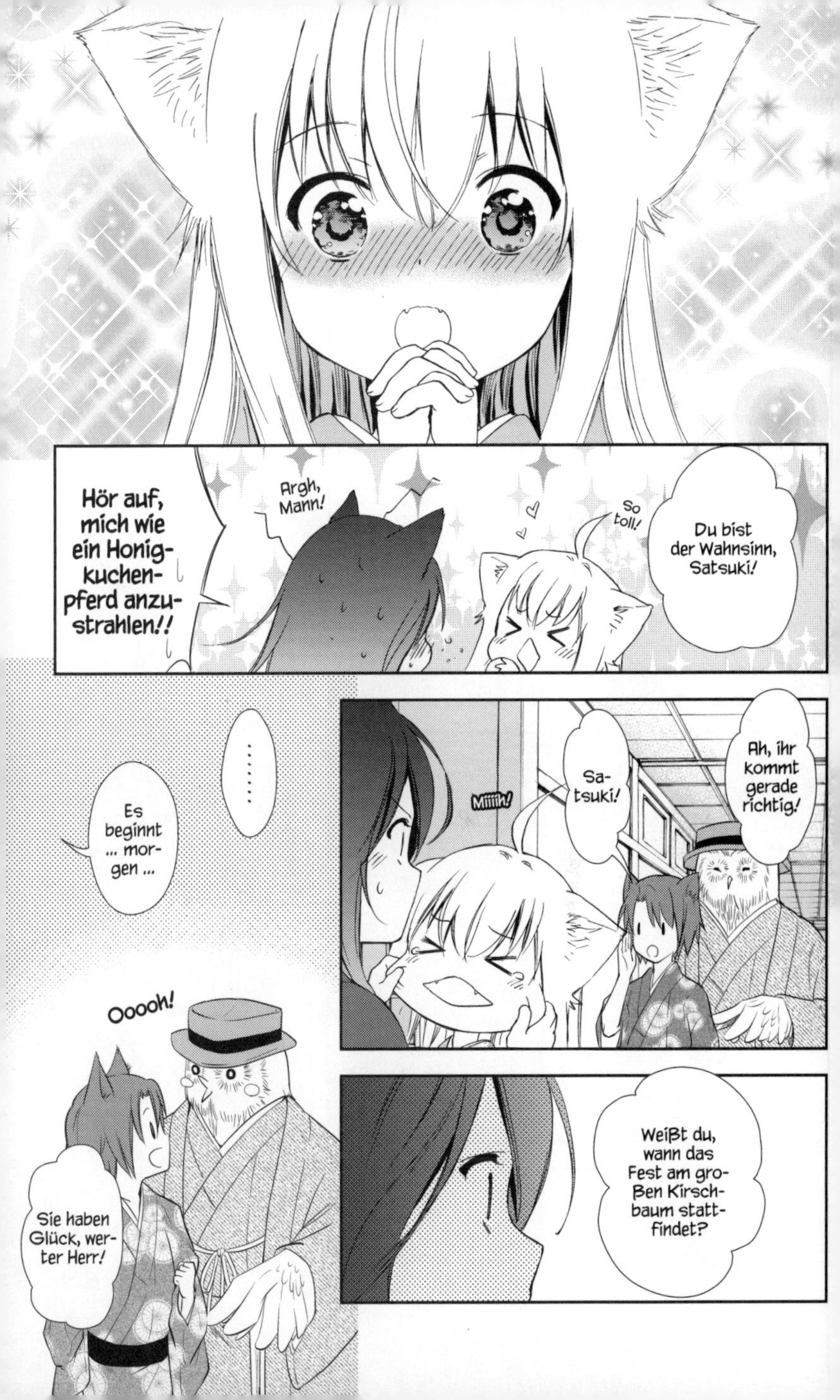
Du bist der Wahnsinn, Satsuki!
So toll!
Argh, Mann!
Hör auf, mich wie ein Honigkuchenpferd anzustrahlen!!
Ah, ihr kommt gerade richtig!
Satsuki!
Miiiih!
Weißt du, wann das Fest am großen Kirschbaum stattfindet?
......
Es beginnt ... morgen ...
Ooooh!
Sie haben Glück, werter Herr!

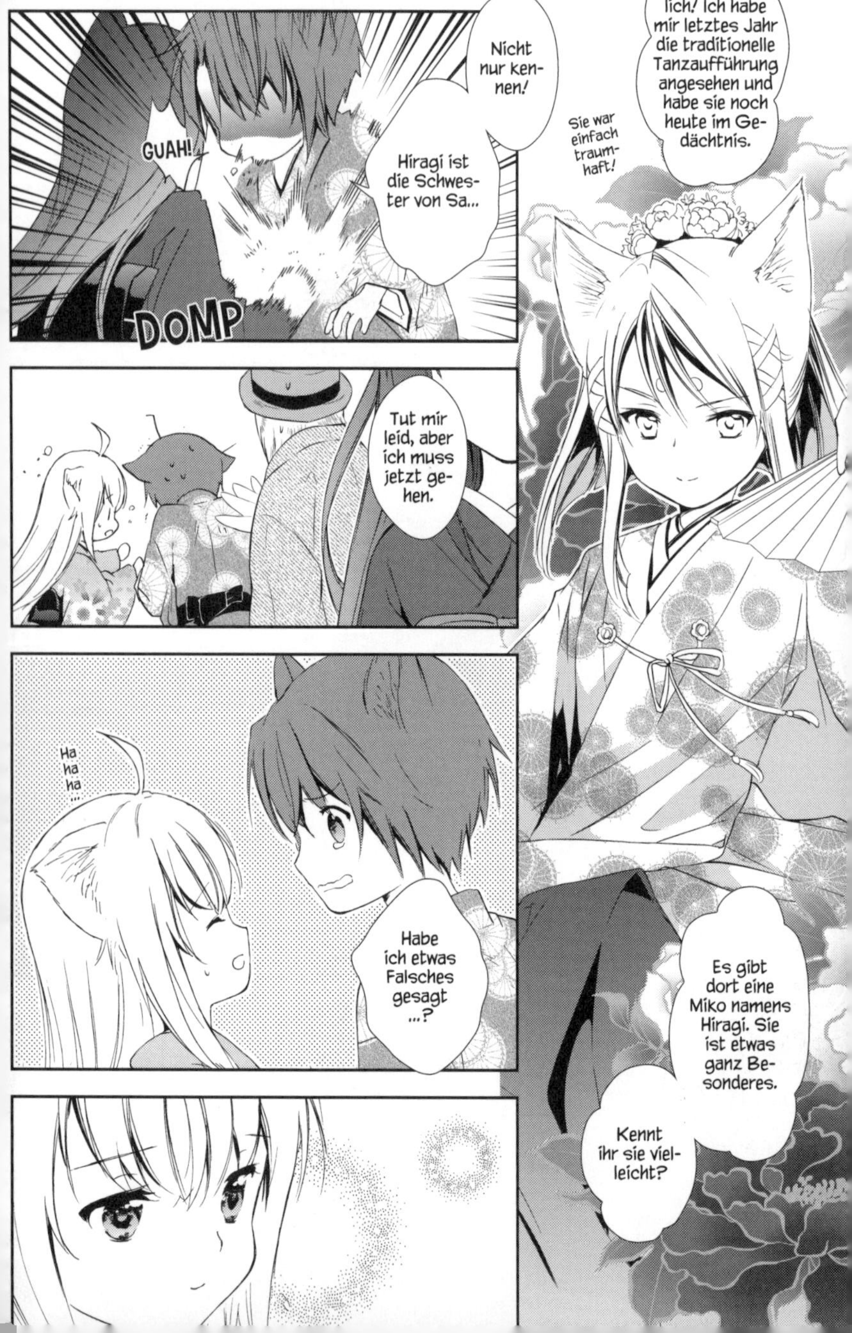
Ja, wahrlich! Ich habe mir letztes Jahr die traditionelle Tanzaufführung angesehen und habe sie noch heute im Gedächtnis.
Sie war einfach traumhaft!
Es gibt dort eine Miko namens Hiragi. Sie ist etwas ganz Besonderes.
Kennt ihr sie vielleicht?
Nicht nur kennen!
Hiragi ist die Schwester von Sa...
GUAH!
DOMP
Tut mir leid, aber ich muss jetzt gehen.
Ha ha ha ...
Habe ich etwas Falsches gesagt ...?

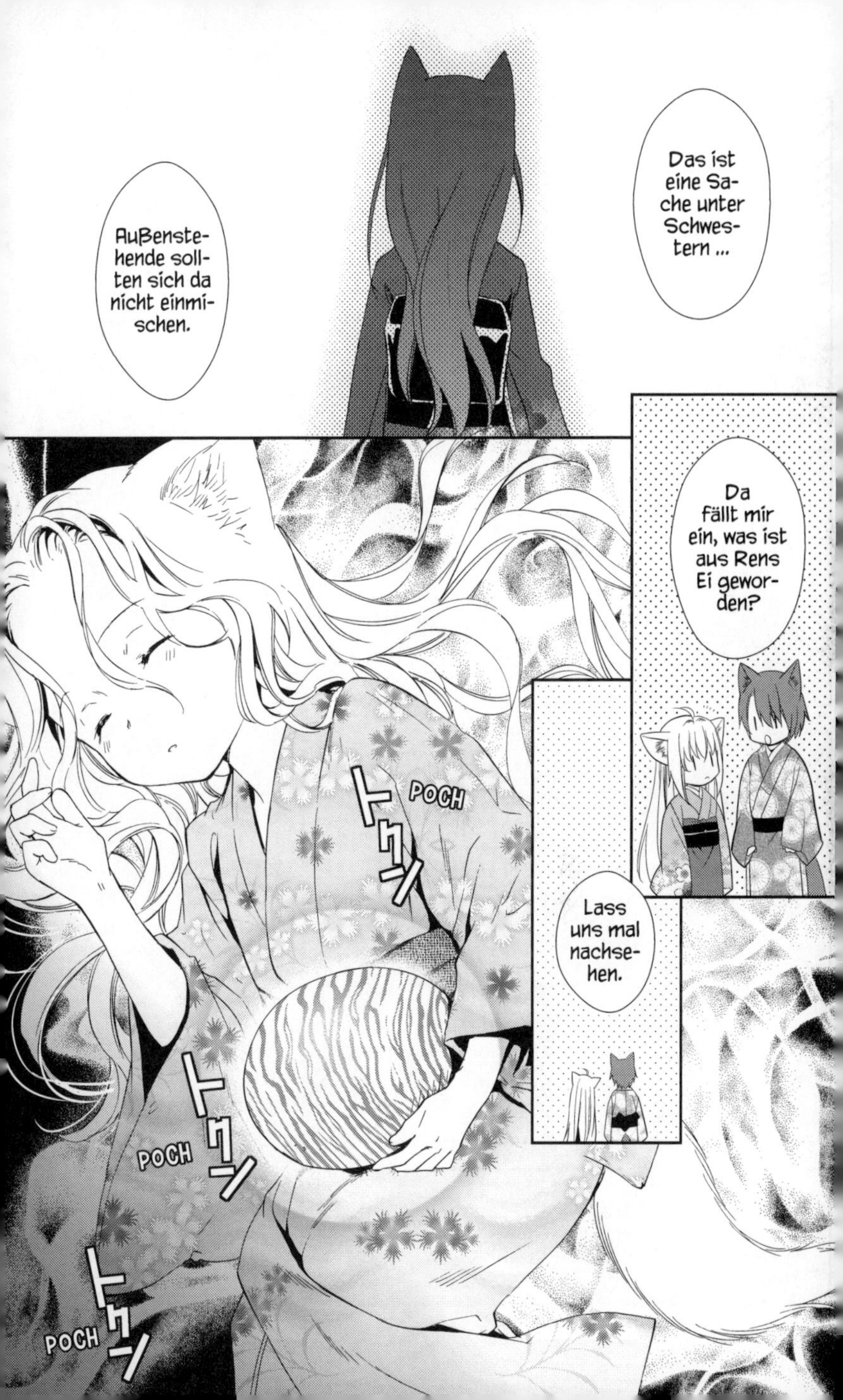

Das ist eine Sache unter Schwestern ...
Außenstehende sollten sich da nicht einmischen.
Da fällt mir ein, was ist aus Rens Ei geworden?
Lass uns mal nachsehen.
トクン POCH
トクン POCH
トクン POCH

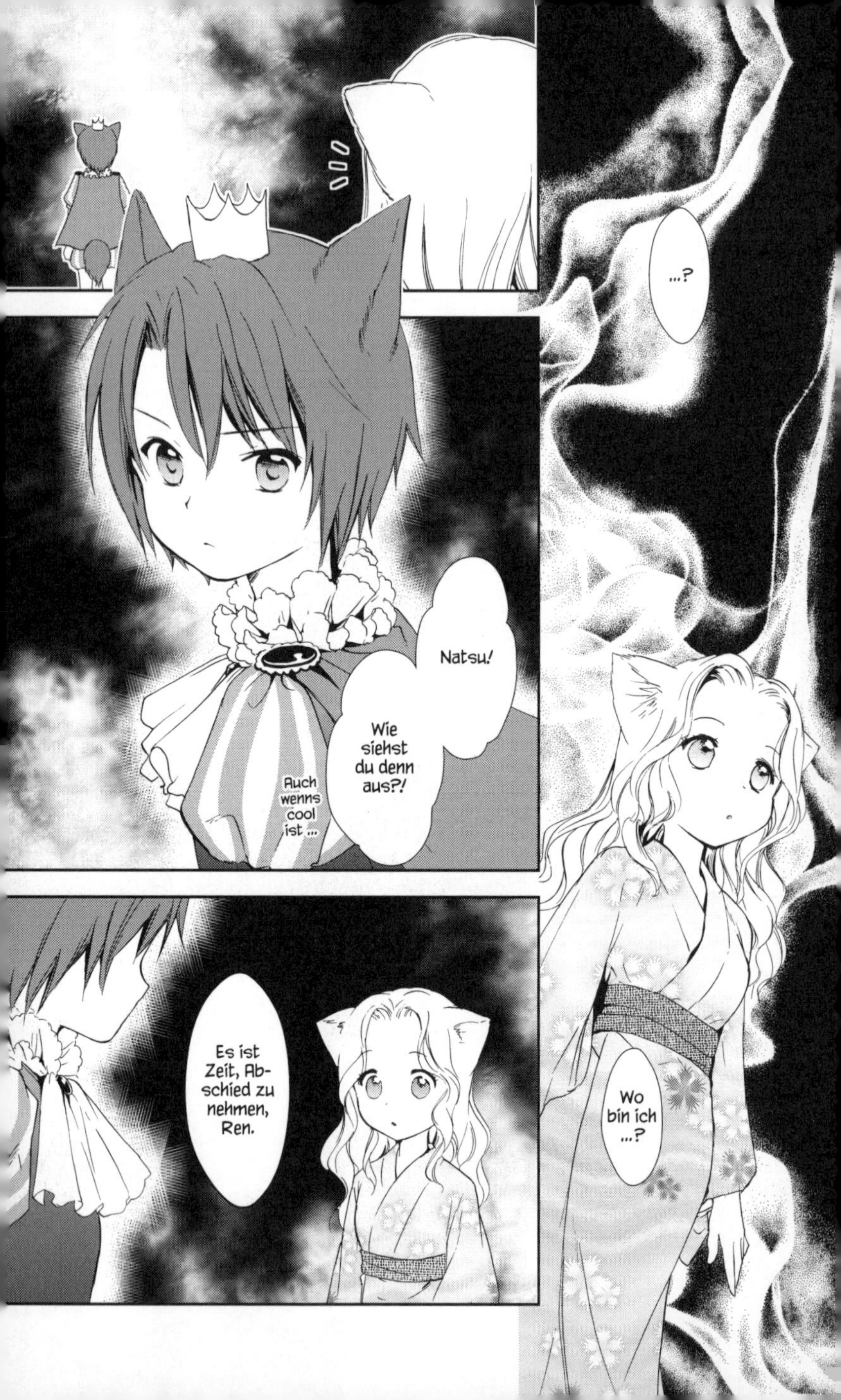
...?
Wo bin ich ...?
Natsu!
Wie siehst du denn aus?!
Auch wenns cool ist ...
Es ist Zeit, Abschied zu nehmen, Ren.

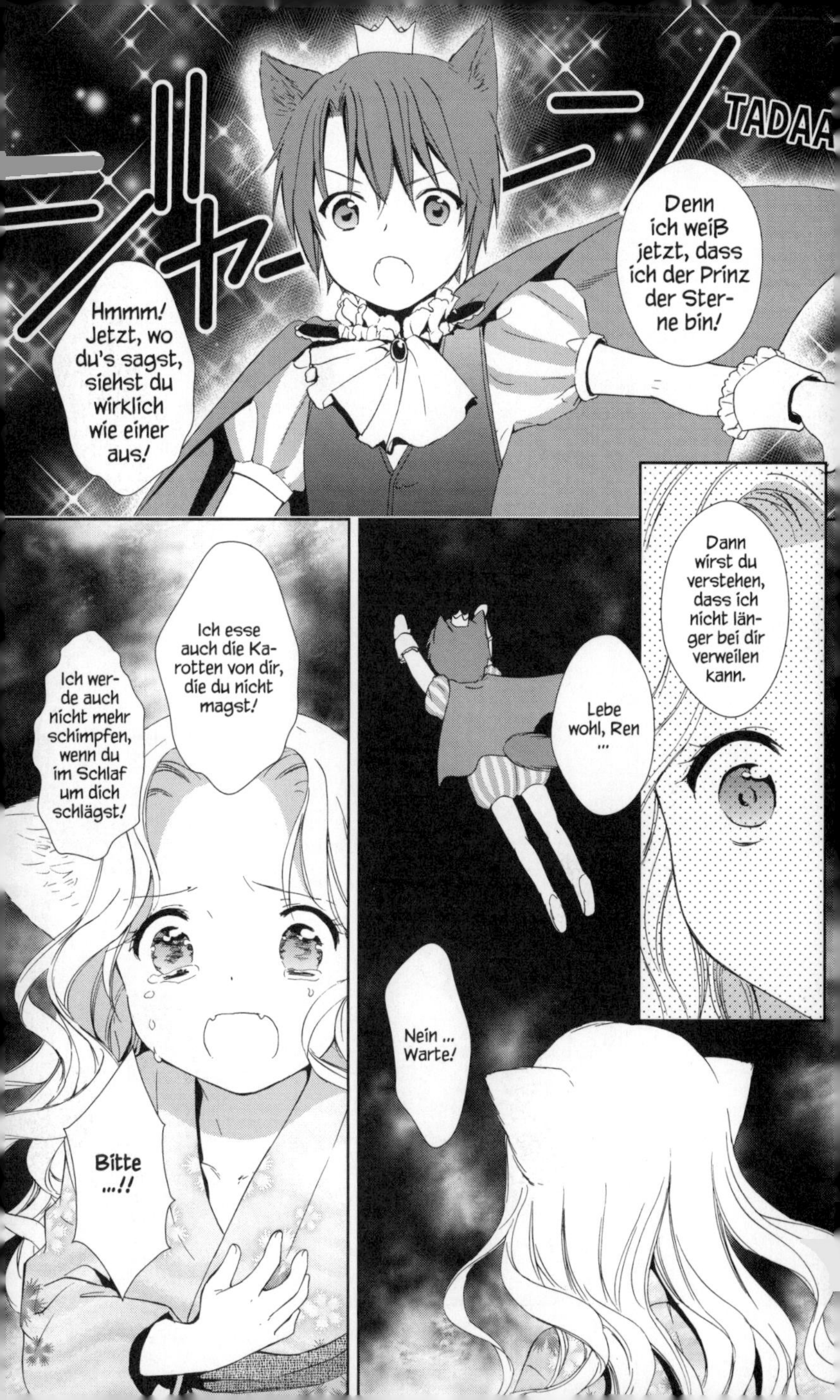
TADAAA
Denn ich weiß jetzt, dass ich der Prinz der Sterne bin!
Hmmm! Jetzt, wo du's sagst, siehst du wirklich wie einer aus!
Dann wirst du verstehen, dass ich nicht länger bei dir verweilen kann.
Lebe wohl, Ren ...
Nein ... Warte!
Ich esse auch die Karotten von dir, die du nicht magst!
Ich werde auch nicht mehr schimpfen, wenn du im Schlaf um dich schlägst!
Bitte ...!!

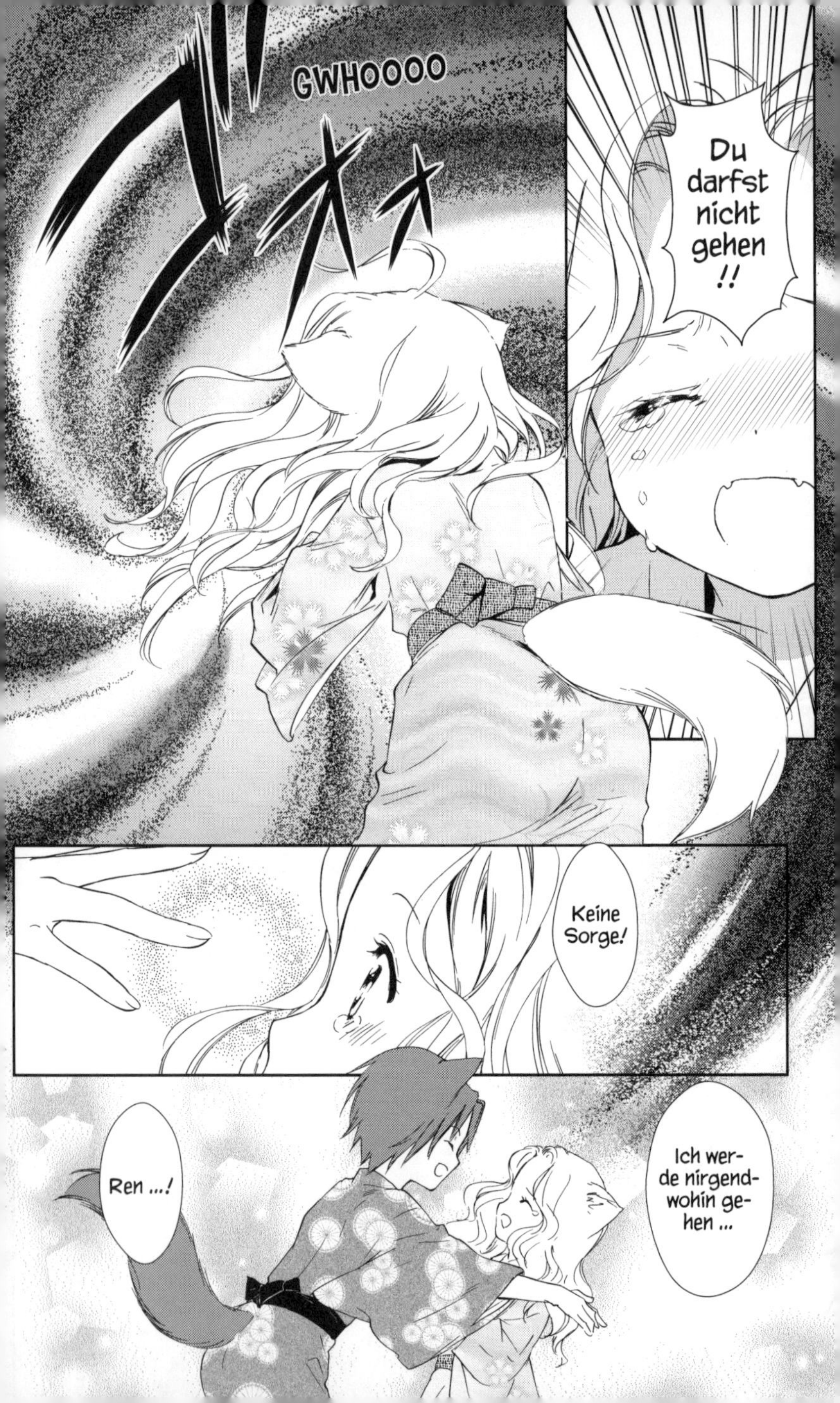
Du darfst nicht gehen !!
GWHOOOO
Keine Sorge!
Ich werde nirgendwohin gehen ...
Ren ...!

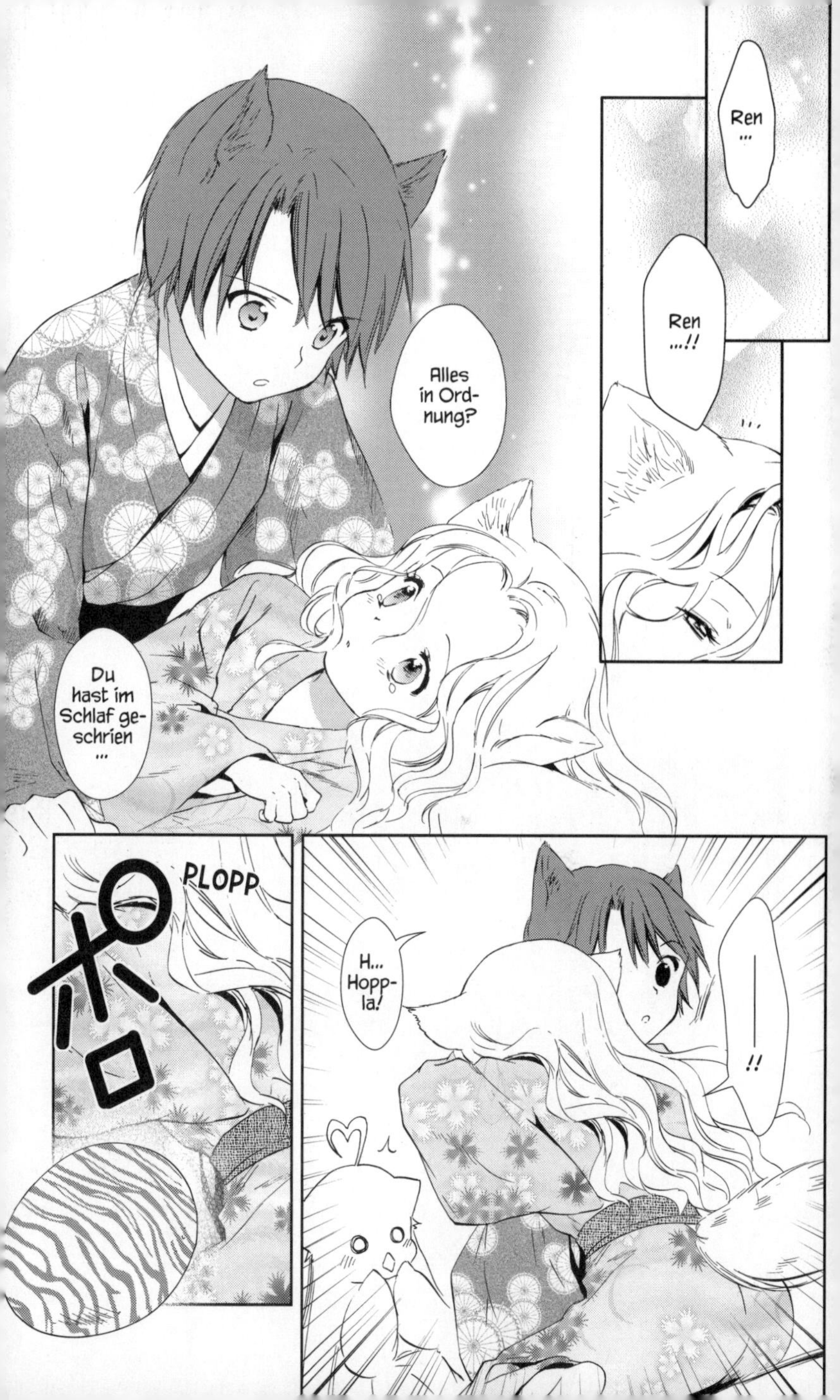
Ren ...
Ren ...!!
Alles in Ordnung?
Du hast im Schlaf geschrien ...
...!!
H... Hoppla!
PLOPP

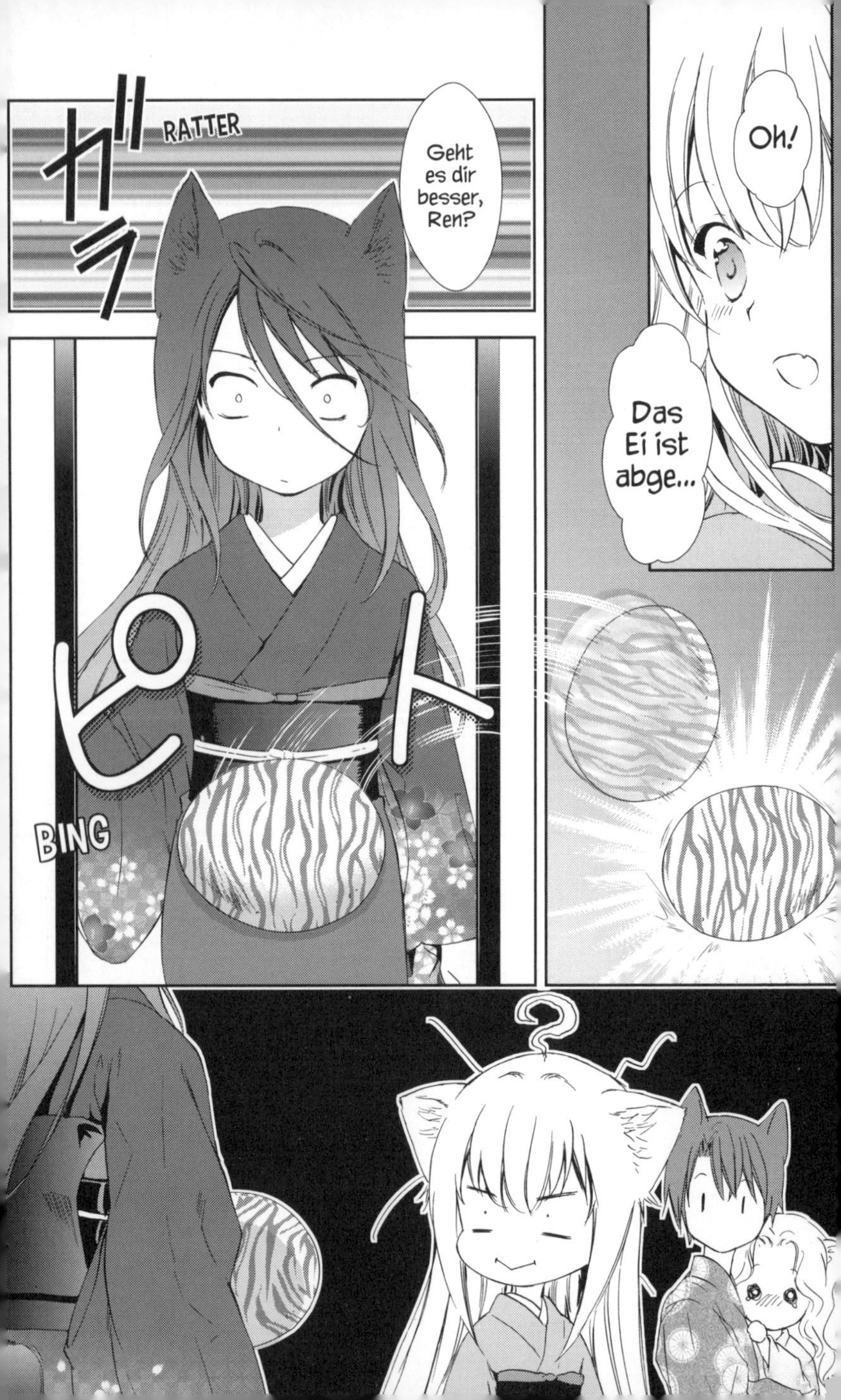
Oh!
Das Ei ist abge...
ガラ
RATTER
Geht es dir besser, Ren?
ピト
BING

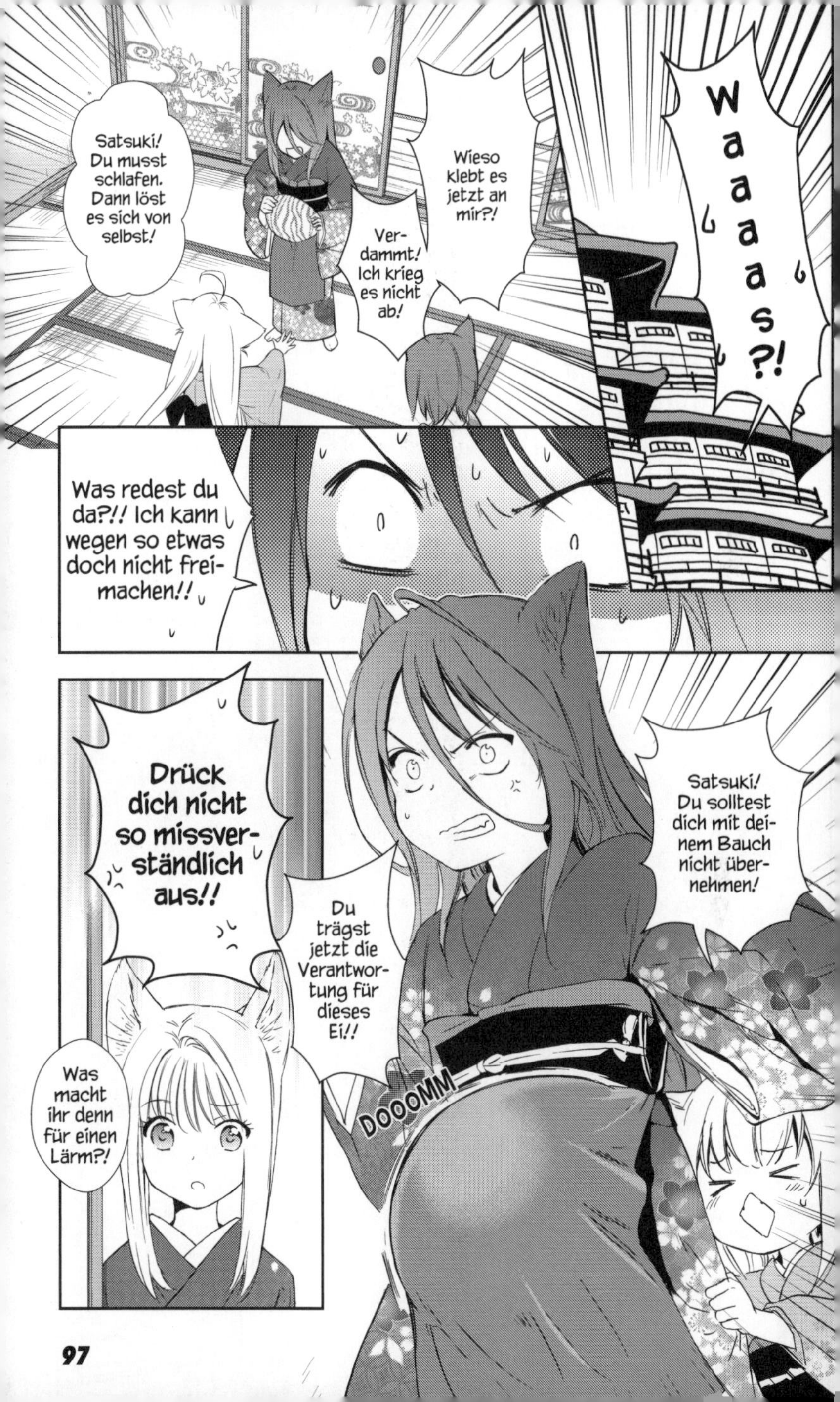
Waaaas?!
Wieso klebt es jetzt an mir?!
Ver-dammt! Ich krieg es nicht ab!
Satsuki! Du musst schlafen. Dann löst es sich von selbst!
Was redest du da?!! Ich kann wegen so etwas doch nicht frei-machen!!
Satsuki! Du solltest dich mit dei-nem Bauch nicht über-nehmen!
Du trägst jetzt die Verantwor-tung für dieses Ei!!
DOOOMM
Drück dich nicht so missver-ständlich aus!!
Was macht ihr denn für einen Lärm?!

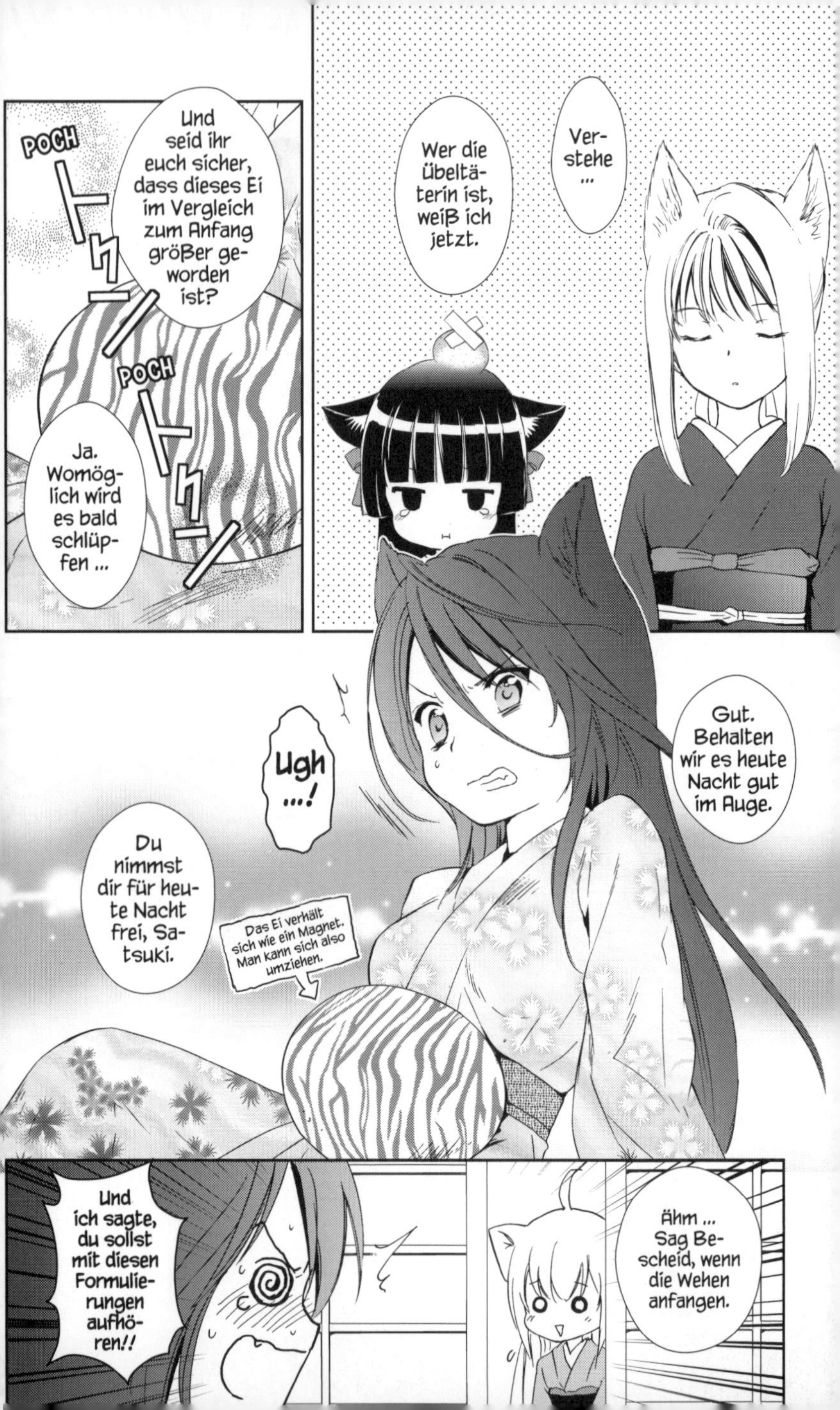
Verstehe ...
Wer die Übeltäterin ist, weiß ich jetzt.
Und seid ihr euch sicher, dass dieses Ei im Vergleich zum Anfang größer geworden ist?
POCH
POCH
Ja. Womöglich wird es bald schlüpfen ...
Gut. Behalten wir es heute Nacht gut im Auge.
Ugh ...!
Du nimmst dir für heute Nacht frei, Satsuki.
Das Ei verhält sich wie ein Magnet. Man kann sich also umziehen.
Ähm ... Sag Bescheid, wenn die Wehen anfangen.
Und ich sagte, du sollst mit diesen Formulierungen aufhören!!

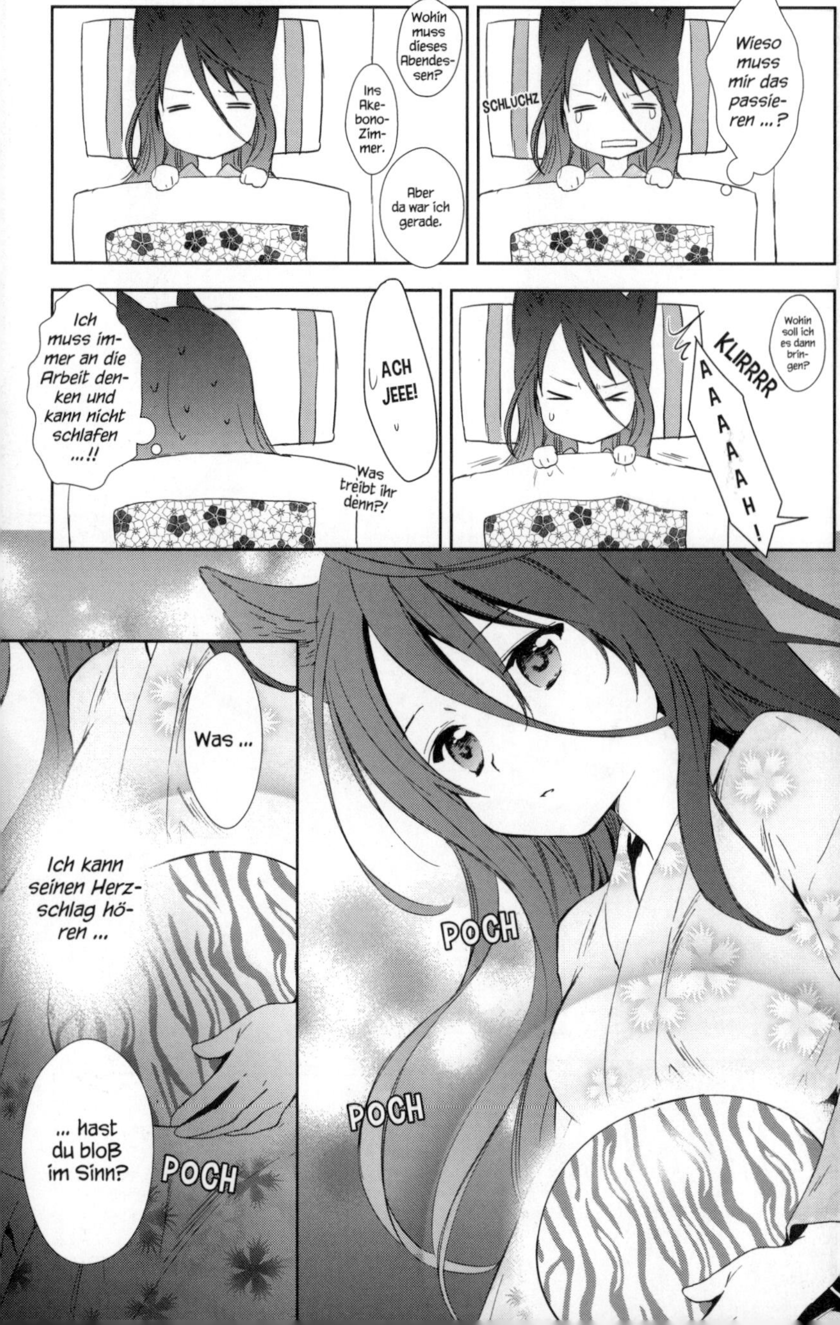

Wieso muss mir das passieren ...?
SCHLUCHZ
Wohin muss dieses Abendessen?
Ins Akebono-Zimmer.
Aber da war ich gerade.
Wohin soll ich es dann bringen?
KLIRRRR
AAAAAH!
ACH JEEE!
Was treibt ihr denn?!
Ich muss immer an die Arbeit denken und kann nicht schlafen ...!!
Was ...
Ich kann seinen Herzschlag hören ...
POCH
POCH
POCH
... hast du bloß im Sinn?

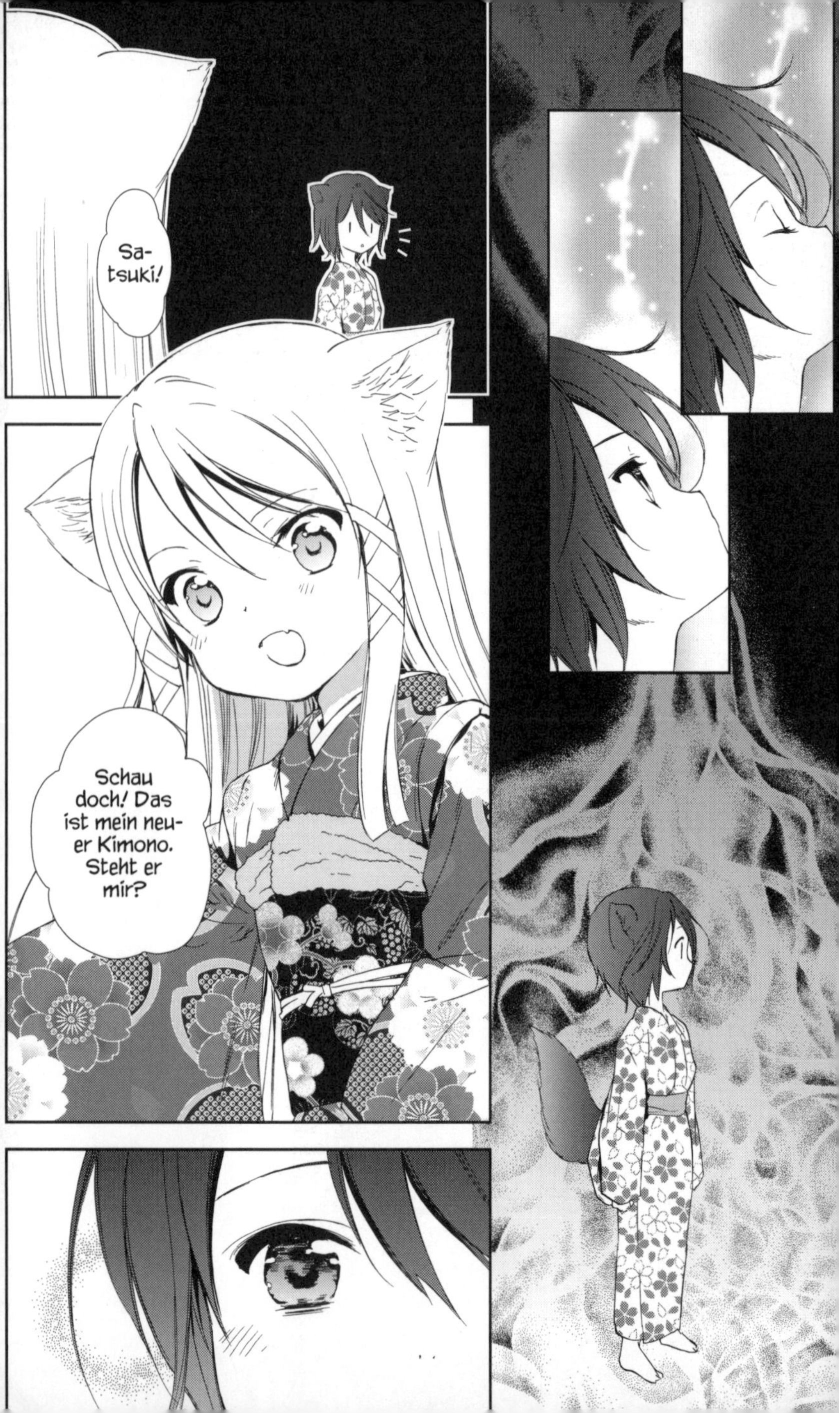
Sa-
tsuki!
Schau doch! Das ist mein neuer Kimono. Steht er mir?

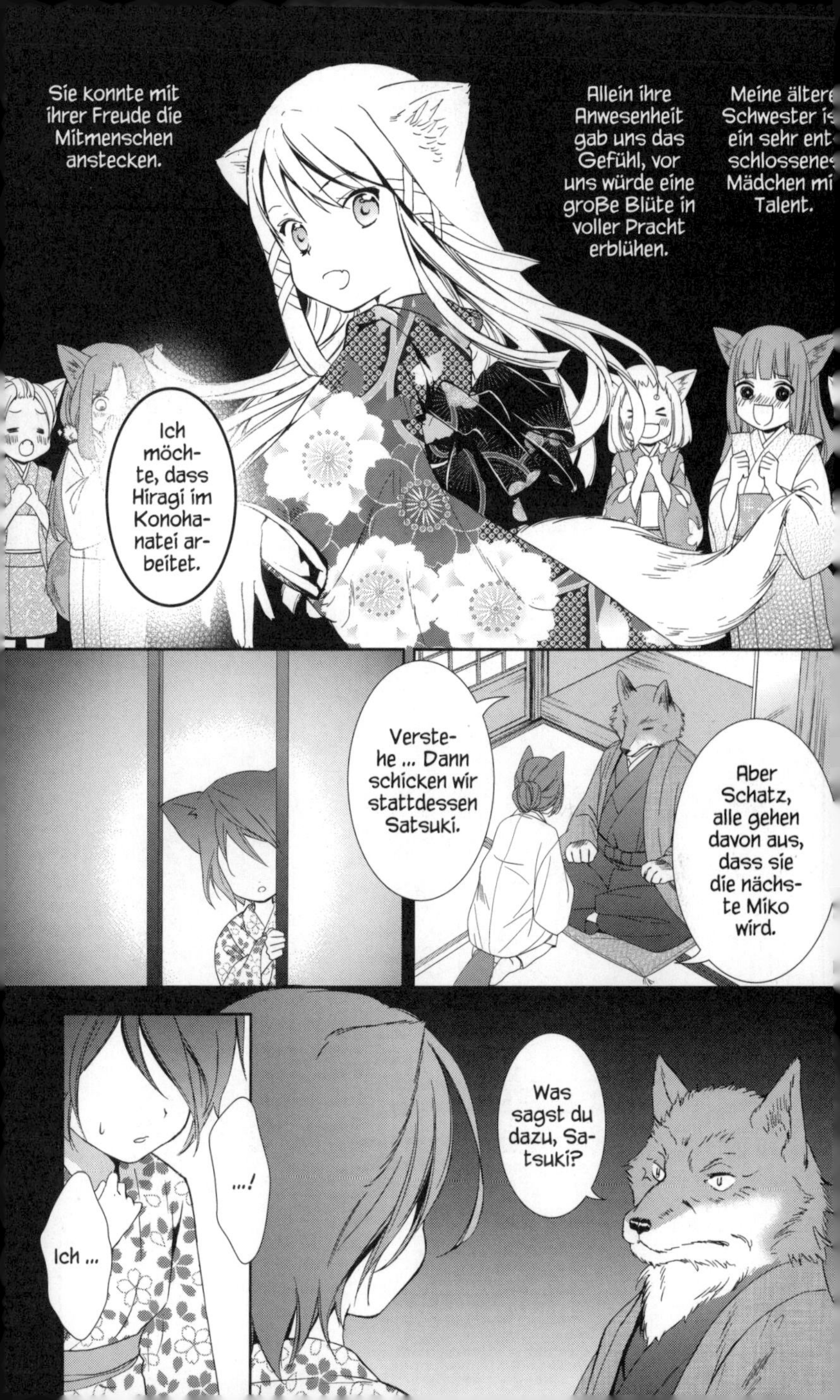
Meine ältere Schwester ist ein sehr entschlossenes Mädchen mit Talent.
Allein ihre Anwesenheit gab uns das Gefühl, vor uns würde eine große Blüte in voller Pracht erblühen.
Sie konnte mit ihrer Freude die Mitmenschen anstecken.
Ich möchte, dass Hiragi im Konohanatei arbeitet.
Aber Schatz, alle gehen davon aus, dass sie die nächste Miko wird.
Verstehe ... Dann schicken wir stattdessen Satsuki.
Was sagst du dazu, Satsuki?
...!
Ich ...

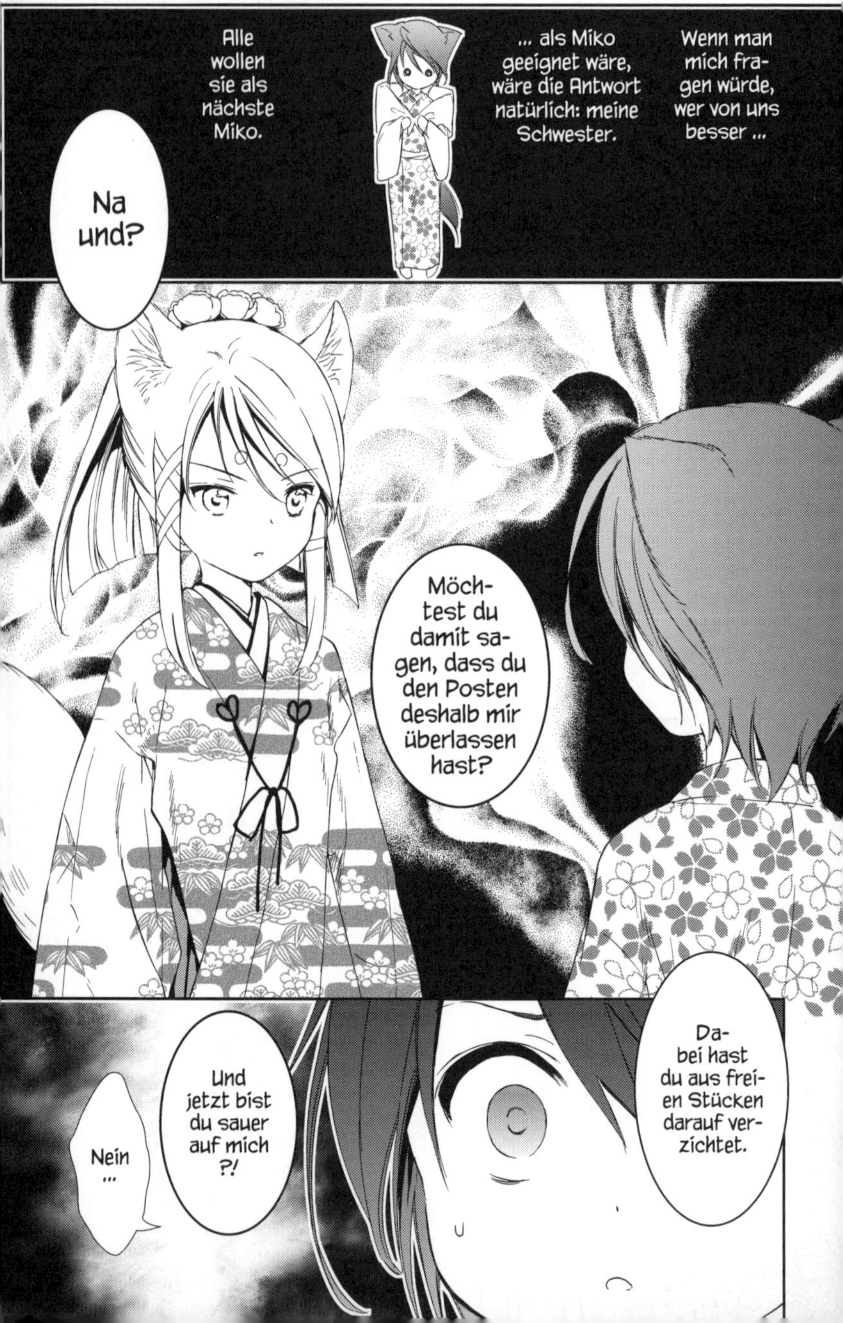
Wenn man mich fragen würde, wer von uns besser ...
... als Miko geeignet wäre, wäre die Antwort natürlich: meine Schwester.
Alle wollen sie als nächste Miko.
Na und?
Möchtest du damit sagen, dass du den Posten deshalb mir überlassen hast?
Dabei hast du aus freien Stücken darauf verzichtet.
Und jetzt bist du sauer auf mich ?!
Nein ...

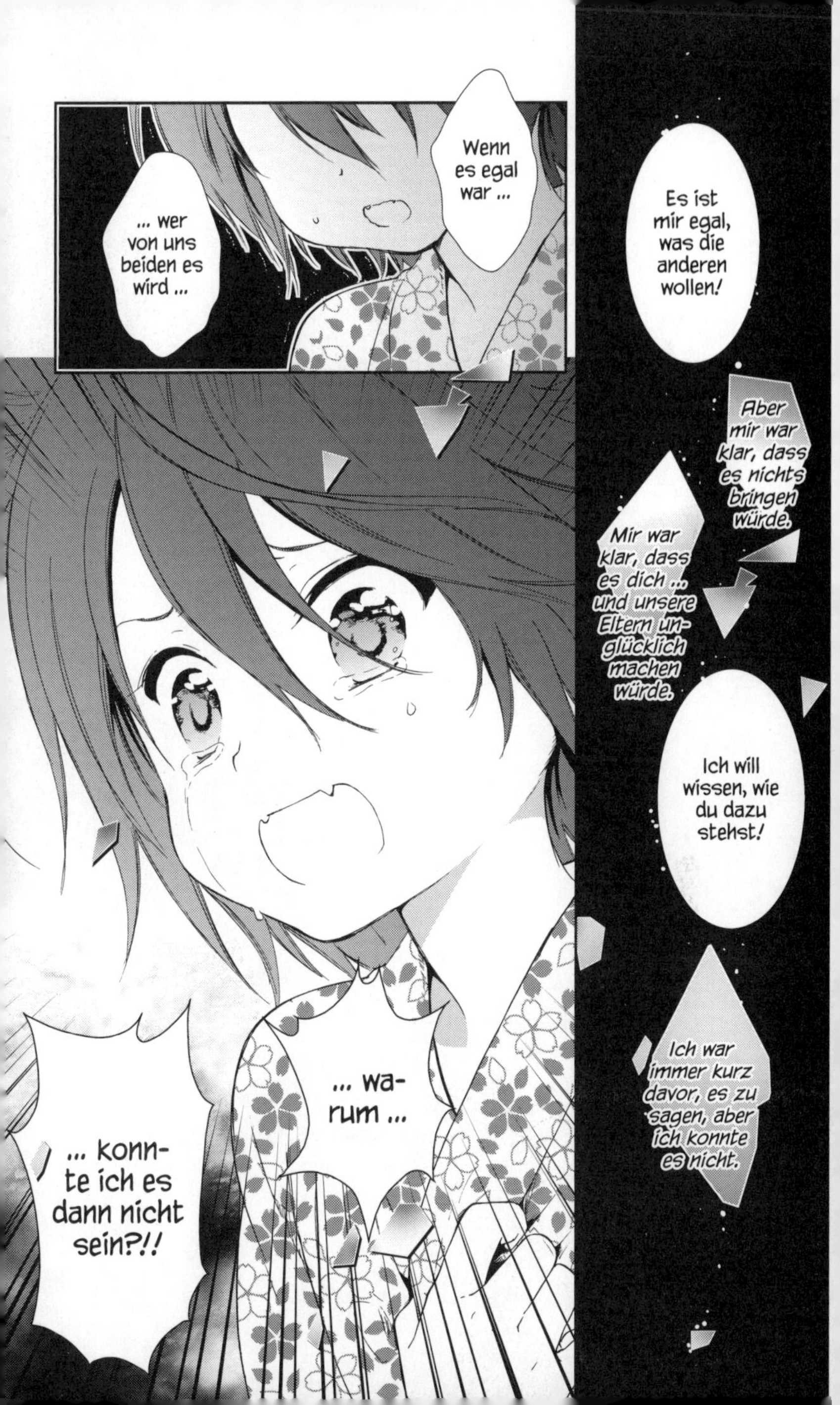
Es ist mir egal, was die anderen wollen!
Wenn es egal war ...
... wer von uns beiden es wird ...
Aber mir war klar, dass es nichts bringen würde.
Mir war klar, dass es dich ... und unsere Eltern unglücklich machen würde.
Ich will wissen, wie du dazu stehst!
Ich war immer kurz davor, es zu sagen, aber ich konnte es nicht.
... wa-rum ...
... konn-te ich es dann nicht sein?!!

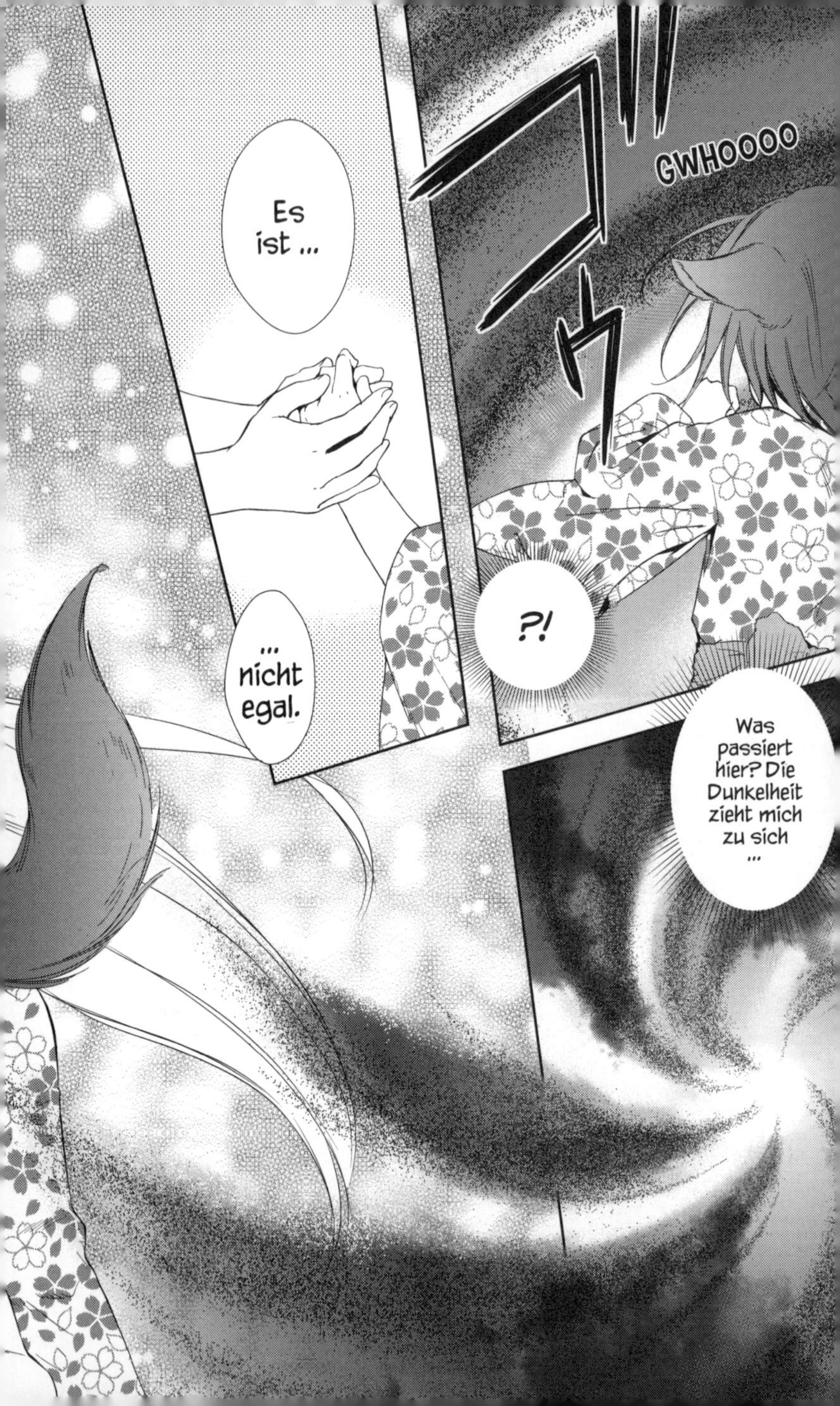
GWHOOOO
Es ist ...
?!
... nicht egal.
Was passiert hier? Die Dunkelheit zieht mich zu sich ...

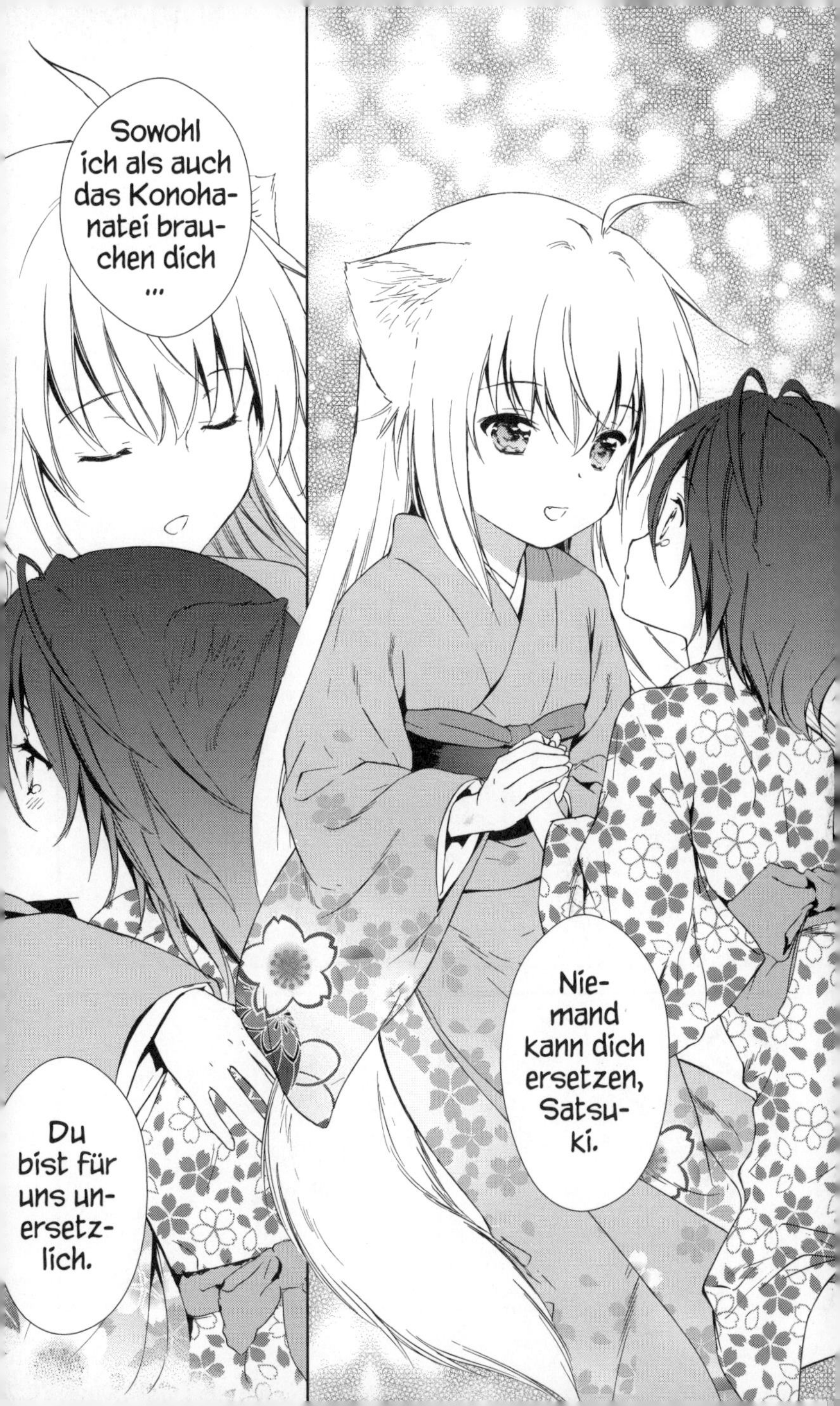
Niemand kann dich ersetzen, Satsuki.
Sowohl ich als auch das Konohanatei brauchen dich ...
Du bist für uns unersetzlich.

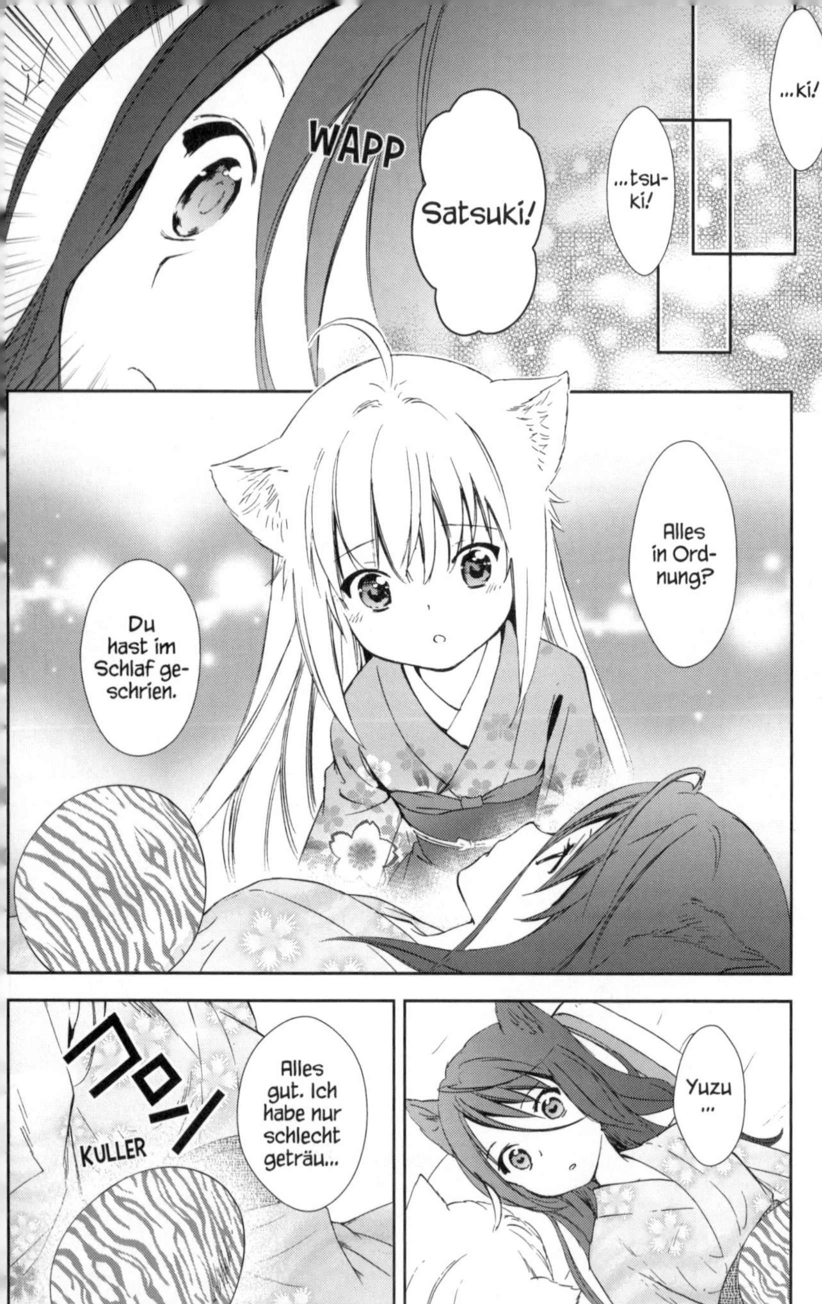
...ki!
...tsu-
ki!
Satsuki!
WAPP
Alles in Ord-nung?
Du hast im Schlaf ge-schrien.
Yuzu ...
Alles gut. Ich habe nur schlecht geträu...
KULLER

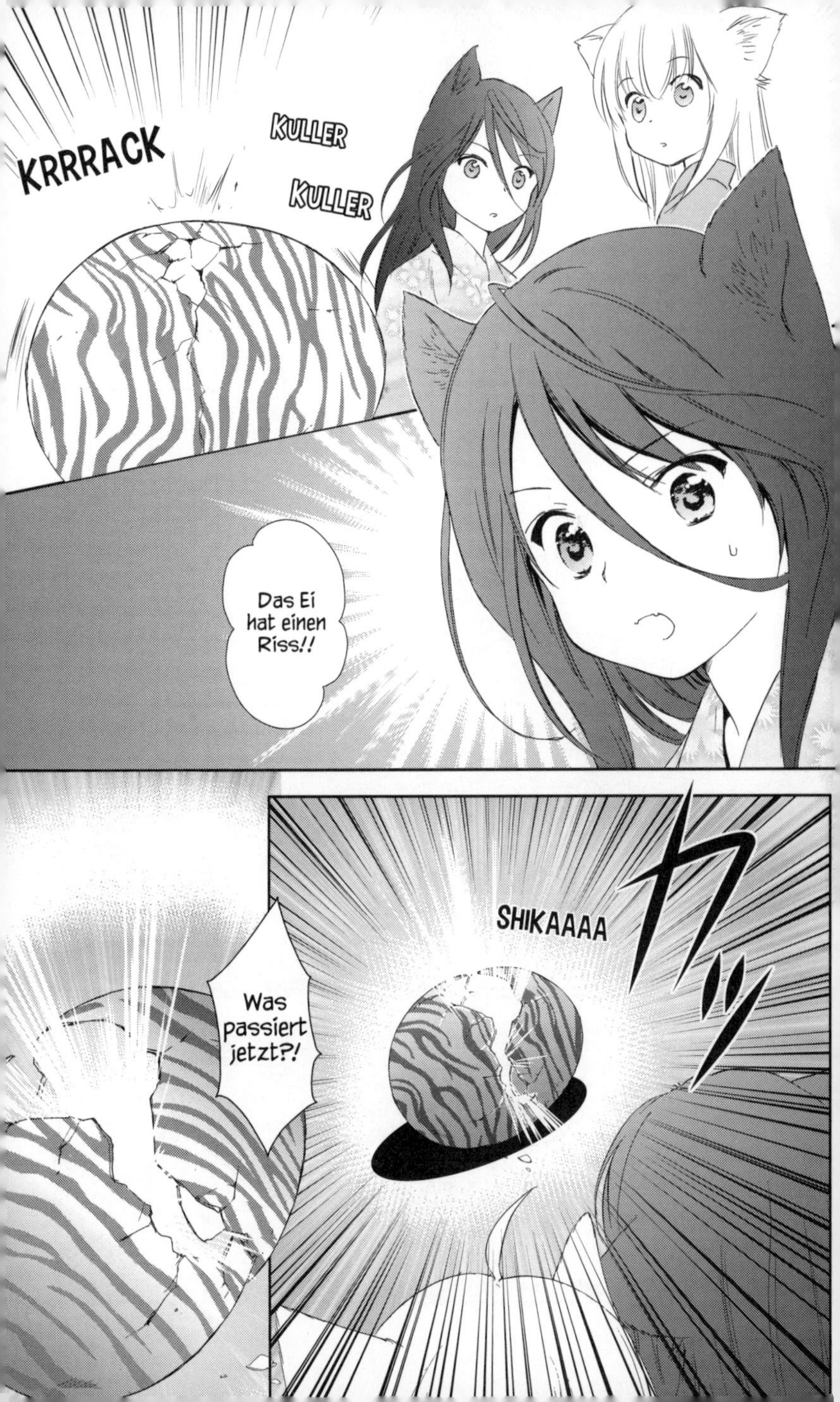
KULLER
KULLER
KRRRACK
Das Ei hat einen Riss!!
カッ
SHIKAAAA
Was passiert jetzt?!

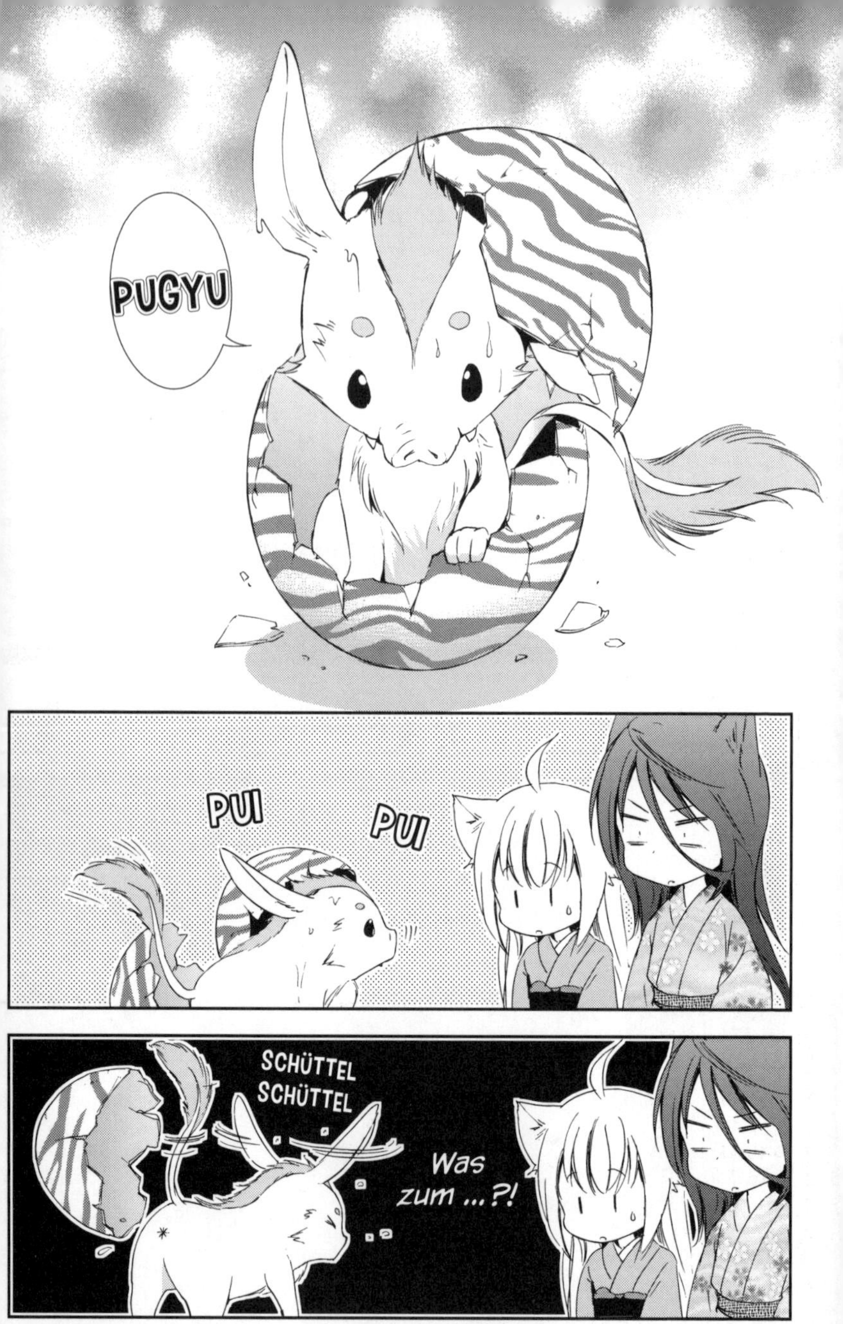
PUGYU
PUI
PUI
SCHÜTTEL
SCHÜTTEL
Was zum ...?!

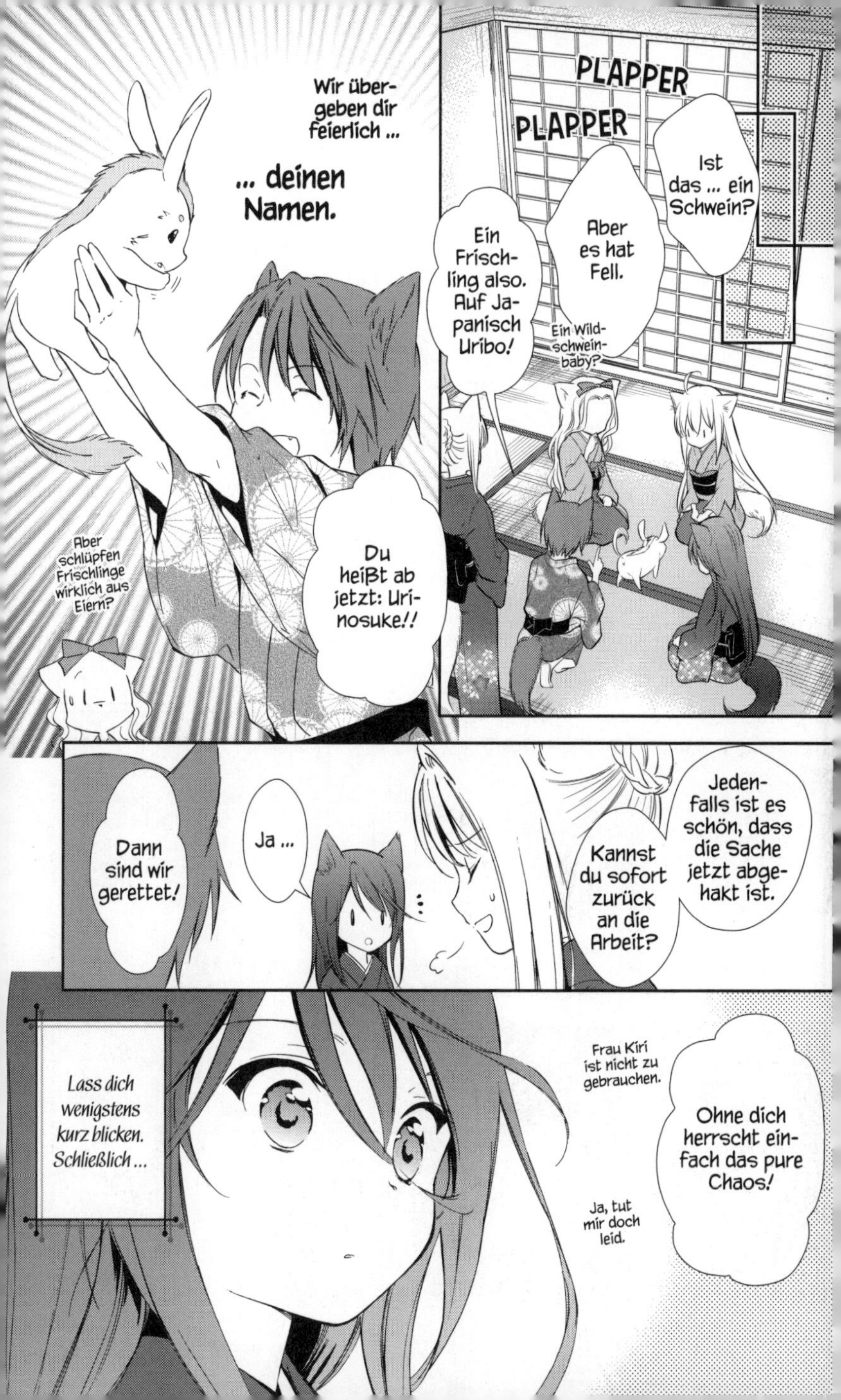
PLAPPER
PLAPPER
Ist das ... ein Schwein?
Aber es hat Fell.
Ein Wildschwein-baby?
Ein Frischling also. Auf Japanisch Uribo!
Wir übergeben dir feierlich ...
... deinen Namen.
Du heißt ab jetzt: Urinosuke!!
Aber schlüpfen Frischlinge wirklich aus Eiern?
Jedenfalls ist es schön, dass die Sache jetzt abgehakt ist.
Kannst du sofort zurück an die Arbeit?
Ja ...
Dann sind wir gerettet!
Frau Kiri ist nicht zu gebrauchen.
Ohne dich herrscht einfach das pure Chaos!
Ja, tut mir doch leid.
Lass dich wenigstens kurz blicken. Schließlich ...

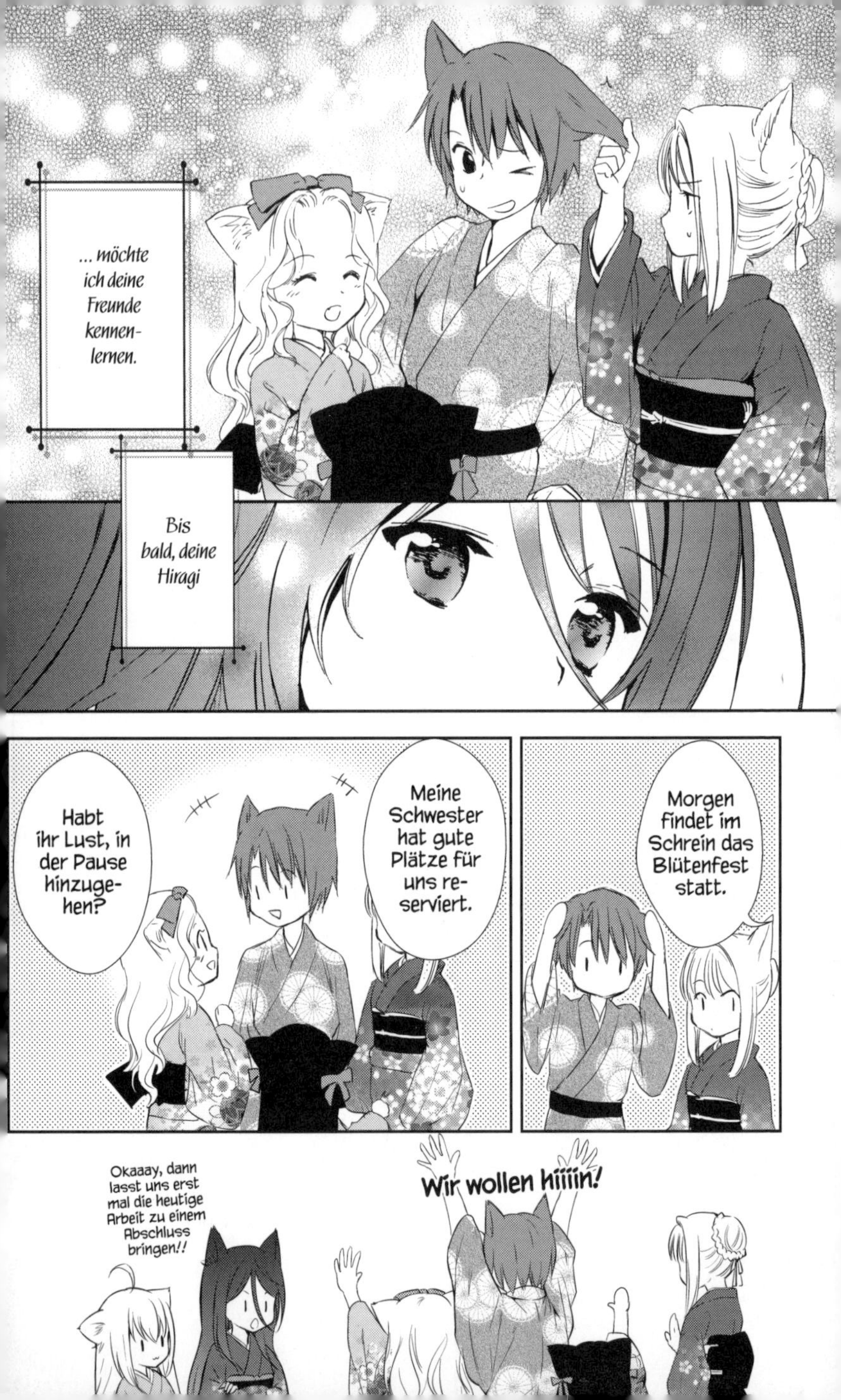
... möchte ich deine Freunde kennenlernen.
Bis bald, deine Hiragi
Morgen findet im Schrein das Blütenfest statt.
Meine Schwester hat gute Plätze für uns reserviert.
Habt ihr Lust, in der Pause hinzugehen?
Wir wollen hiiiin!
Okaaay, dann lasst uns erst mal die heutige Arbeit zu einem Abschluss bringen!!

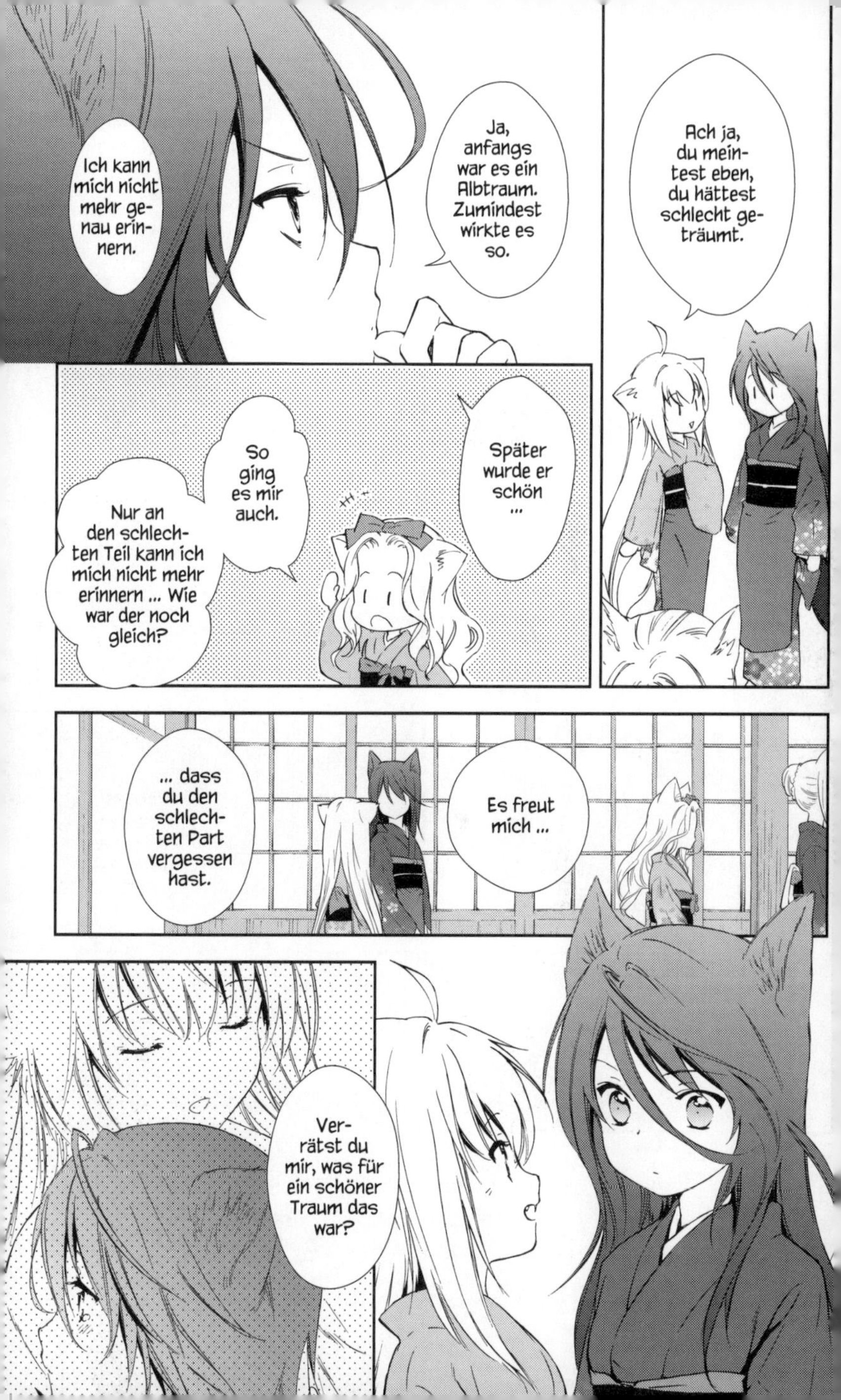

Ach ja, du meintest eben, du hättest schlecht geträumt.
Ja, anfangs war es ein Albtraum. Zumindest wirkte es so.
Ich kann mich nicht mehr genau erinnern.
Später wurde er schön ...
So ging es mir auch.
Nur an den schlechten Teil kann ich mich nicht mehr erinnern ... Wie war der noch gleich?
Es freut mich ...
... dass du den schlechten Part vergessen hast.
Verrätst du mir, was für ein schöner Traum das war?

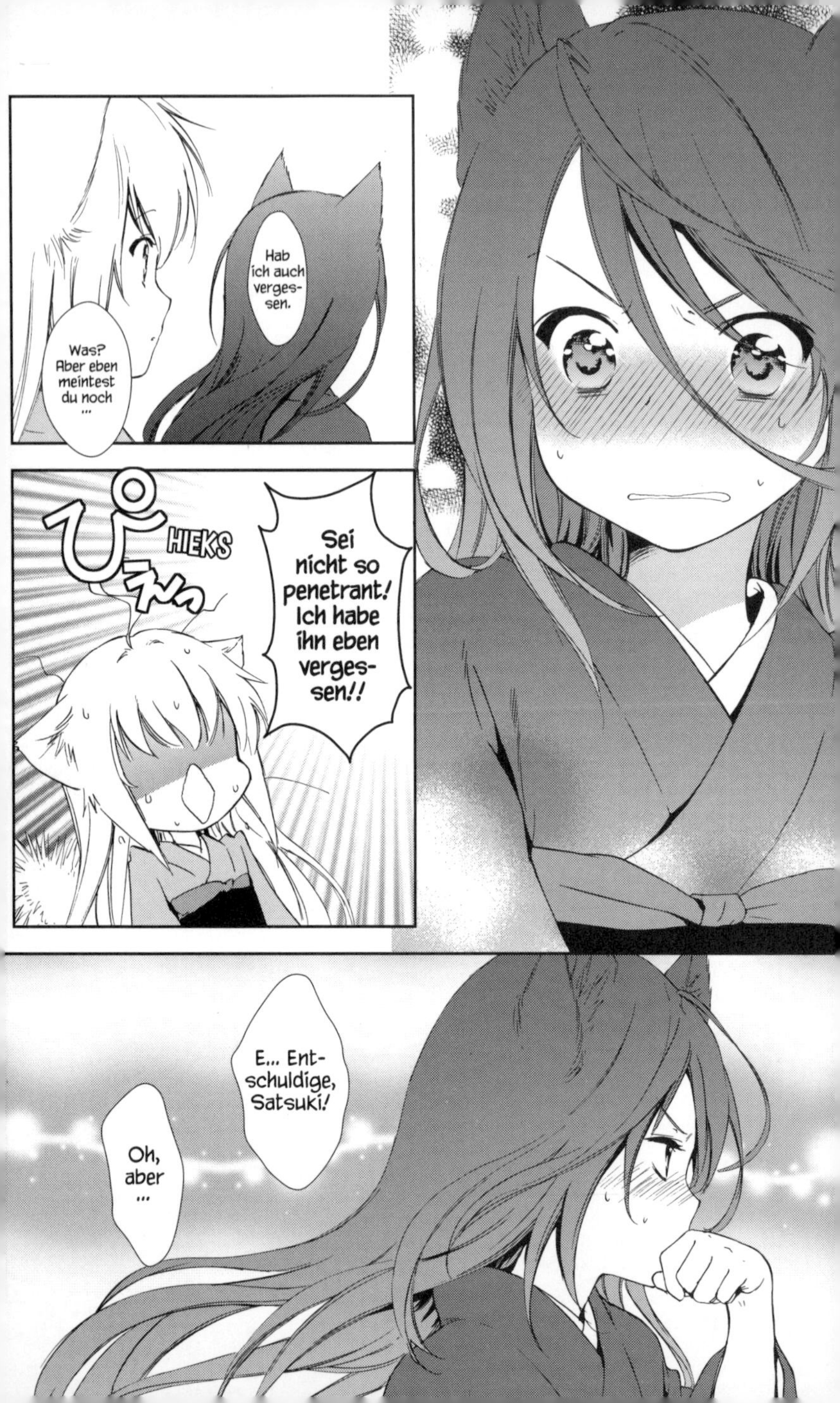
Hab ich auch verges-sen.
Was? Aber eben meintest du noch ...
Sei nicht so penetrant! Ich habe ihn eben verges-sen!!
HIEKS
E... Ent-schuldige, Satsuki!
Oh, aber ...

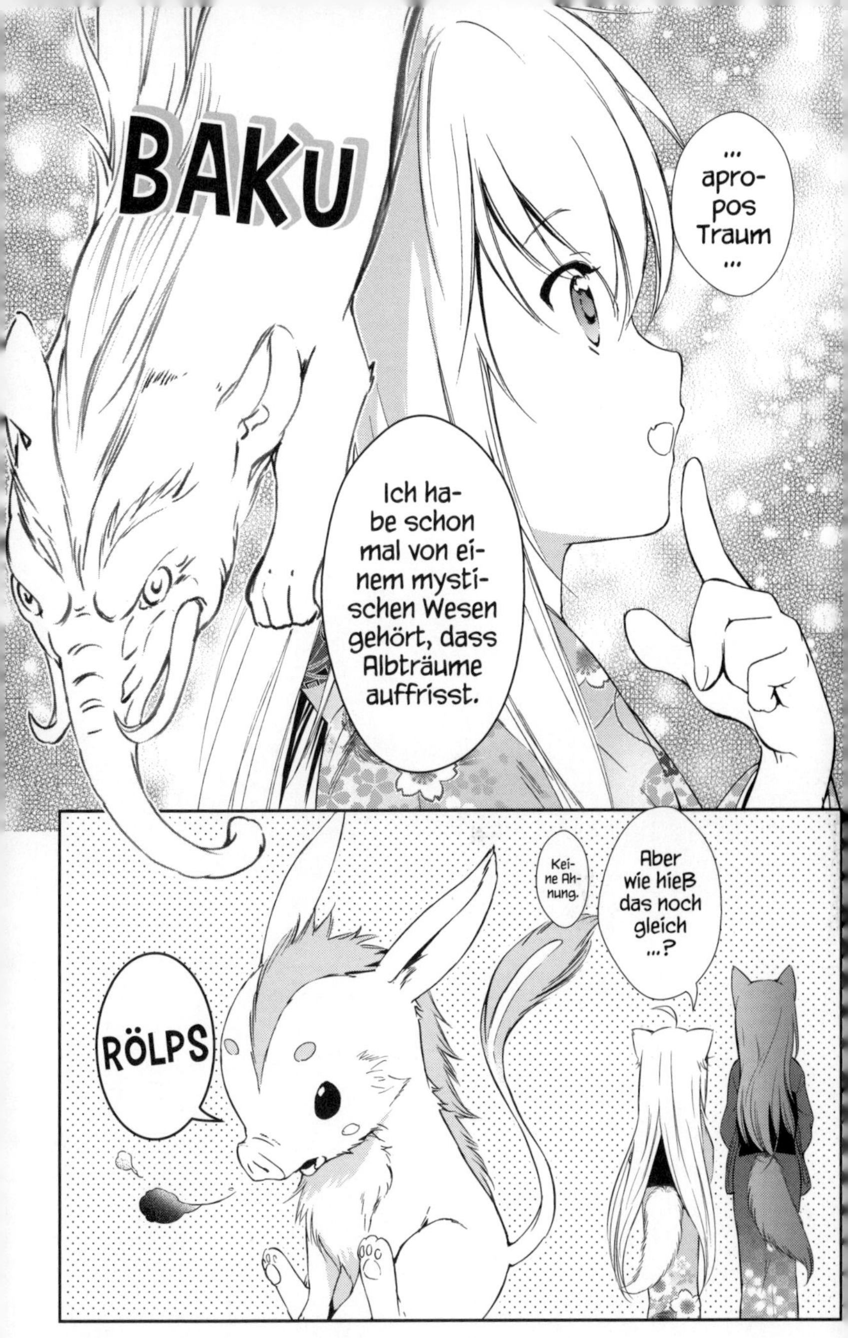
... apropos Traum ...
Ich habe schon mal von einem mystischen Wesen gehört, dass Albträume auffrisst.
BAKU
Aber wie hieß das noch gleich ...?
Keine Ahnung.
RÖLPS

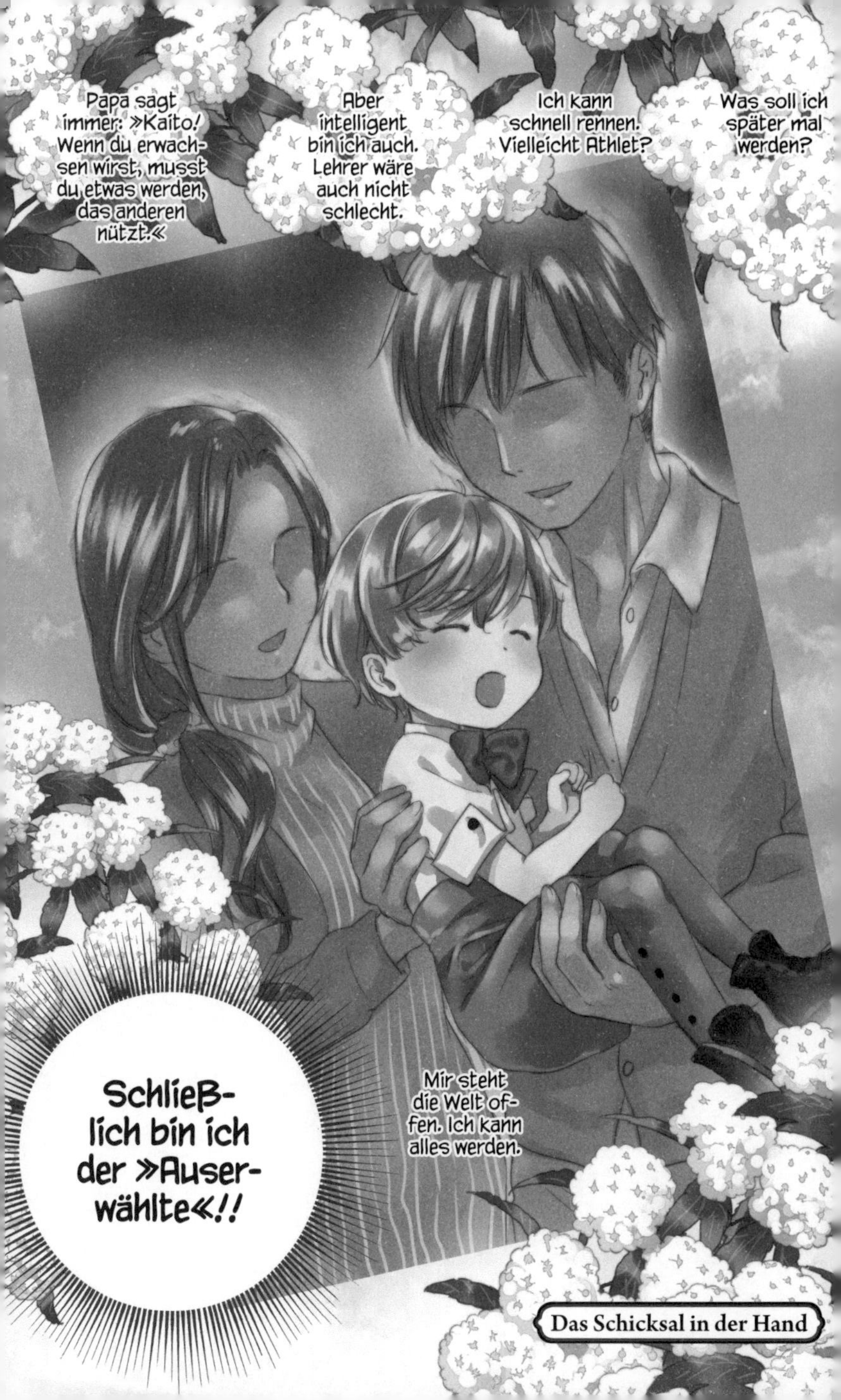


## Das Schicksal in der Hand

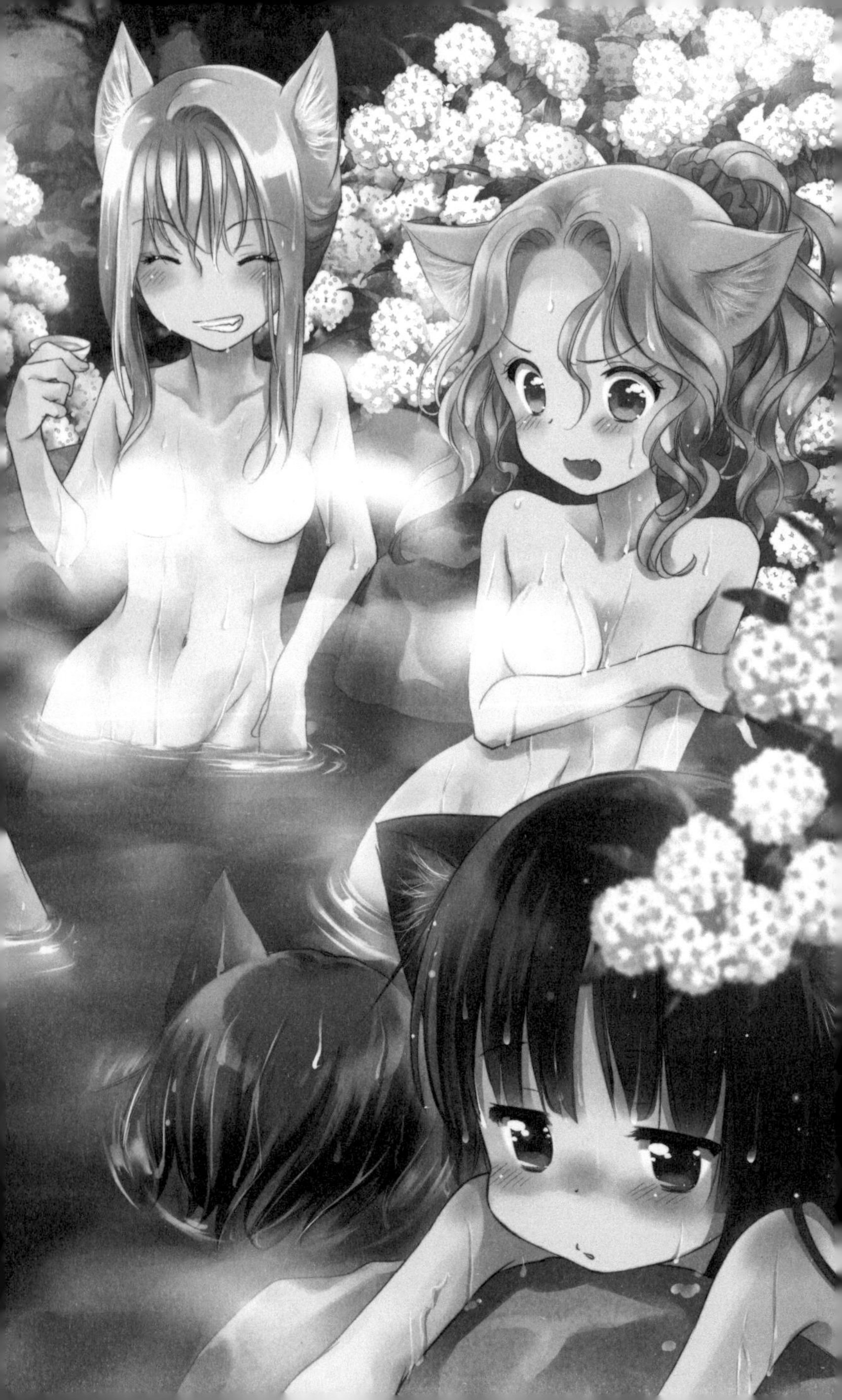

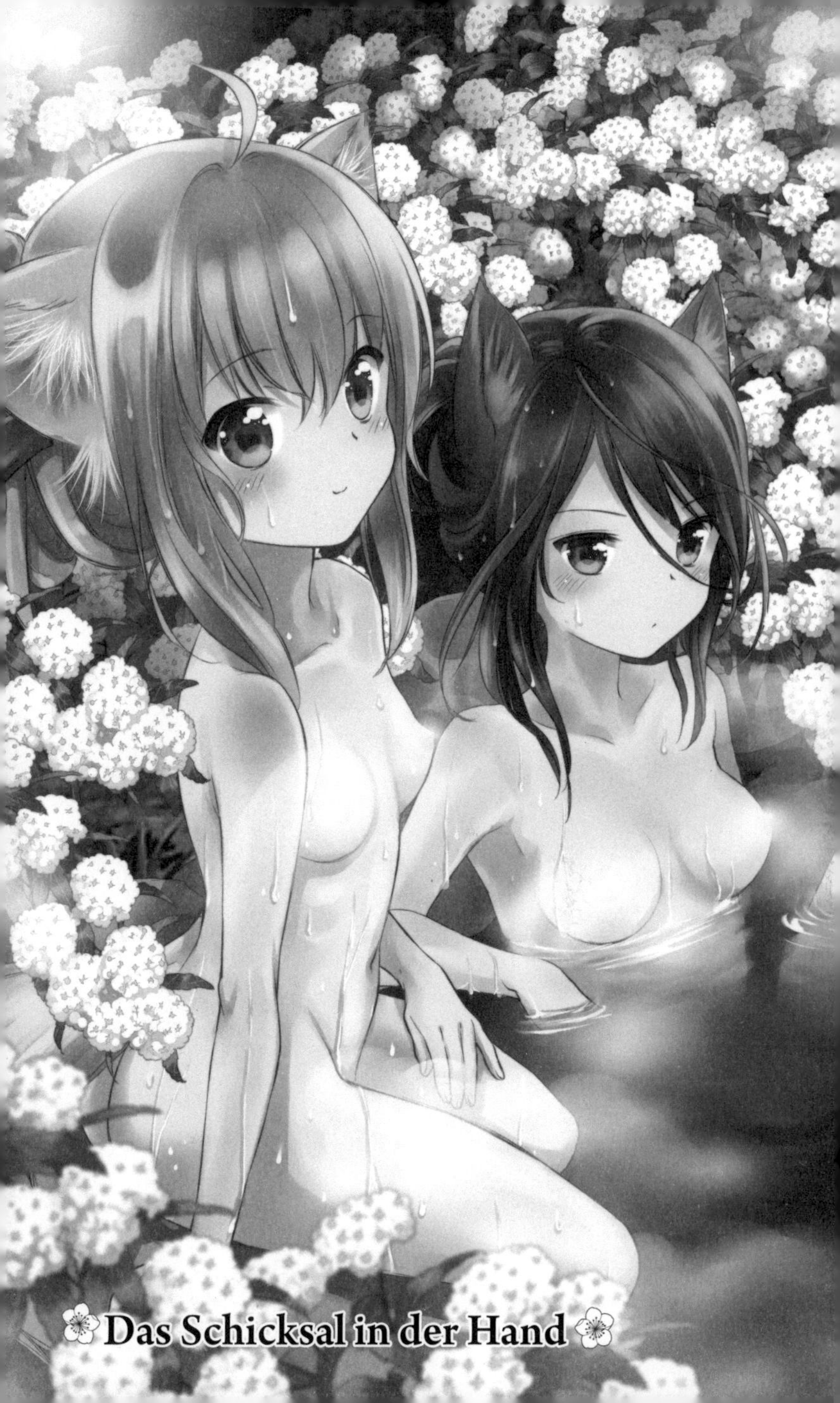

Das Schicksal in der Hand

Fox Spirit Tales

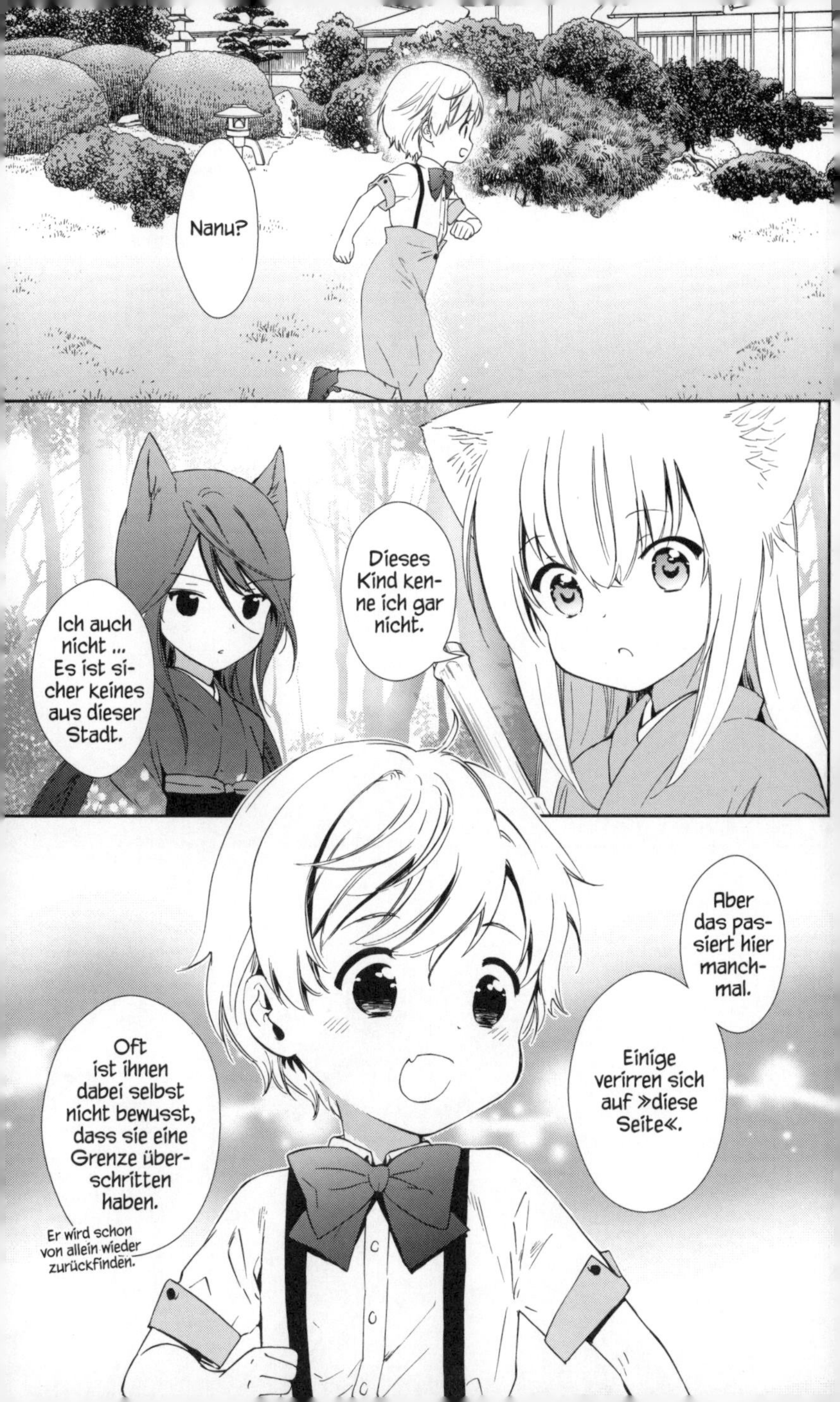
Nanu?
Dieses Kind kenne ich gar nicht.
Ich auch nicht ... Es ist sicher keines aus dieser Stadt.
Aber das passiert hier manchmal.
Einige verirren sich auf »diese Seite«.
Oft ist ihnen dabei selbst nicht bewusst, dass sie eine Grenze überschritten haben.
Er wird schon von allein wieder zurückfinden.

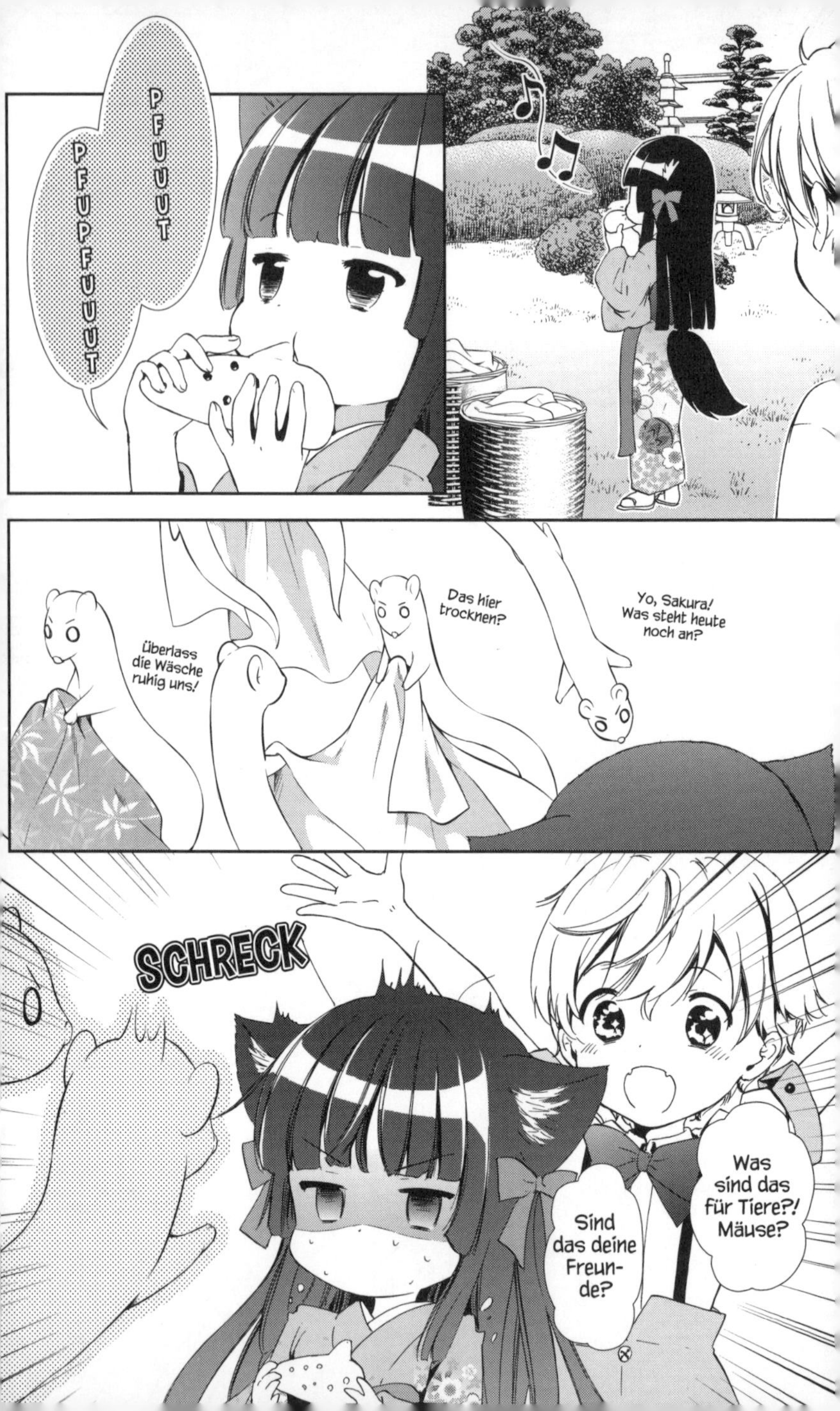
PFUUUT
PFUPFUUUT
Yo, Sakura! Was steht heute noch an?
Das hier trocknen?
Überlass die Wäsche ruhig uns!
SCHRECK
Was sind das für Tiere?! Mäuse?
Sind das deine Freun-de?

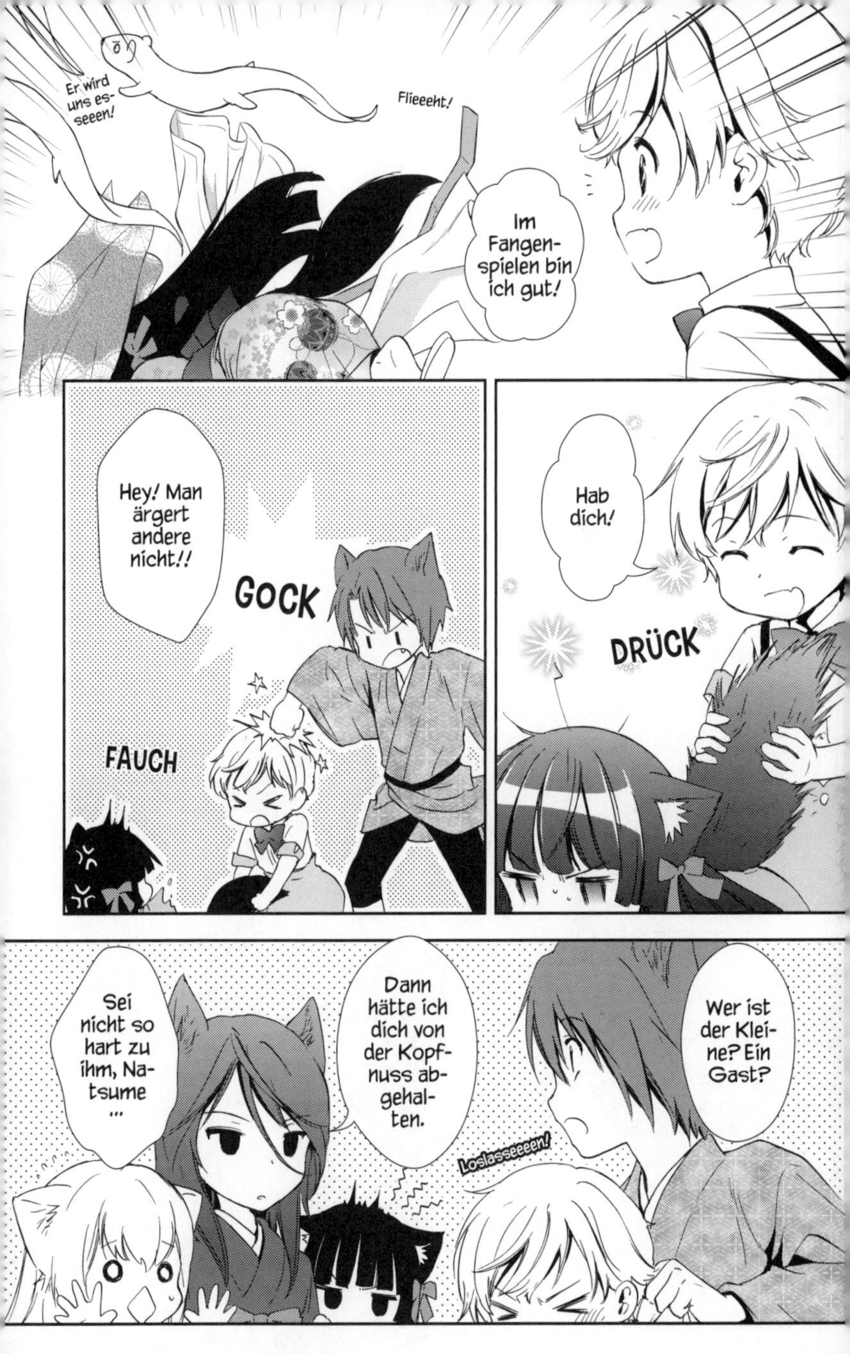

Im Fangen-spielen bin ich gut!
Flieeeht!
Er wird uns es-seeen!
Hab dich!
DRÜCK
Hey! Man ärgert andere nicht!!
GOCK
FAUCH
Wer ist der Klei-ne? Ein Gast?
Loslasseeeen!
Dann hätte ich dich von der Kopf-nuss ab-gehal-ten.
Sei nicht so hart zu ihm, Na-tsume ...

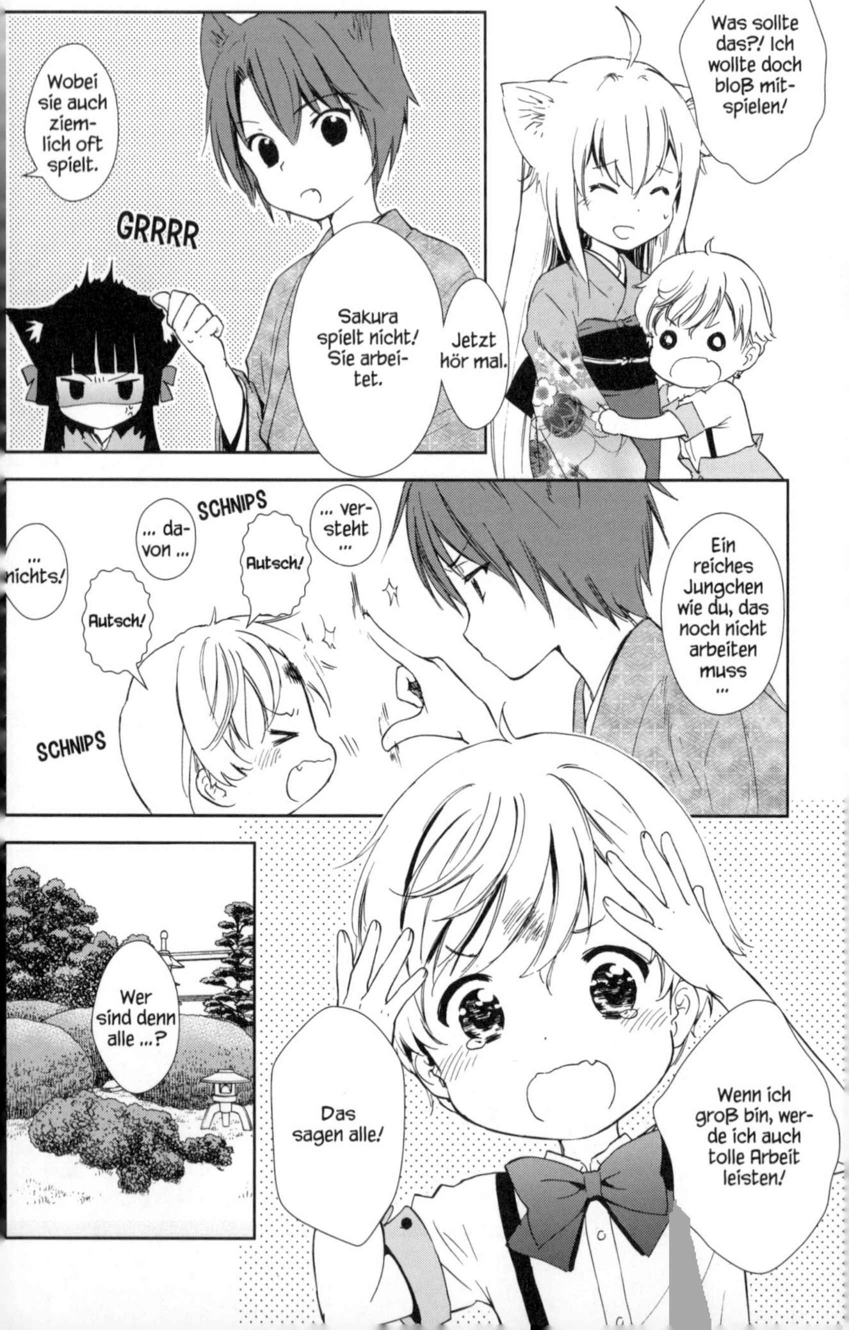

Was sollte das?! Ich wollte doch bloß mitspielen!
Jetzt hör mal.
Sakura spielt nicht! Sie arbeitet.
Wobei sie auch ziemlich oft spielt.
GRRRR
Ein reiches Jungchen wie du, das noch nicht arbeiten muss ...
... versteht ...
Autsch!
SCHNIPS
... davon ...
Autsch!
... nichts!
SCHNIPS
Wenn ich groß bin, werde ich auch tolle Arbeit leisten!
Das sagen alle!
Wer sind denn alle ...?

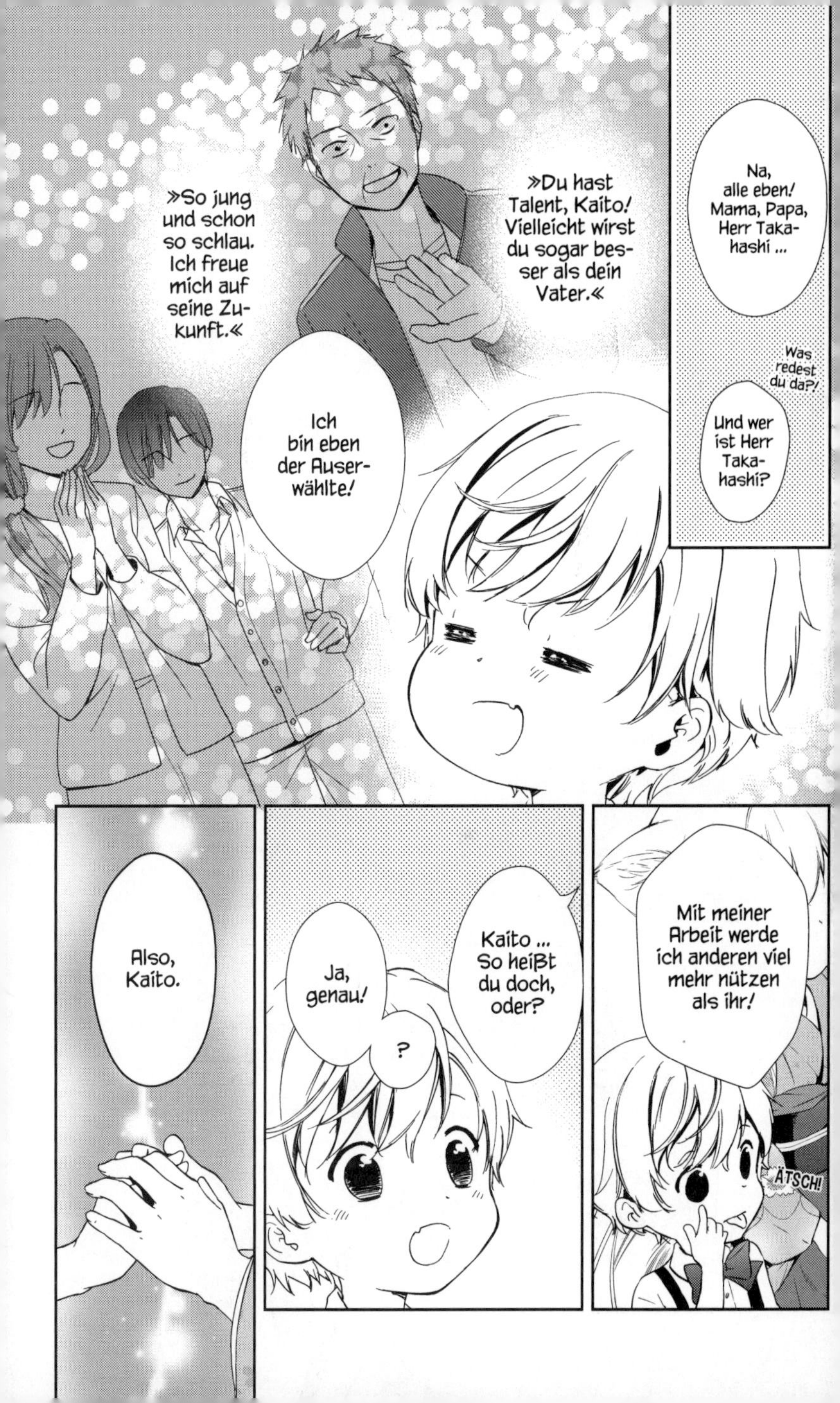

Na, alle eben! Mama, Papa, Herr Takahashi ...
Was redest du da?!
Und wer ist Herr Takahashi?
»Du hast Talent, Kaito! Vielleicht wirst du sogar besser als dein Vater.«
»So jung und schon so schlau. Ich freue mich auf seine Zukunft.«
Ich bin eben der Auserwählte!
Mit meiner Arbeit werde ich anderen viel mehr nützen als ihr!
ÄTSCH!
Kaito ... So heißt du doch, oder?
Ja, genau!
?
Also, Kaito.

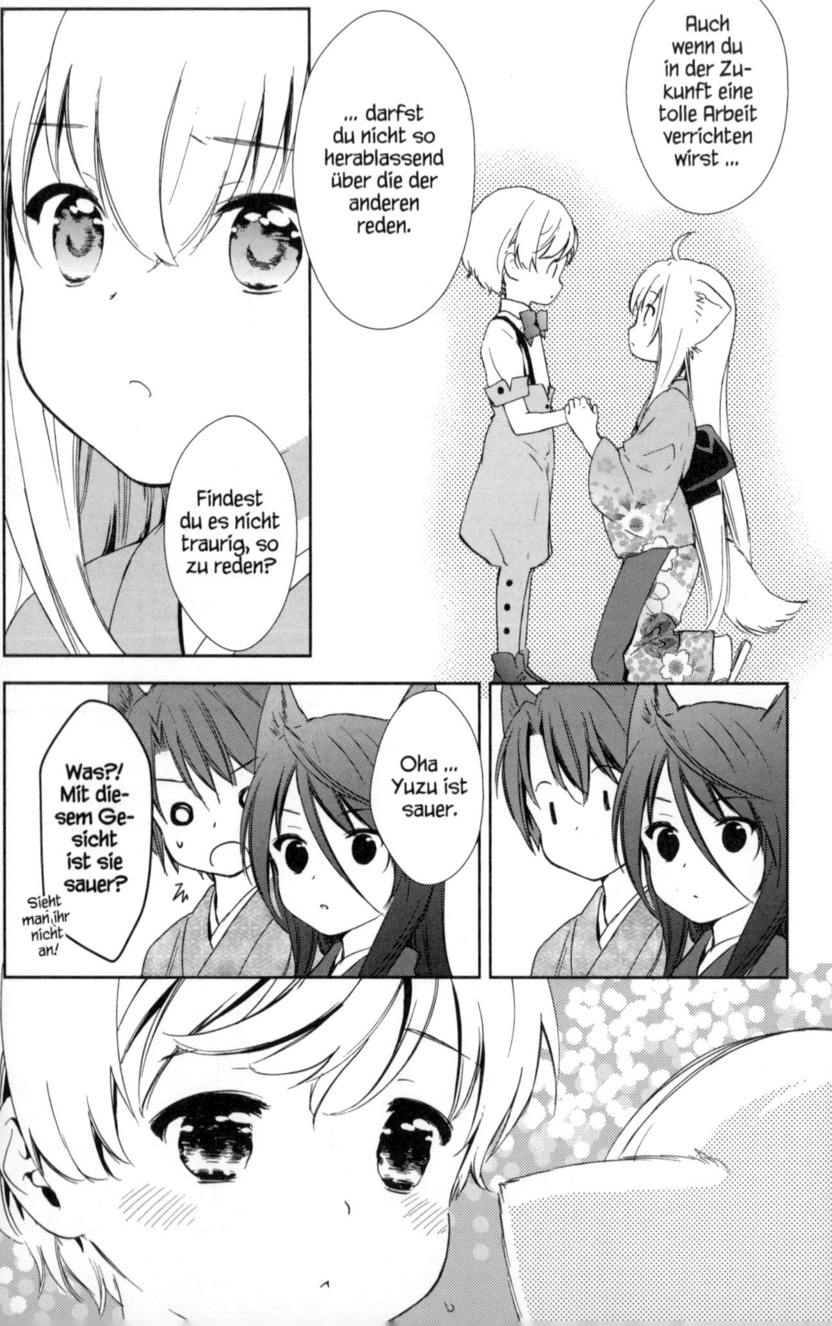
Auch wenn du in der Zukunft eine tolle Arbeit verrichten wirst ...
... darfst du nicht so herablassend über die der anderen reden.
Findest du es nicht traurig, so zu reden?
Oha ... Yuzu ist sauer.
Was?! Mit diesem Gesicht ist sie sauer?
Sieht man ihr nicht an!

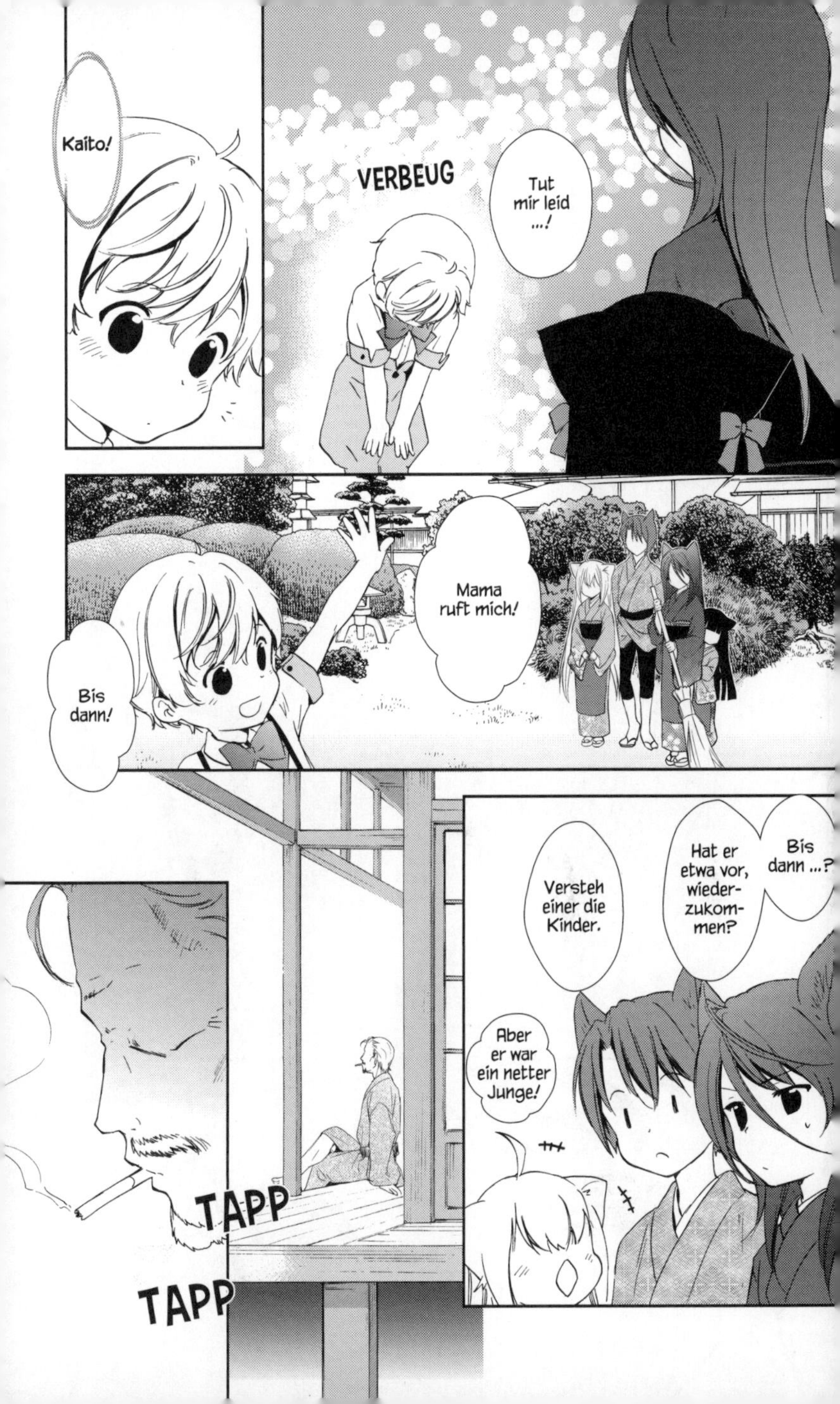
Tut mir leid ...!
VERBEUG
Kaito!
Mama ruft mich!
Bis dann!
Bis dann ...?
Hat er etwa vor, wieder-zukom-men?
Versteh einer die Kinder.
Aber er war ein netter Junge!
TAPP
TAPP

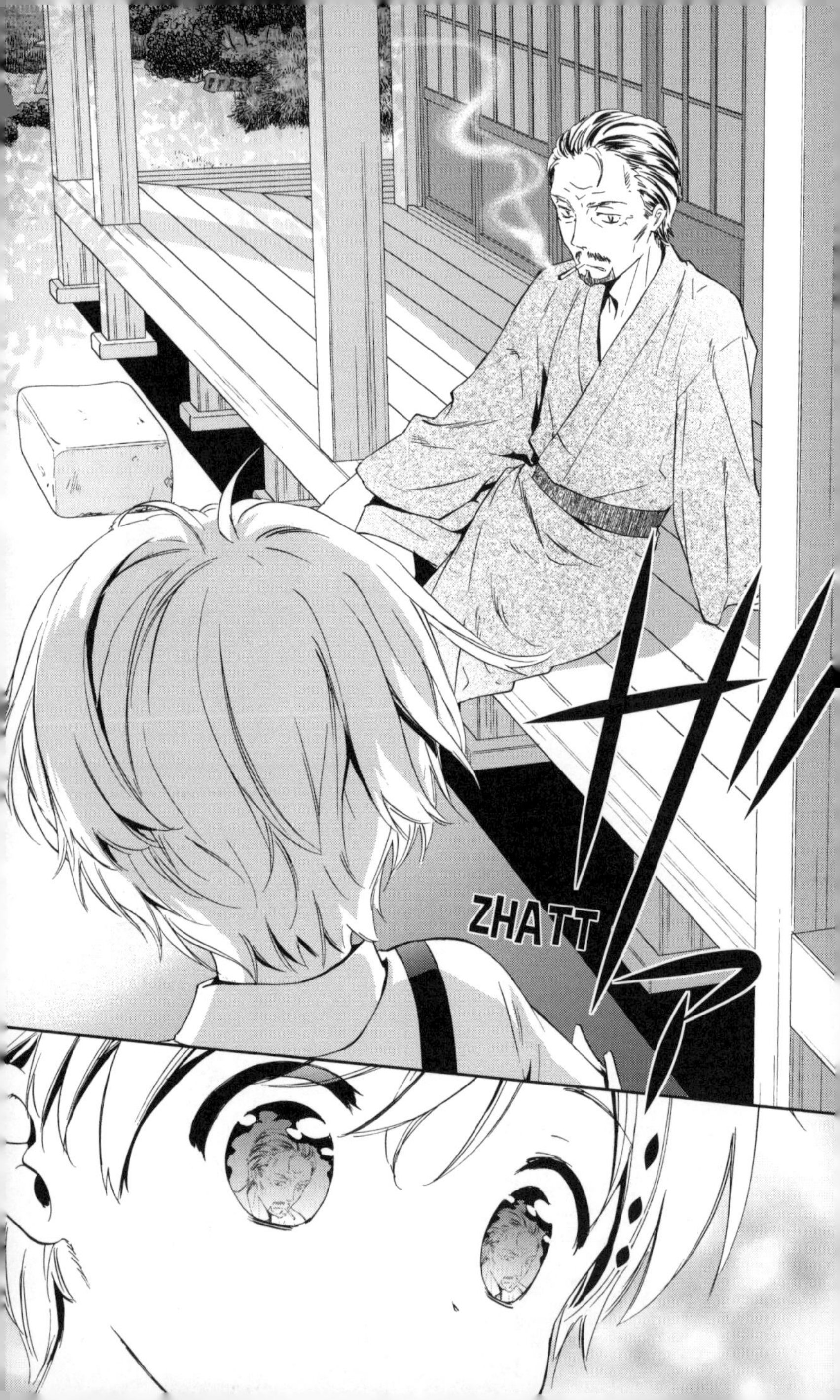
ZHATT

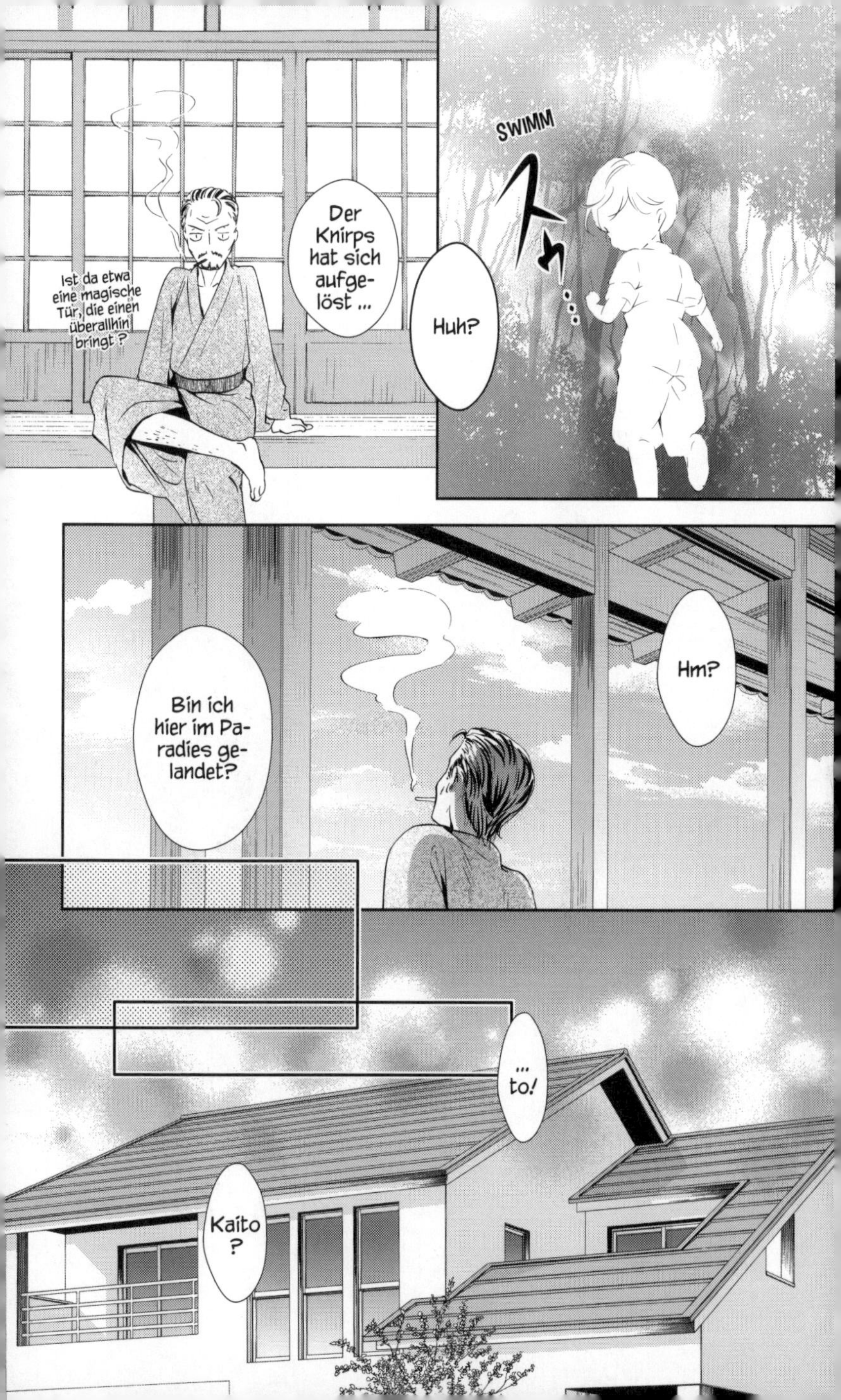
SWIMM
Huh?
Der Knirps hat sich aufgelöst ...
Ist da etwa eine magische Tür, die einen überallhin bringt ?
Hm?
Bin ich hier im Paradies gelandet?
... to!
Kaito ?

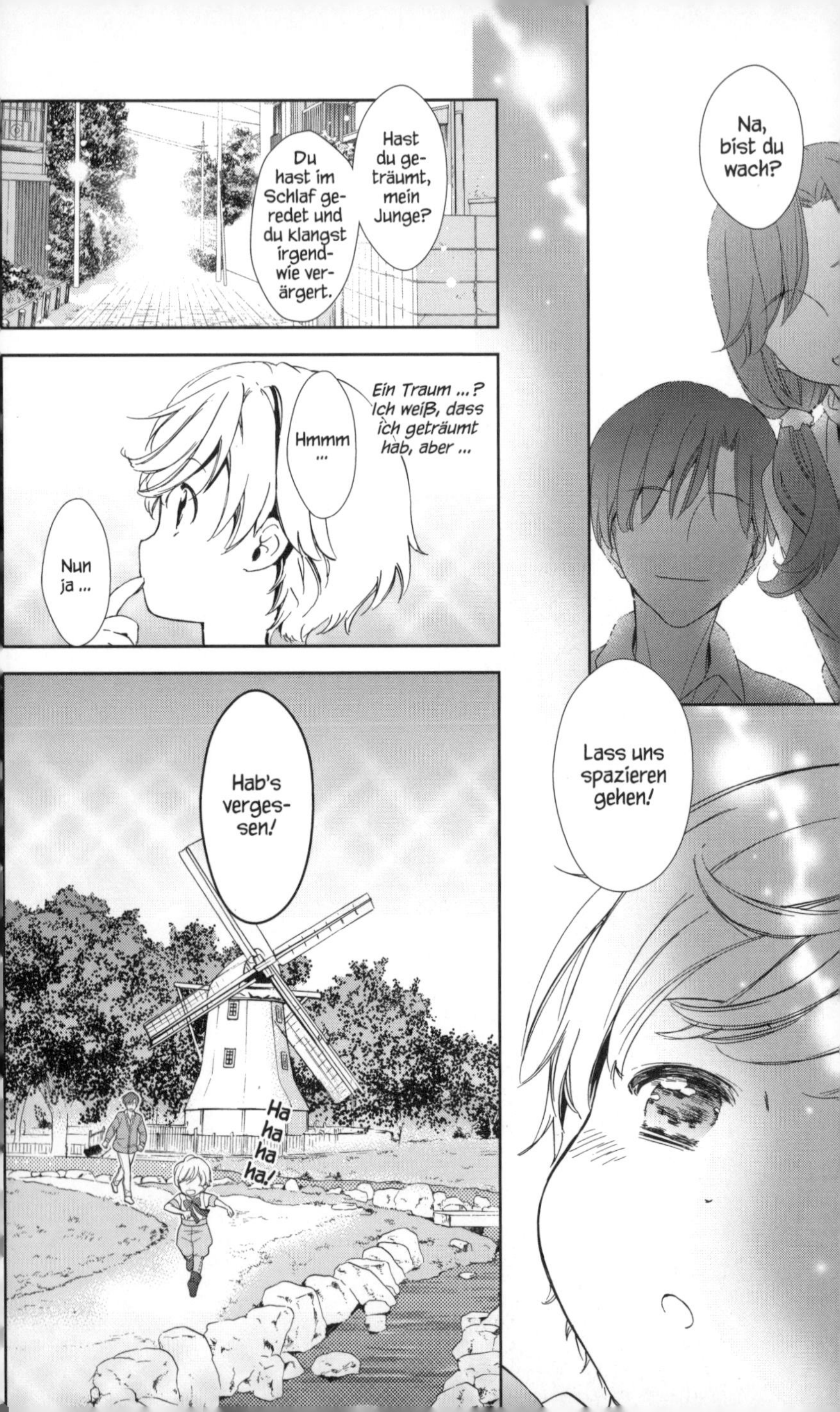
Na, bist du wach?
Lass uns spazieren gehen!
Hast du geträumt, mein Junge?
Du hast im Schlaf geredet und du klangst irgendwie verärgert.
Ein Traum ...? Ich weiß, dass ich geträumt hab, aber ...
Hmmm ...
Nun ja ...
Hab's vergessen!
Ha ha ha ha!

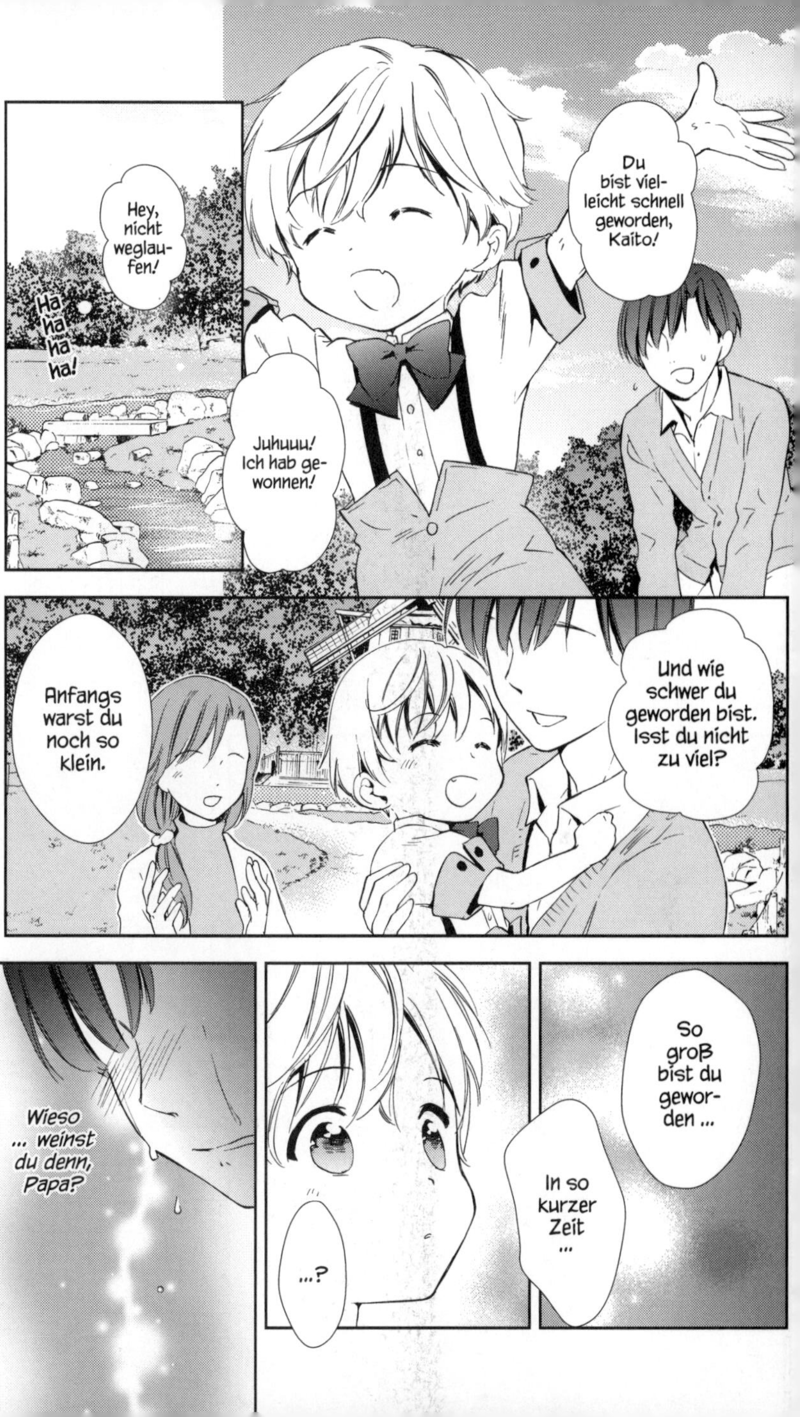
Du bist vielleicht schnell geworden, Kaito!
Juhuuu! Ich hab gewonnen!
Hey, nicht weglaufen!
Ha ha ha ha!
Und wie schwer du geworden bist. Isst du nicht zu viel?
Anfangs warst du noch so klein.
So groß bist du geworden ...
In so kurzer Zeit ...
...?
Wieso ... weinst du denn, Papa?

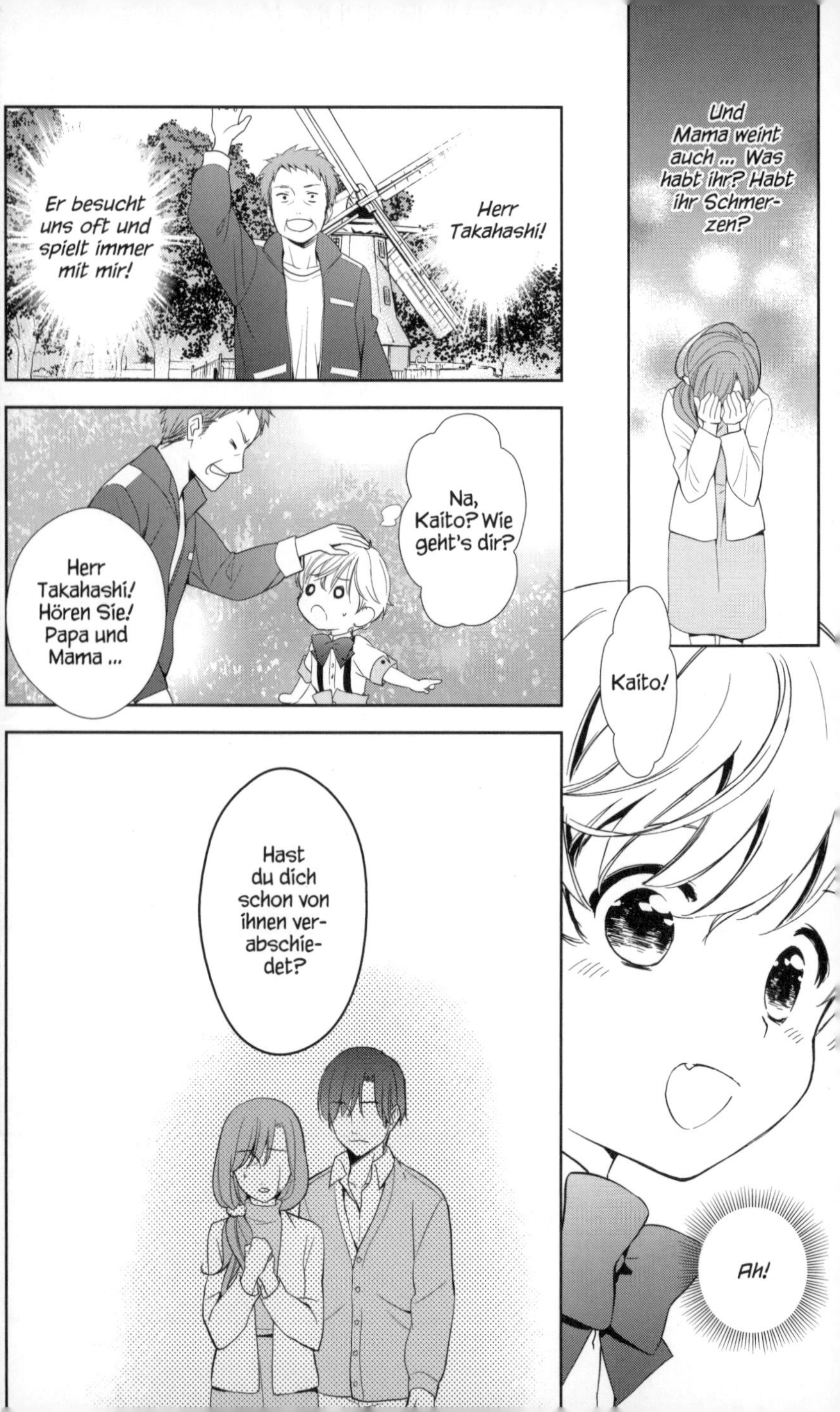
Und Mama weint auch ... Was habt ihr? Habt ihr Schmerzen?
Herr Takahashi!
Er besucht uns oft und spielt immer mit mir!
Na, Kaito? Wie geht's dir?
Herr Takahashi! Hören Sie! Papa und Mama ...
Kaito!
Hast du dich schon von ihnen verabschiedet?
Ah!

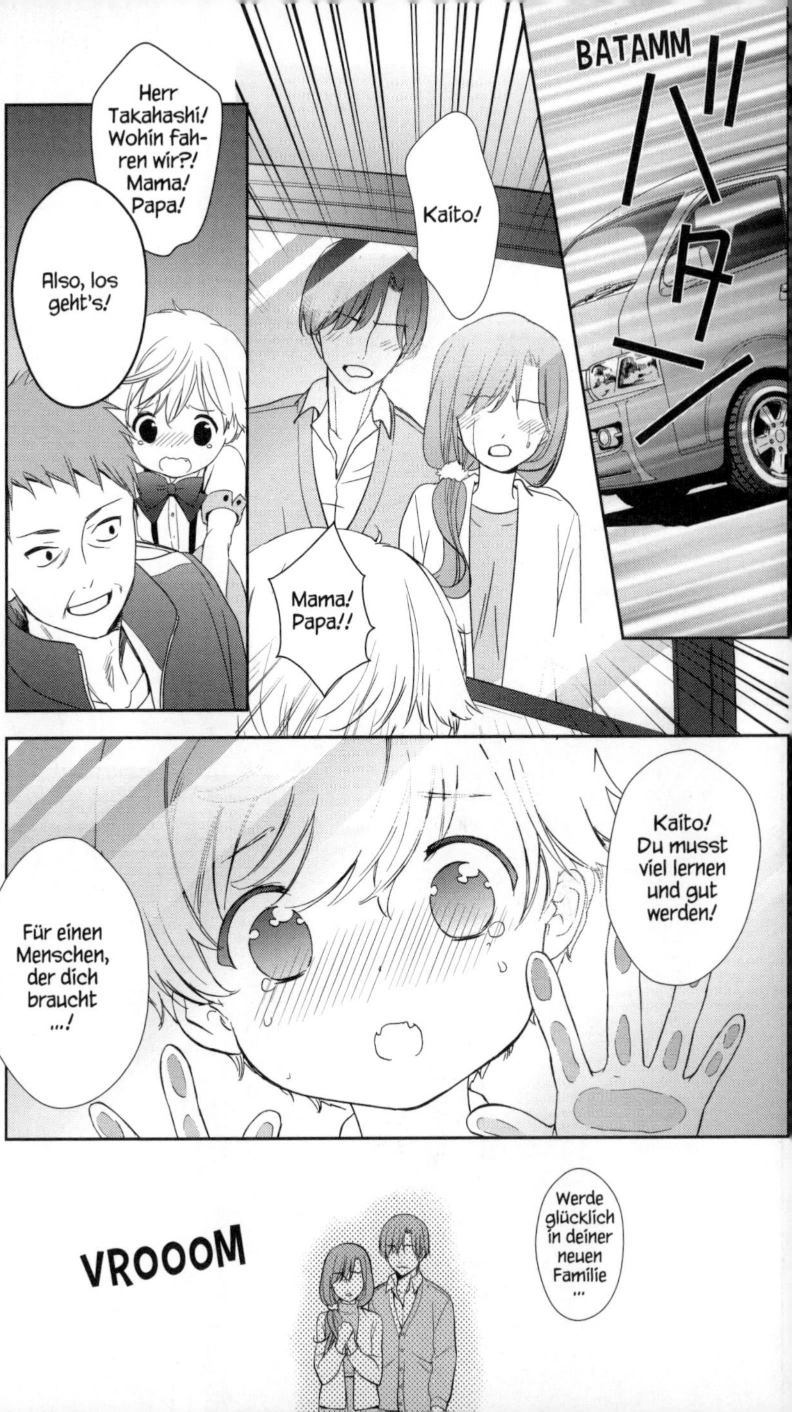
BATAMM
Kaito!
Herr Takahashi! Wohin fahren wir?! Mama! Papa!
Also, los geht's!
Mama! Papa!!
Kaito! Du musst viel lernen und gut werden!
Für einen Menschen, der dich braucht ...!
Werde glücklich in deiner neuen Familie ...
VROOOM

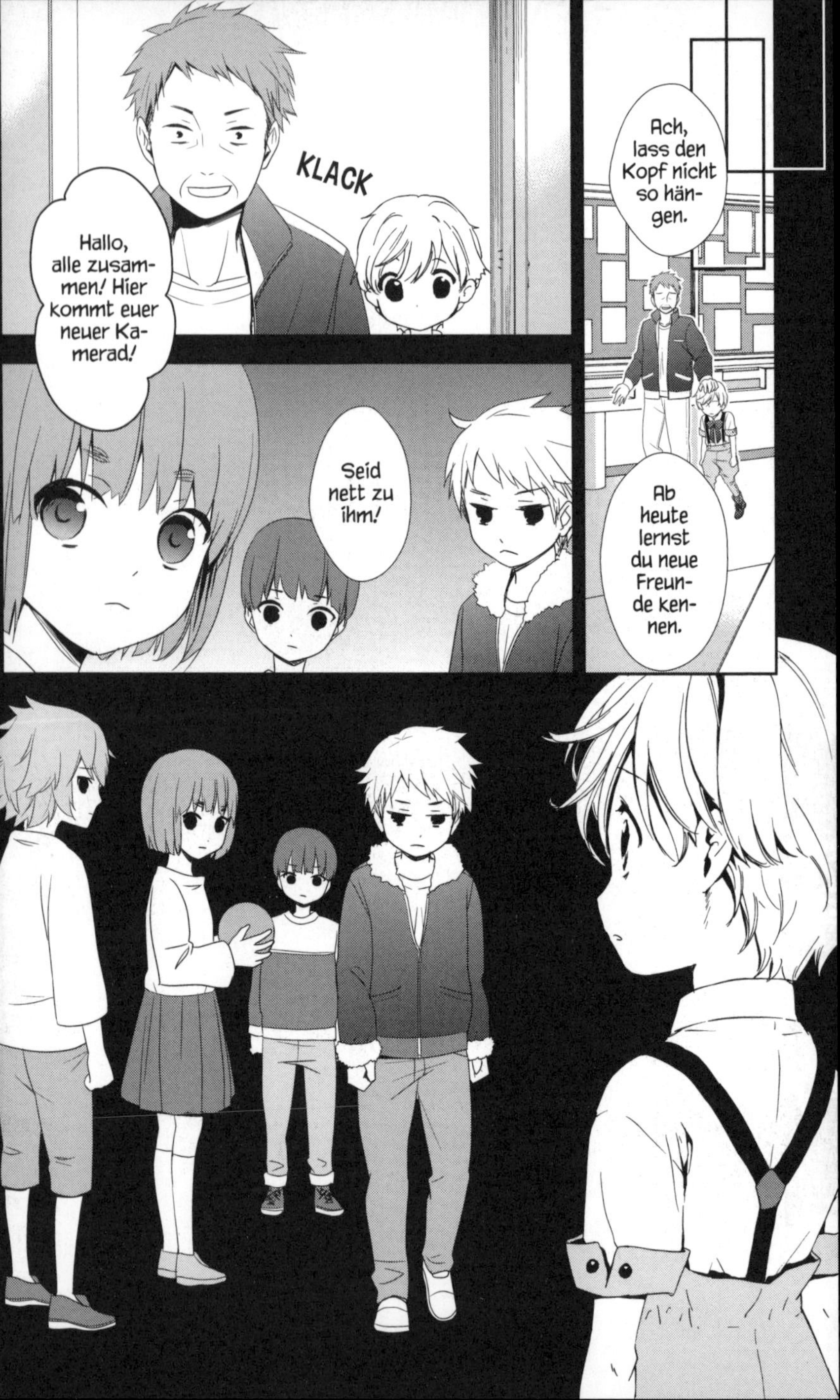
Ach, lass den Kopf nicht so hän-gen.
Ab heute lernst du neue Freun-de ken-nen.
KLACK
Hallo, alle zusam-men! Hier kommt euer neuer Ka-merad!
Seid nett zu ihm!

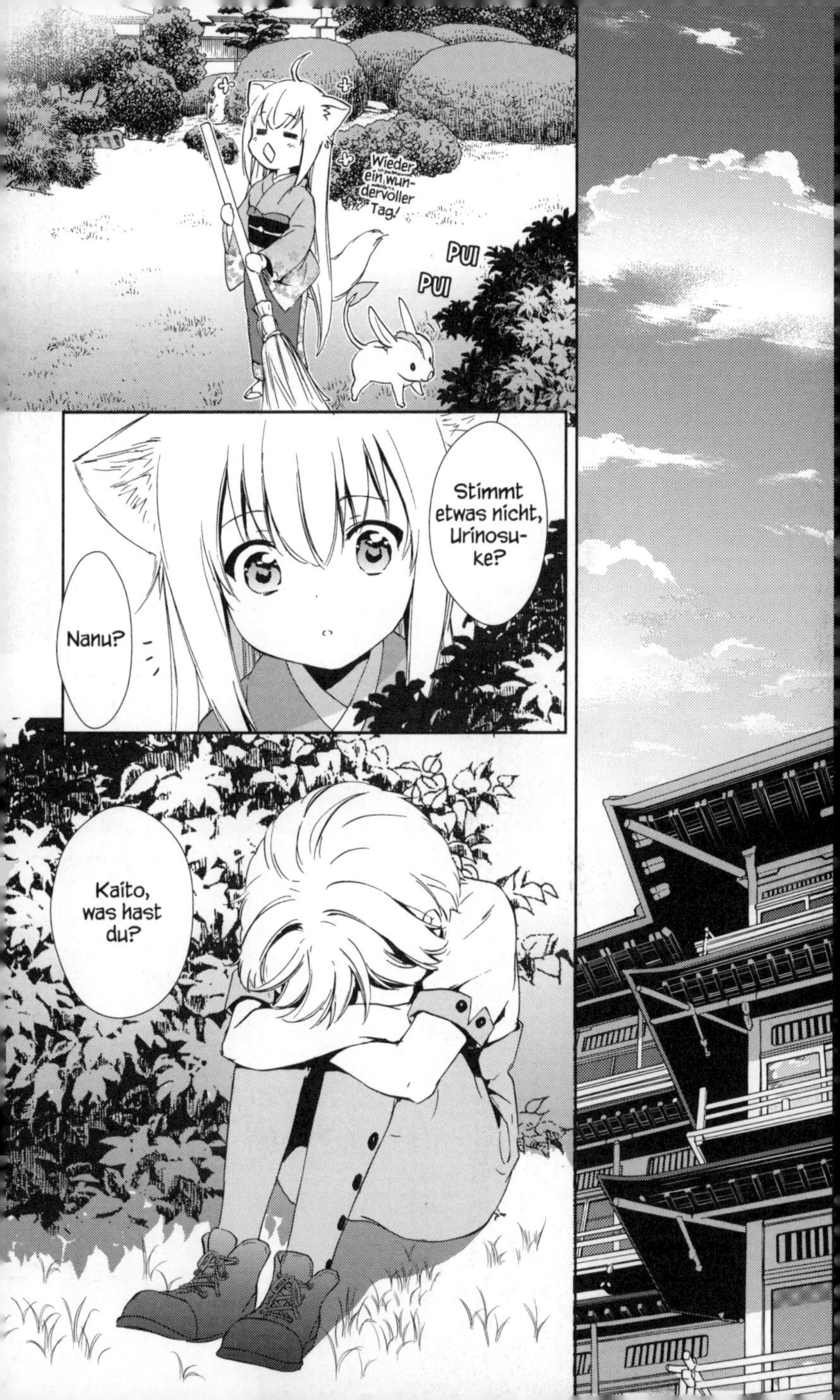

Wieder ein wundervoller Tag!
PUI
PUI
Stimmt etwas nicht, Urinosuke?
Nanu?
Kaito, was hast du?

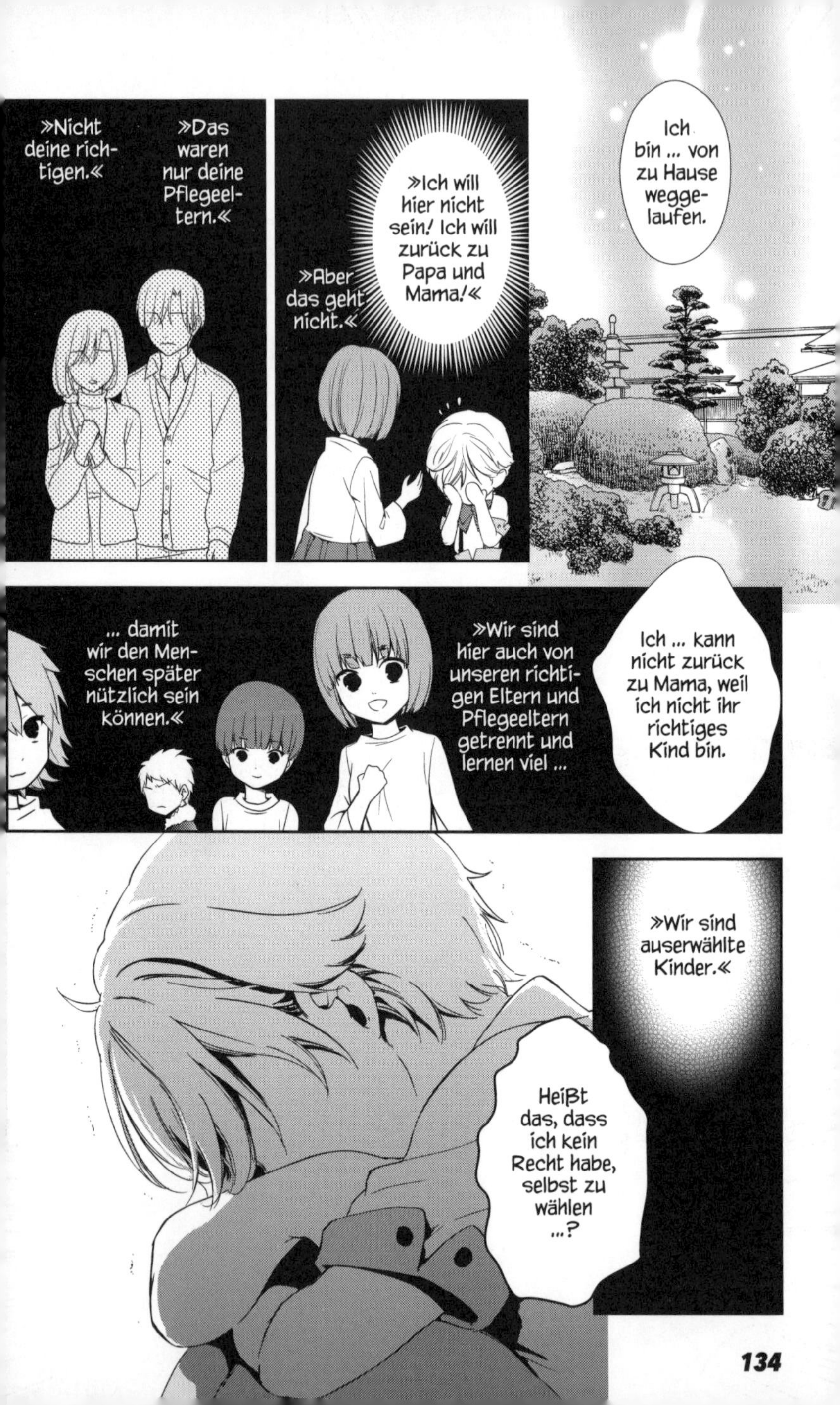
Ich bin ... von zu Hause weggelaufen.
»Ich will hier nicht sein! Ich will zurück zu Papa und Mama!«
»Aber das geht nicht.«
»Das waren nur deine Pflegeeltern.«
»Nicht deine richtigen.«
Ich ... kann nicht zurück zu Mama, weil ich nicht ihr richtiges Kind bin.
»Wir sind hier auch von unseren richtigen Eltern und Pflegeeltern getrennt und lernen viel ...
... damit wir den Menschen später nützlich sein können.«
»Wir sind auserwählte Kinder.«
Heißt das, dass ich kein Recht habe, selbst zu wählen ...?

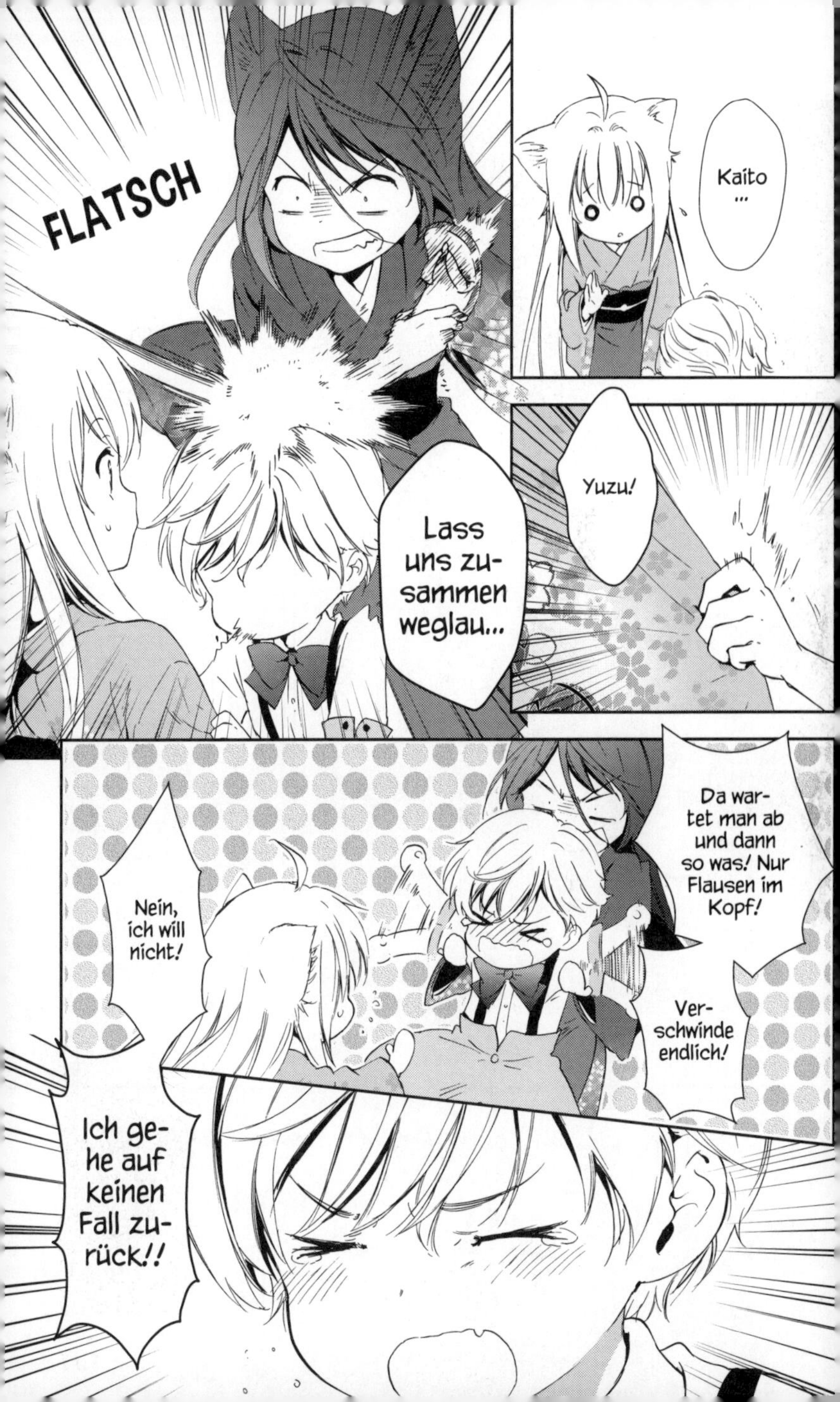
Lass uns zusammen weglau...
FLATSCH
Kaito ...
Yuzu!
Da wartet man ab und dann so was! Nur Flausen im Kopf!
Verschwinde endlich!
Nein, ich will nicht!
Ich gehe auf keinen Fall zurück!!

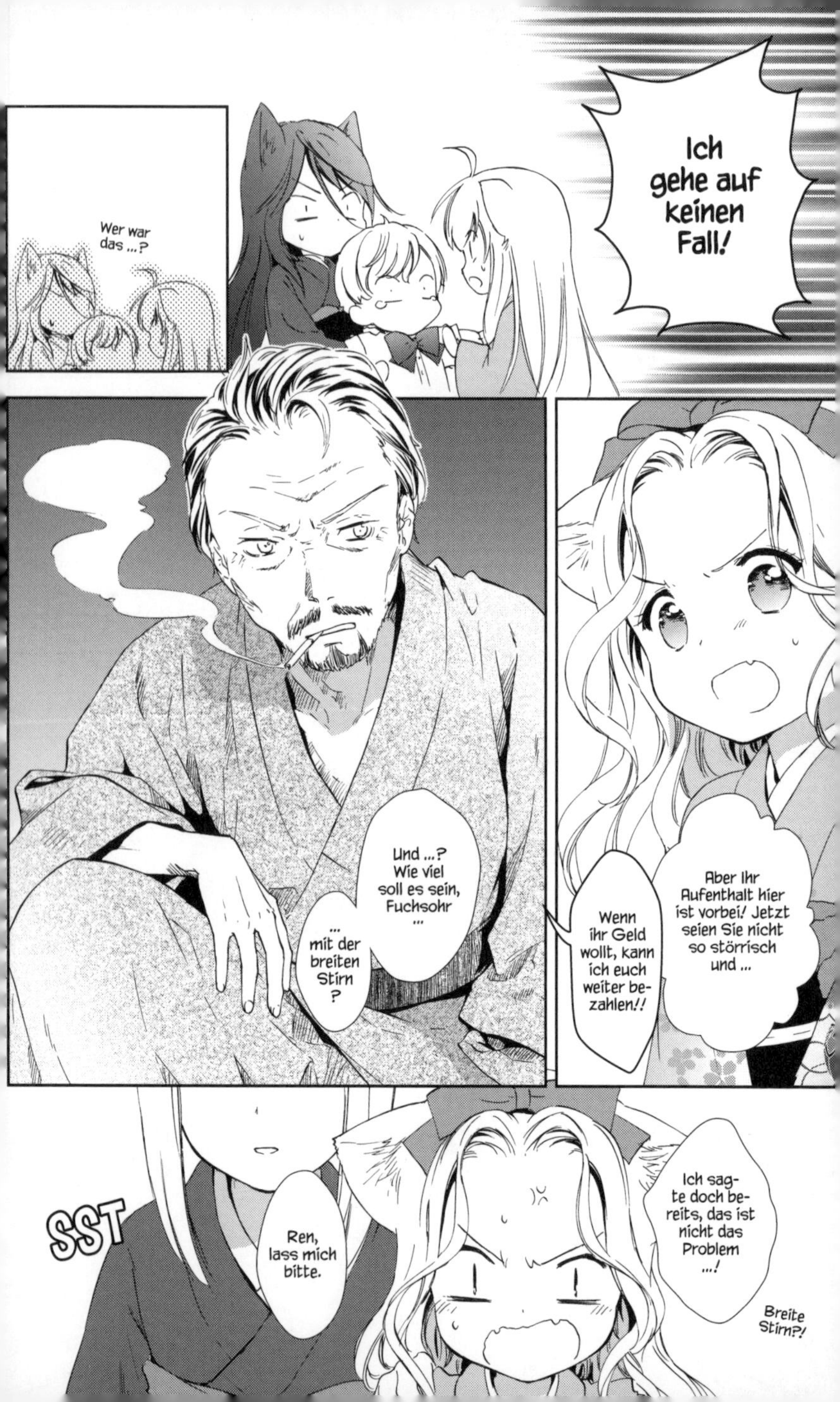

Ich gehe auf keinen Fall!
Wer war das ...?
Aber Ihr Aufenthalt hier ist vorbei! Jetzt seien Sie nicht so störrisch und ...
Wenn ihr Geld wollt, kann ich euch weiter bezahlen!!
Und ...? Wie viel soll es sein, Fuchsohr ...
... mit der breiten Stirn ?
Ich sagte doch bereits, das ist nicht das Problem ...!
Breite Stirn?!
Ren, lass mich bitte.
SST

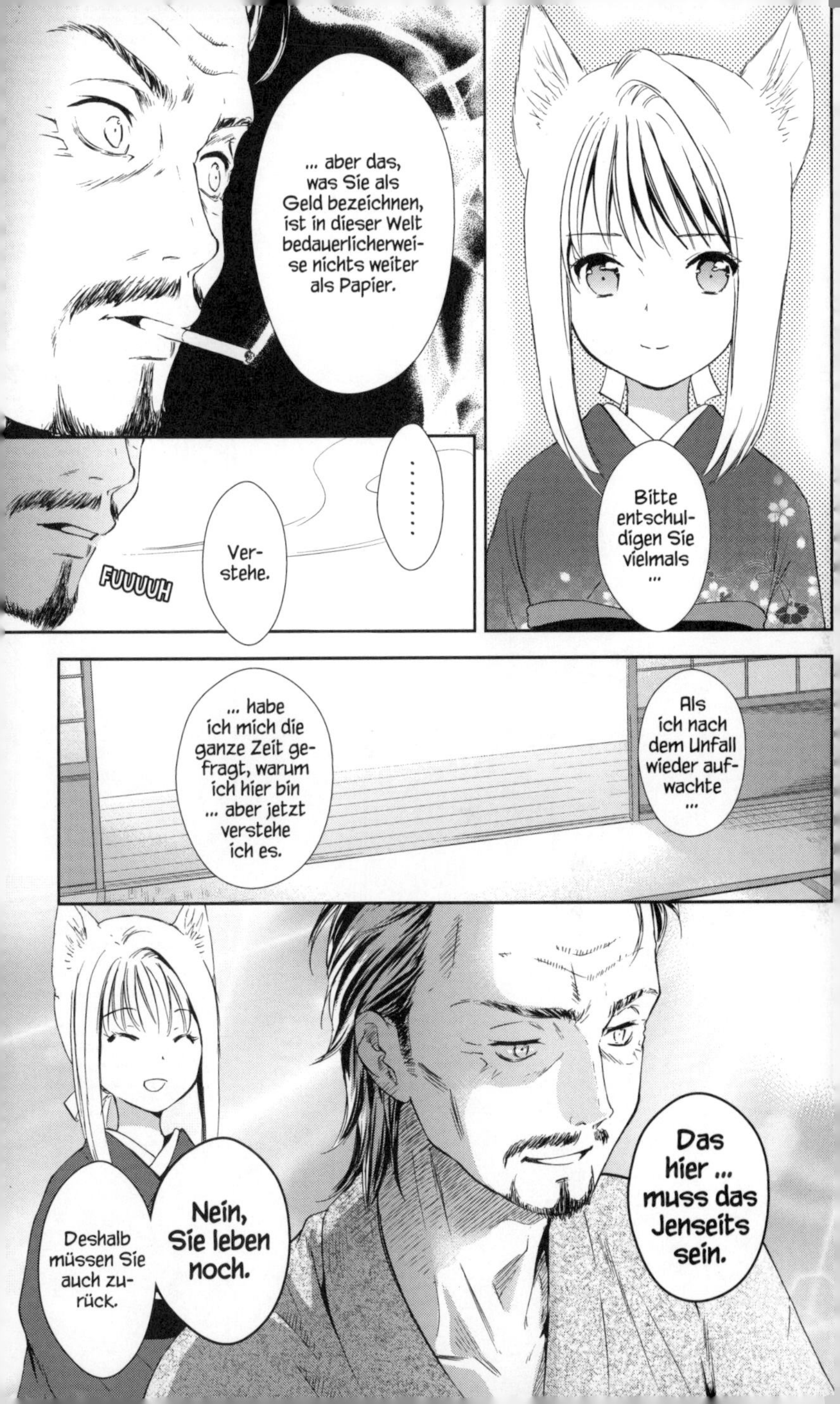
Bitte entschuldigen Sie vielmals ...
... aber das, was Sie als Geld bezeichnen, ist in dieser Welt bedauerlicherweise nichts weiter als Papier.
.........
FUUUUH
Verstehe.
Als ich nach dem Unfall wieder aufwachte ...
... habe ich mich die ganze Zeit gefragt, warum ich hier bin ... aber jetzt verstehe ich es.
Das hier ... muss das Jenseits sein.
Nein, Sie leben noch.
Deshalb müssen Sie auch zurück.

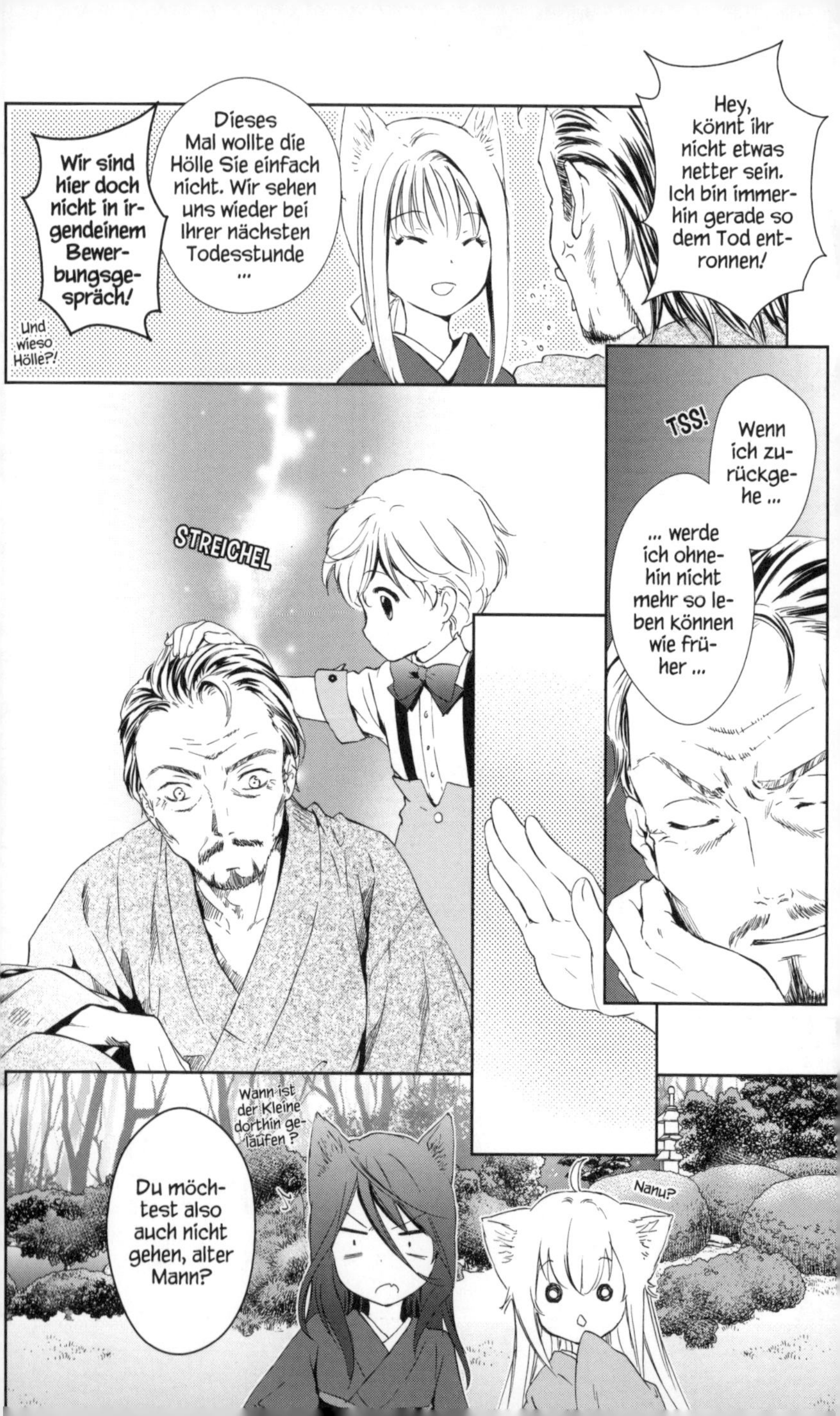

Hey, könnt ihr nicht etwas netter sein. Ich bin immerhin gerade so dem Tod entronnen!
Dieses Mal wollte die Hölle Sie einfach nicht. Wir sehen uns wieder bei Ihrer nächsten Todesstunde ...
Wir sind hier doch nicht in irgendeinem Bewerbungsgespräch!
Und wieso Hölle?!
TSS!
Wenn ich zurückgehe ...
... werde ich ohnehin nicht mehr so leben können wie früher ...
STREICHEL
Nanu?
Wann ist der Kleine dorthin gelaufen?
Du möchtest also auch nicht gehen, alter Mann?

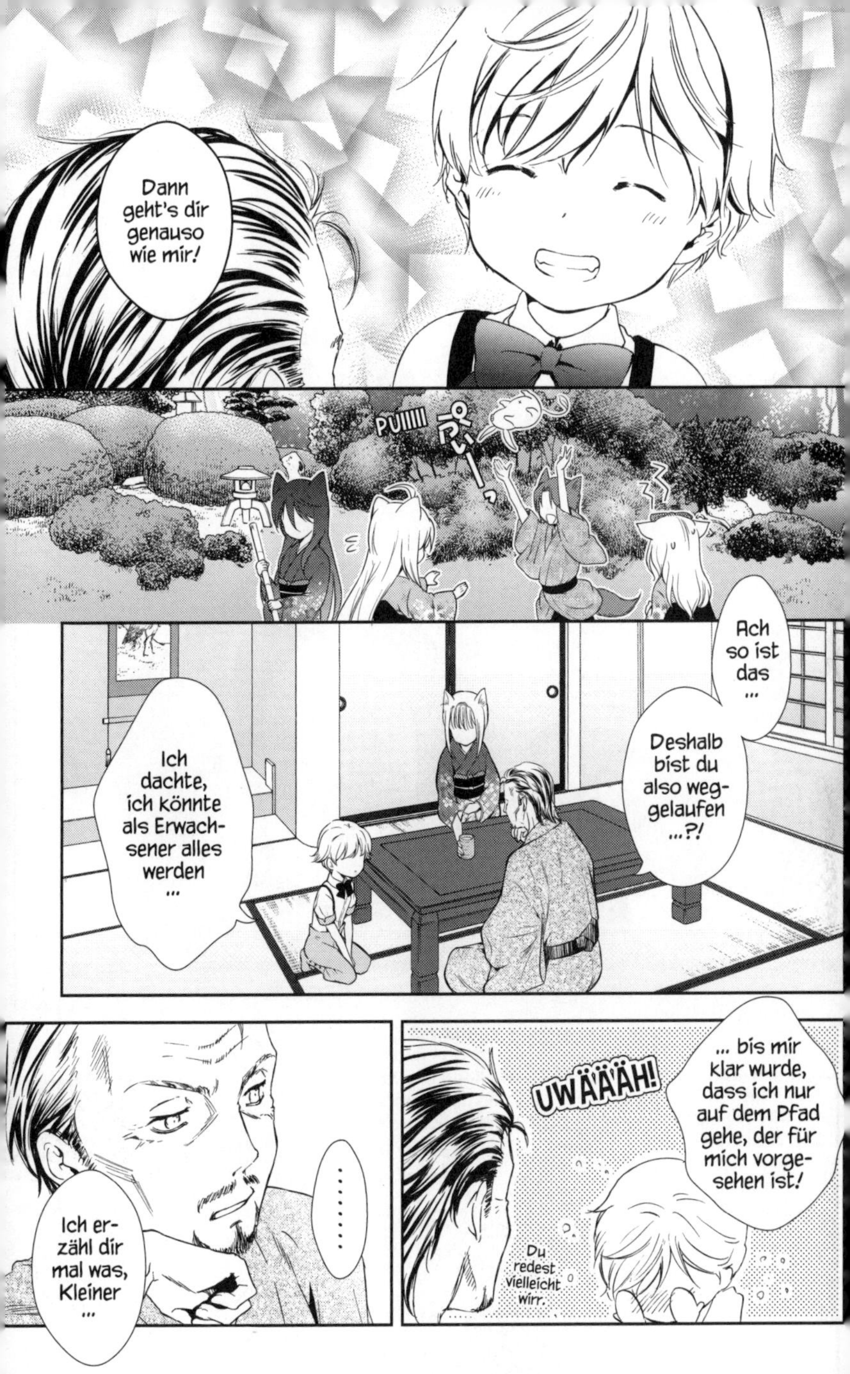
Dann geht's dir genauso wie mir!
PUIIIII
Ach so ist das ...
Deshalb bist du also weggelaufen ...?!
Ich dachte, ich könnte als Erwachsener alles werden ...
... bis mir klar wurde, dass ich nur auf dem Pfad gehe, der für mich vorgesehen ist!
UWÄÄÄH!
Du redest vielleicht wirr.
......
Ich erzähl dir mal was, Kleiner ...

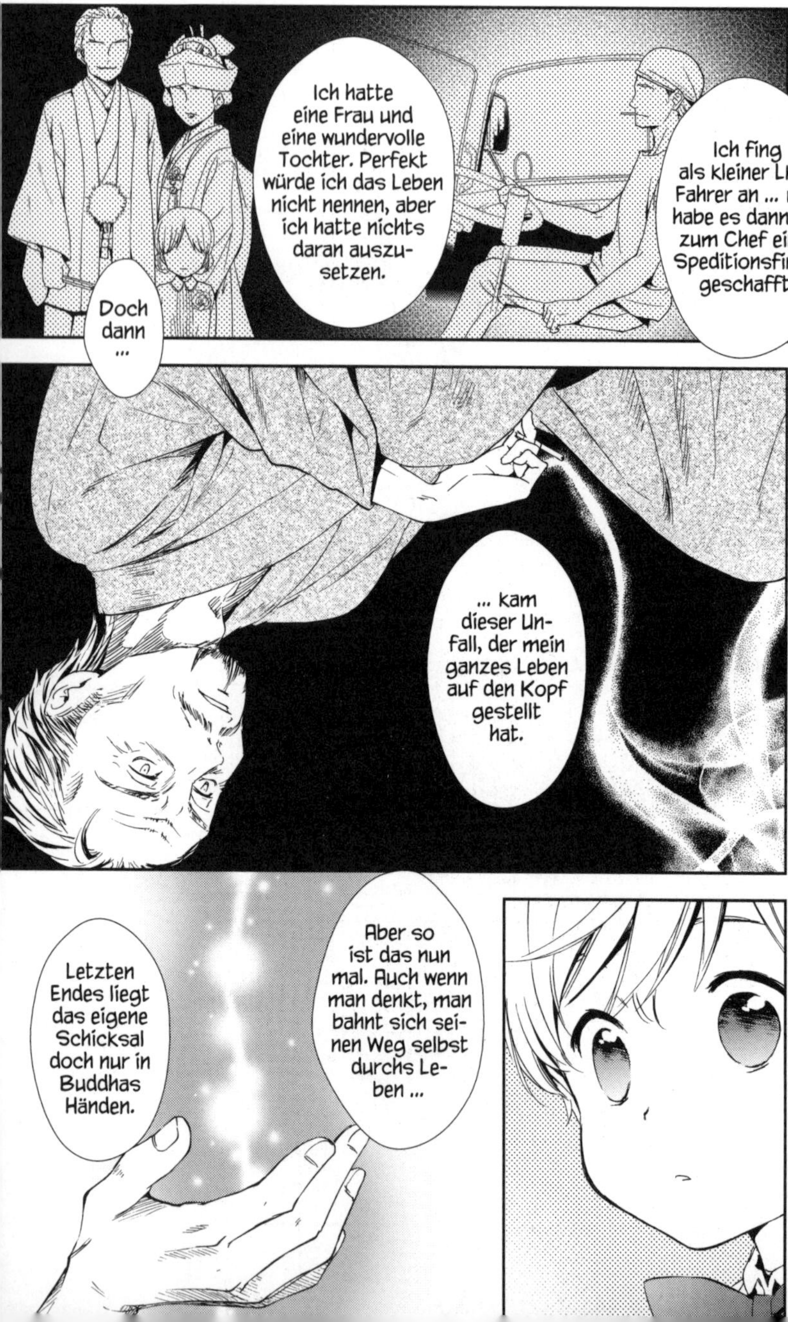
Ich fing als kleiner Lkw-Fahrer an ... und habe es dann bis zum Chef einer Speditionsfirma geschafft.
Ich hatte eine Frau und eine wundervolle Tochter. Perfekt würde ich das Leben nicht nennen, aber ich hatte nichts daran auszusetzen.
Doch dann ...
... kam dieser Unfall, der mein ganzes Leben auf den Kopf gestellt hat.
Aber so ist das nun mal. Auch wenn man denkt, man bahnt sich seinen Weg selbst durchs Leben ...
Letzten Endes liegt das eigene Schicksal doch nur in Buddhas Händen.

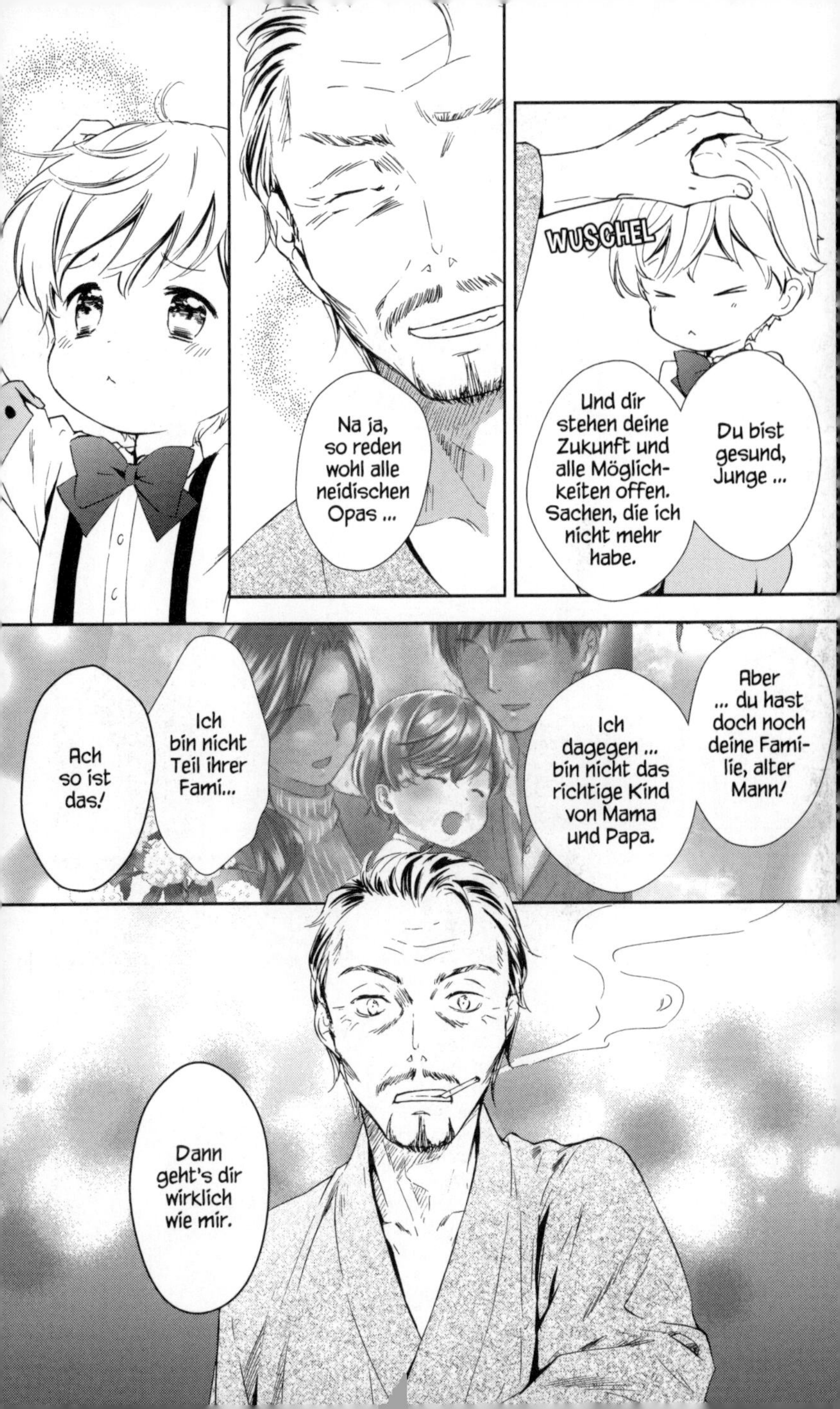
Du bist gesund, Junge ...
Und dir stehen deine Zukunft und alle Möglichkeiten offen. Sachen, die ich nicht mehr habe.
WUSCHEL
Na ja, so reden wohl alle neidischen Opas ...
Aber ... du hast doch noch deine Familie, alter Mann!
Ich dagegen ... bin nicht das richtige Kind von Mama und Papa.
Ich bin nicht Teil ihrer Fami...
Ach so ist das!
Dann geht's dir wirklich wie mir.

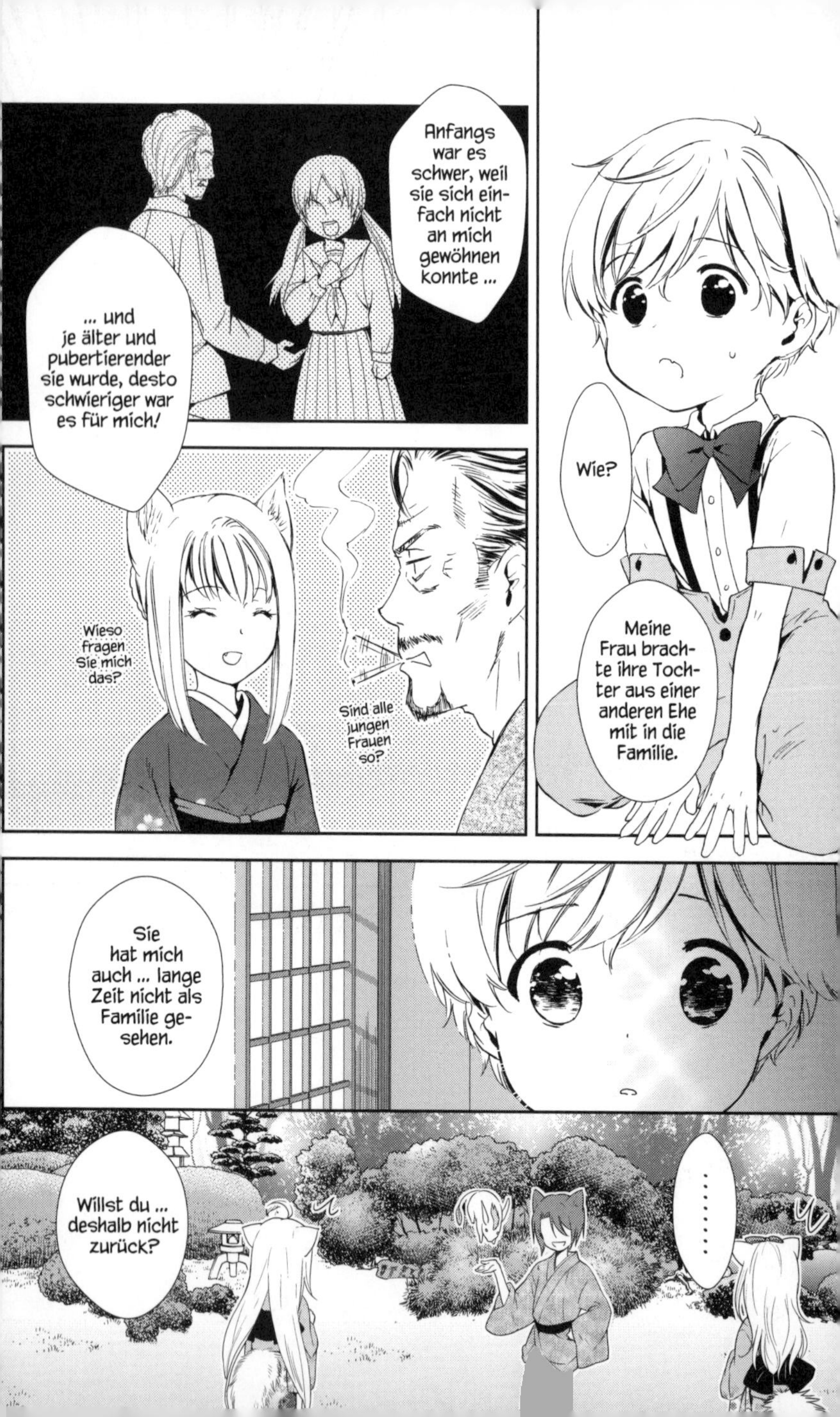
Wie?
Meine Frau brachte ihre Tochter aus einer anderen Ehe mit in die Familie.
Anfangs war es schwer, weil sie sich einfach nicht an mich gewöhnen konnte ...
... und je älter und pubertierender sie wurde, desto schwieriger war es für mich!
Sind alle jungen Frauen so?
Wieso fragen Sie mich das?
Sie hat mich auch ... lange Zeit nicht als Familie gesehen.
......
Willst du ... deshalb nicht zurück?

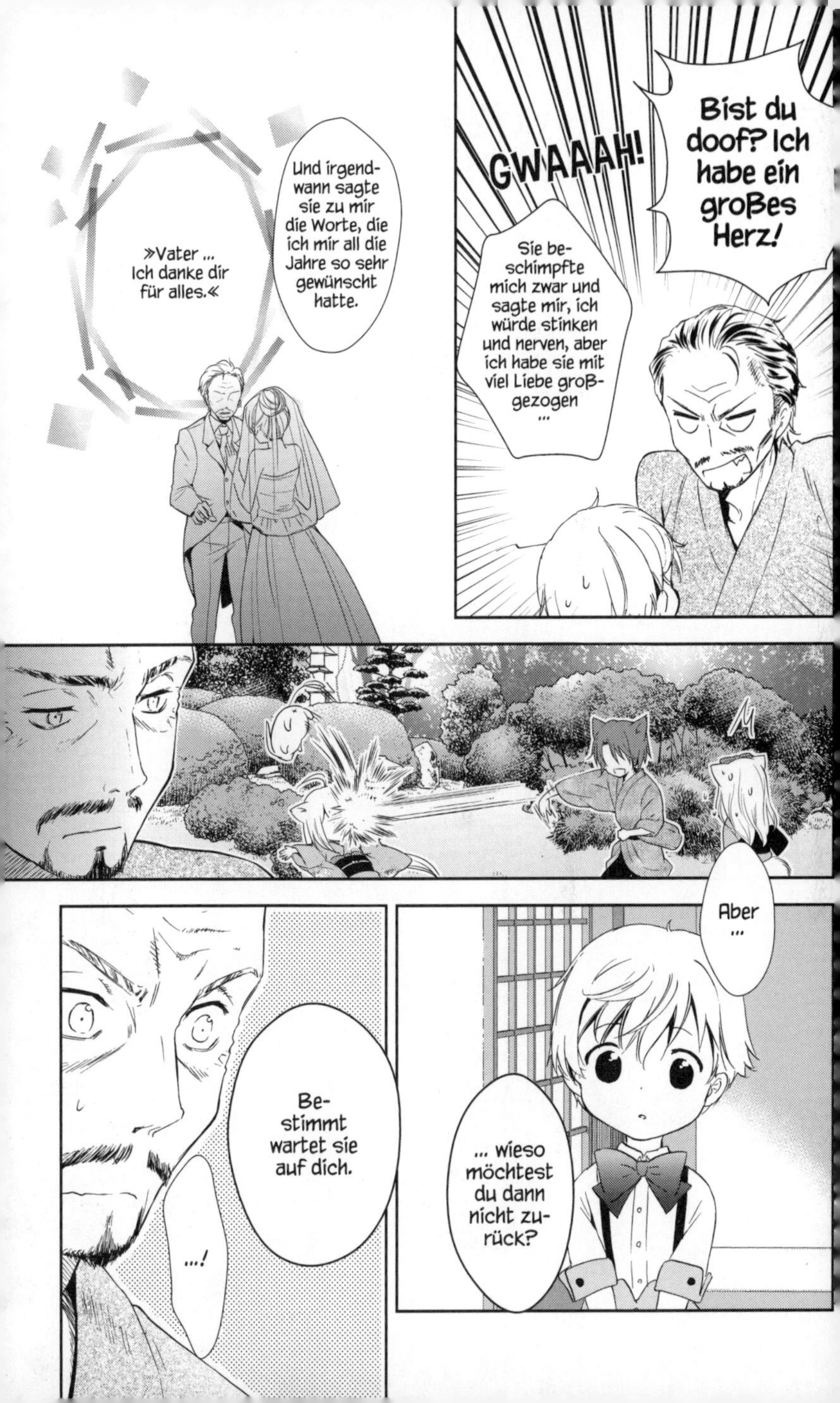
Bist du doof? Ich habe ein großes Herz!
GWAAAH!
Sie beschimpfte mich zwar und sagte mir, ich würde stinken und nerven, aber ich habe sie mit viel Liebe großgezogen ...
Und irgendwann sagte sie zu mir die Worte, die ich mir all die Jahre so sehr gewünscht hatte.
»Vater ... Ich danke dir für alles.«
Aber ...
... wieso möchtest du dann nicht zurück?
Bestimmt wartet sie auf dich.
...!

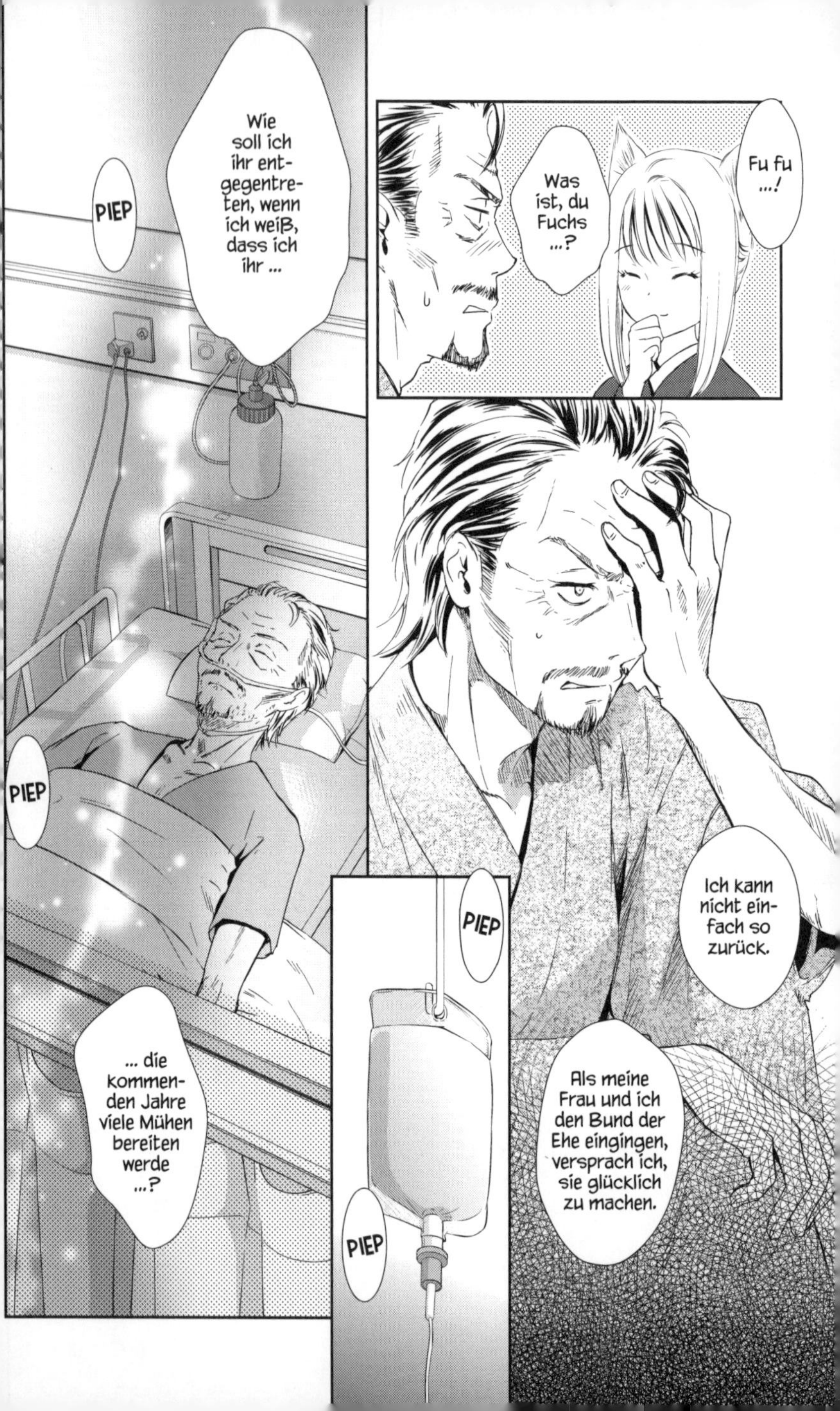
Fu fu ...!
Was ist, du Fuchs ...?
Ich kann nicht einfach so zurück.
Als meine Frau und ich den Bund der Ehe eingingen, versprach ich, sie glücklich zu machen.
PIEP
PIEP
PIEP
Wie soll ich ihr entgegentreten, wenn ich weiß, dass ich ihr ...
PIEP
... die kommenden Jahre viele Mühen bereiten werde ...?

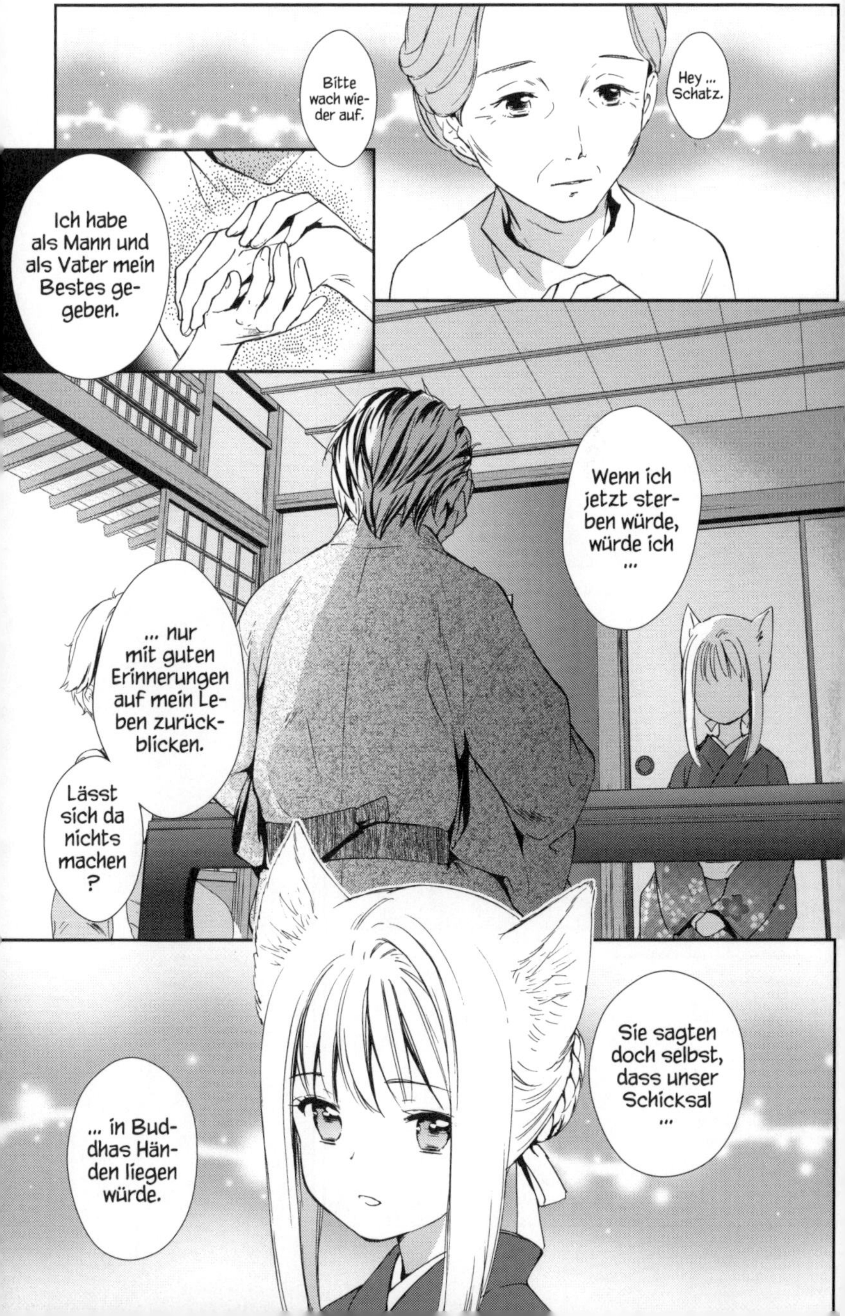
Hey ... Schatz.
Bitte wach wieder auf.
Ich habe als Mann und als Vater mein Bestes gegeben.
Wenn ich jetzt sterben würde, würde ich ...
... nur mit guten Erinnerungen auf mein Leben zurückblicken.
Lässt sich da nichts machen?
Sie sagten doch selbst, dass unser Schicksal ...
... in Buddhas Händen liegen würde.

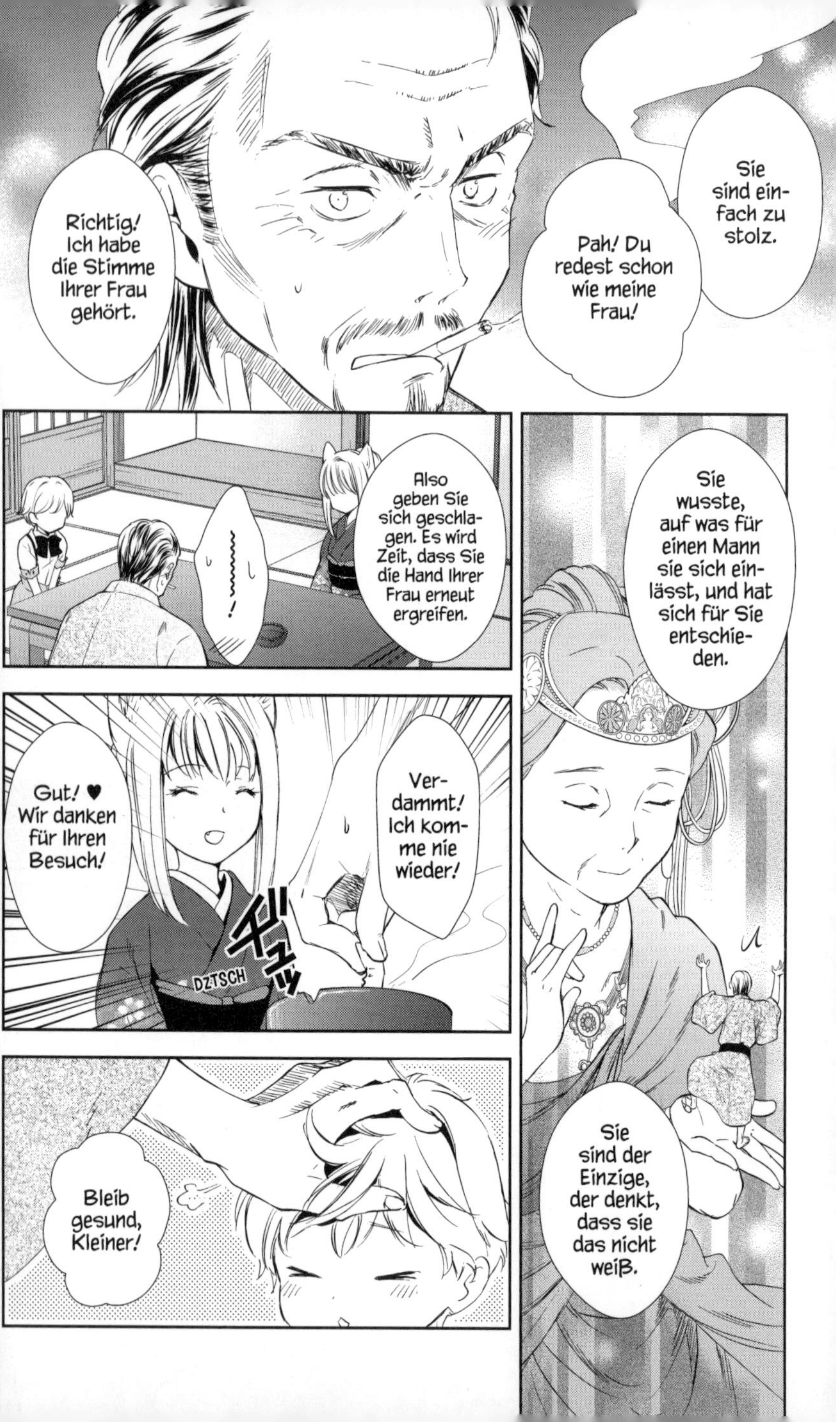
Sie sind ein-fach zu stolz.
Pah! Du redest schon wie meine Frau!
Richtig! Ich habe die Stimme Ihrer Frau gehört.
Sie wusste, auf was für einen Mann sie sich ein-lässt, und hat sich für Sie entschie-den.
Sie sind der Einzige, der denkt, dass sie das nicht weiß.
Also geben Sie sich geschla-gen. Es wird Zeit, dass Sie die Hand Ihrer Frau erneut ergreifen.
......!
Ver-dammt! Ich kom-me nie wieder!
DZTSCH
Gut! ♥ Wir danken für Ihren Besuch!
Bleib gesund, Kleiner!

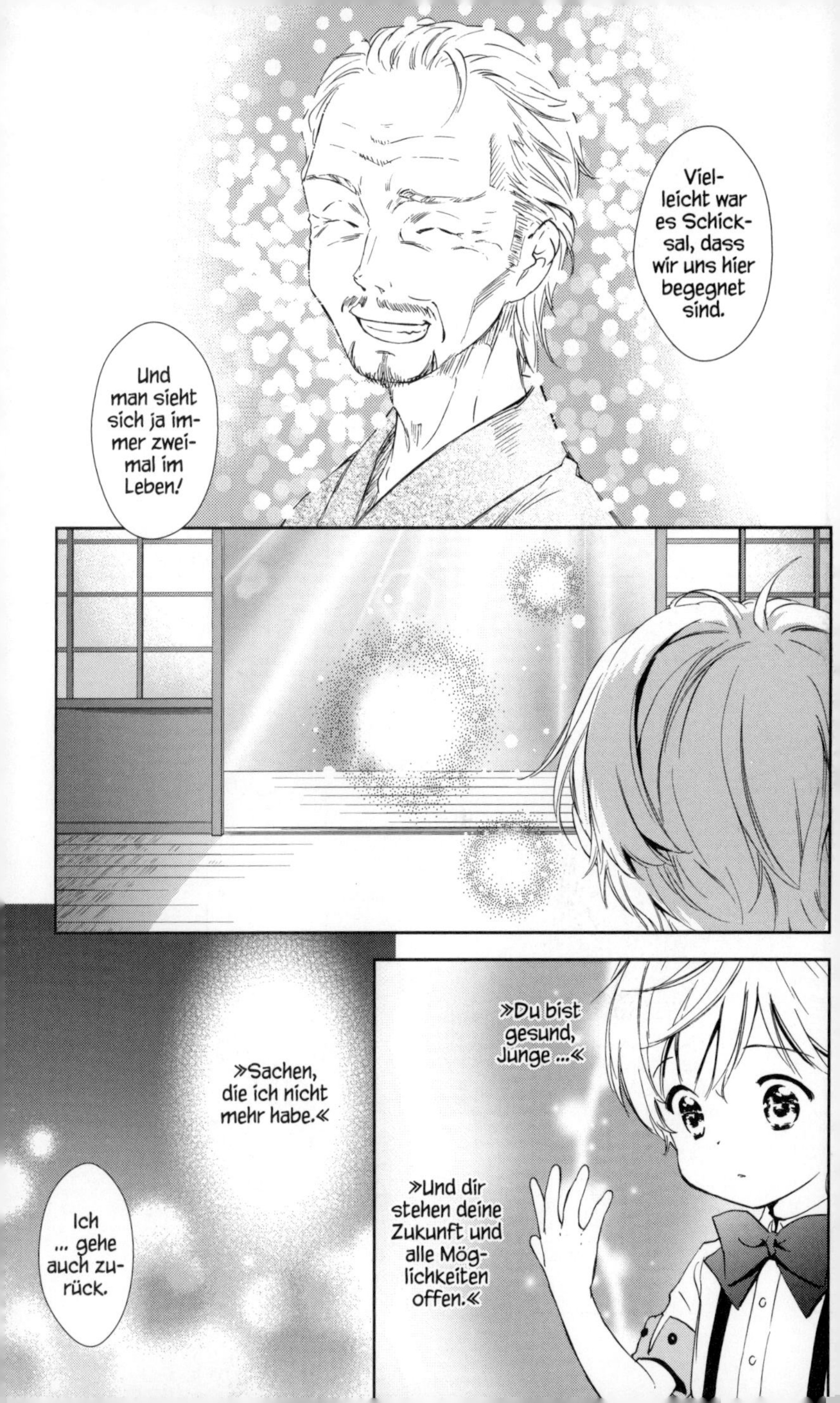
Vielleicht war es Schicksal, dass wir uns hier begegnet sind.
Und man sieht sich ja immer zweimal im Leben!
»Du bist gesund, Junge ...«
»Und dir stehen deine Zukunft und alle Möglichkeiten offen.«
»Sachen, die ich nicht mehr habe.«
Ich ... gehe auch zurück.

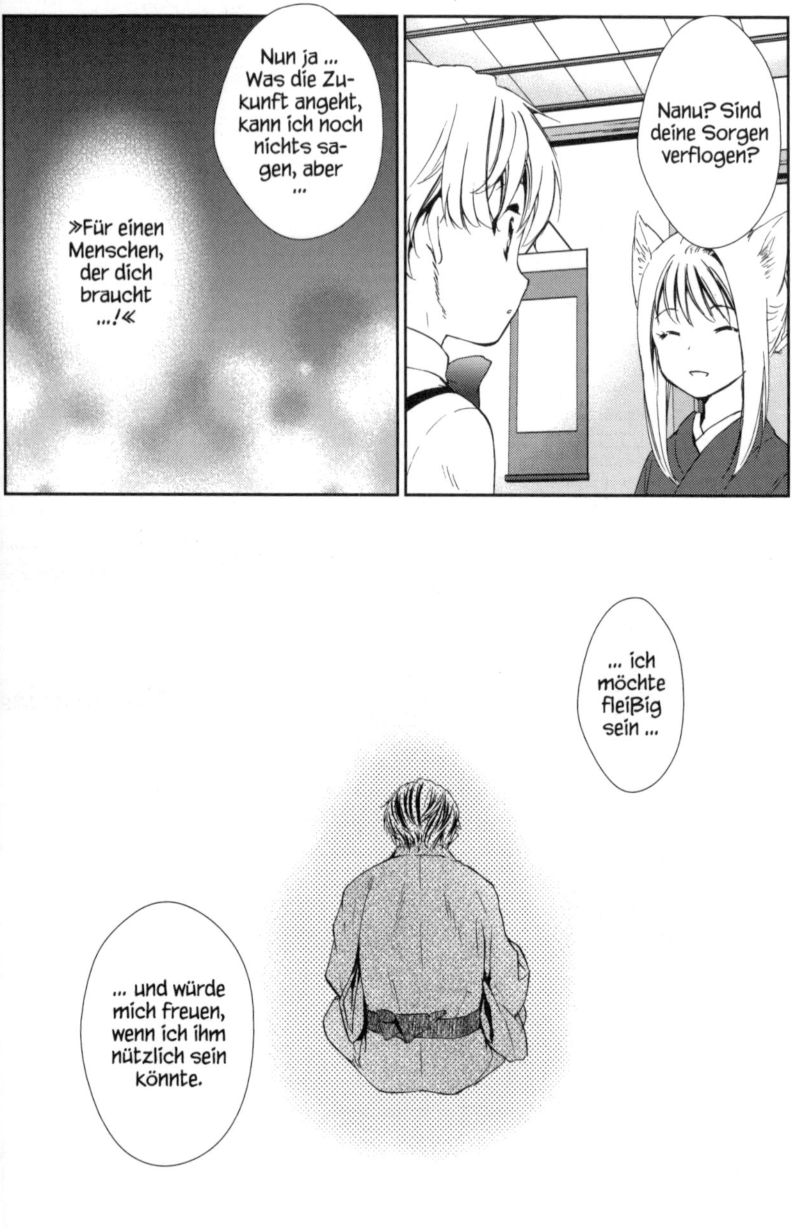
Nanu? Sind deine Sorgen verflogen?
Nun ja ... Was die Zukunft angeht, kann ich noch nichts sagen, aber ...
»Für einen Menschen, der dich braucht ...!«
... ich möchte fleißig sein ...
... und würde mich freuen, wenn ich ihm nützlich sein könnte.

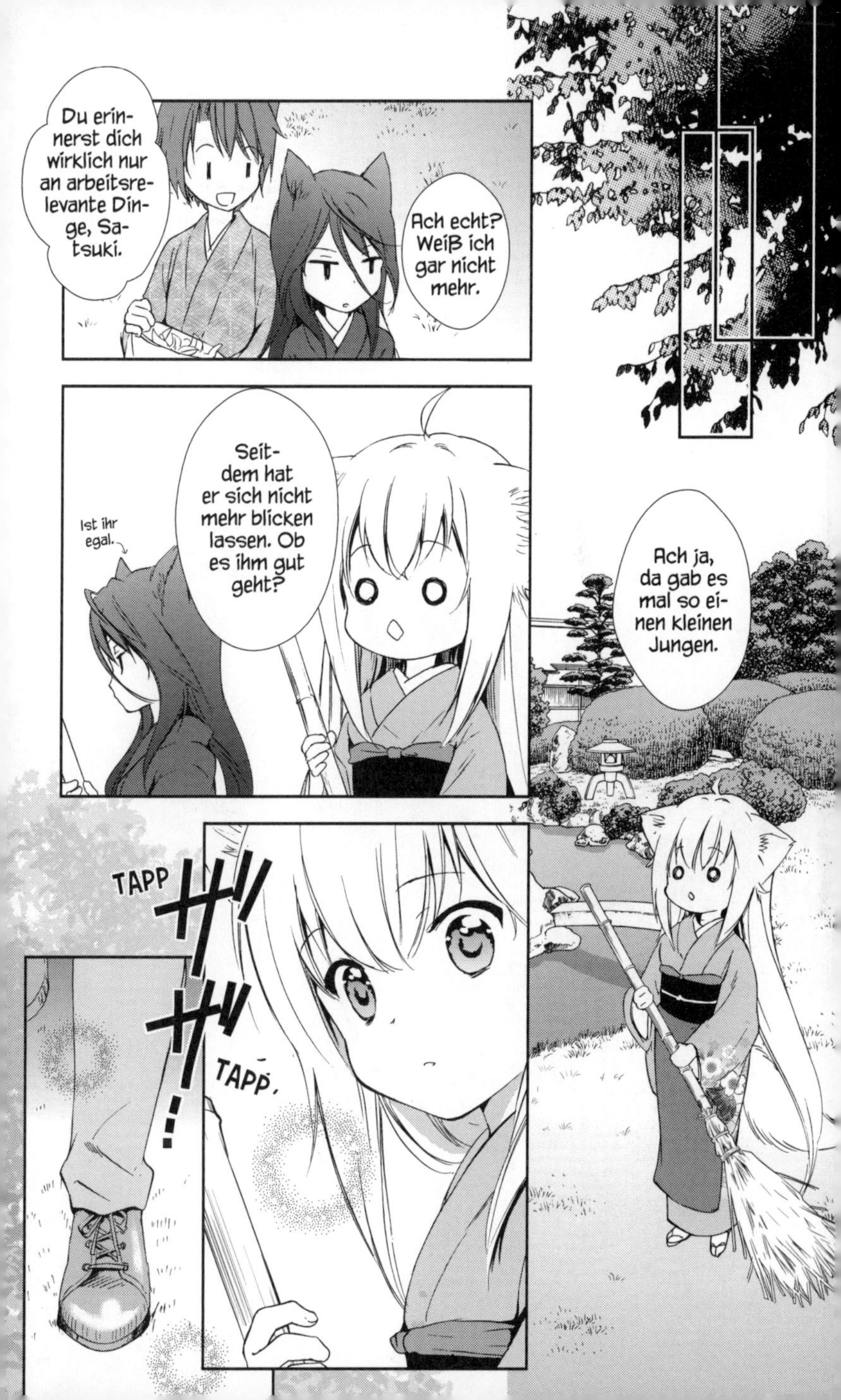
Ach echt? Weiß ich gar nicht mehr.
Du erinnerst dich wirklich nur an arbeitsrelevante Dinge, Satsuki.
Ach ja, da gab es mal so einen kleinen Jungen.
Seitdem hat er sich nicht mehr blicken lassen. Ob es ihm gut geht?
Ist ihr egal.
TAPP
TAPP

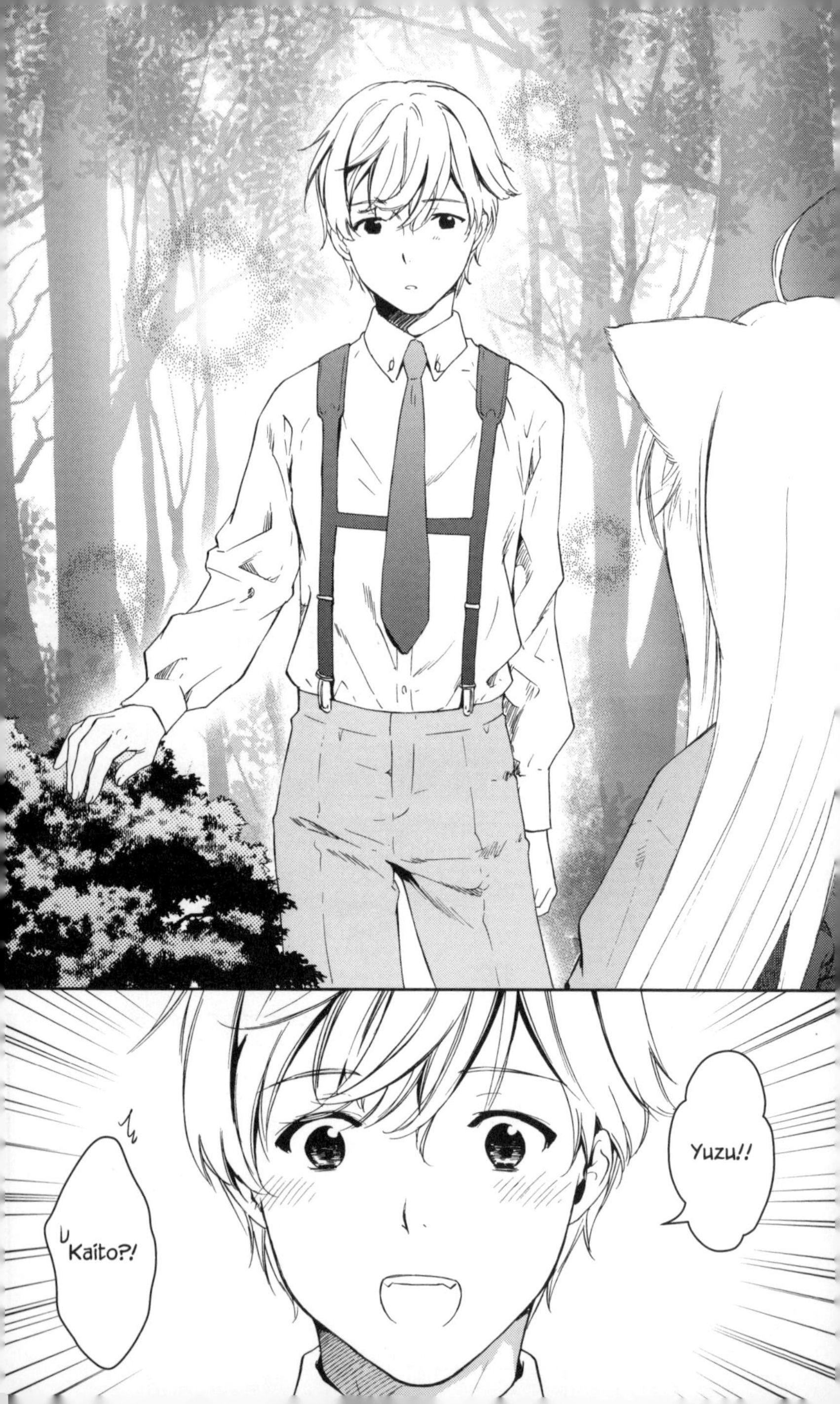
Yuzu!!
Kaito?!

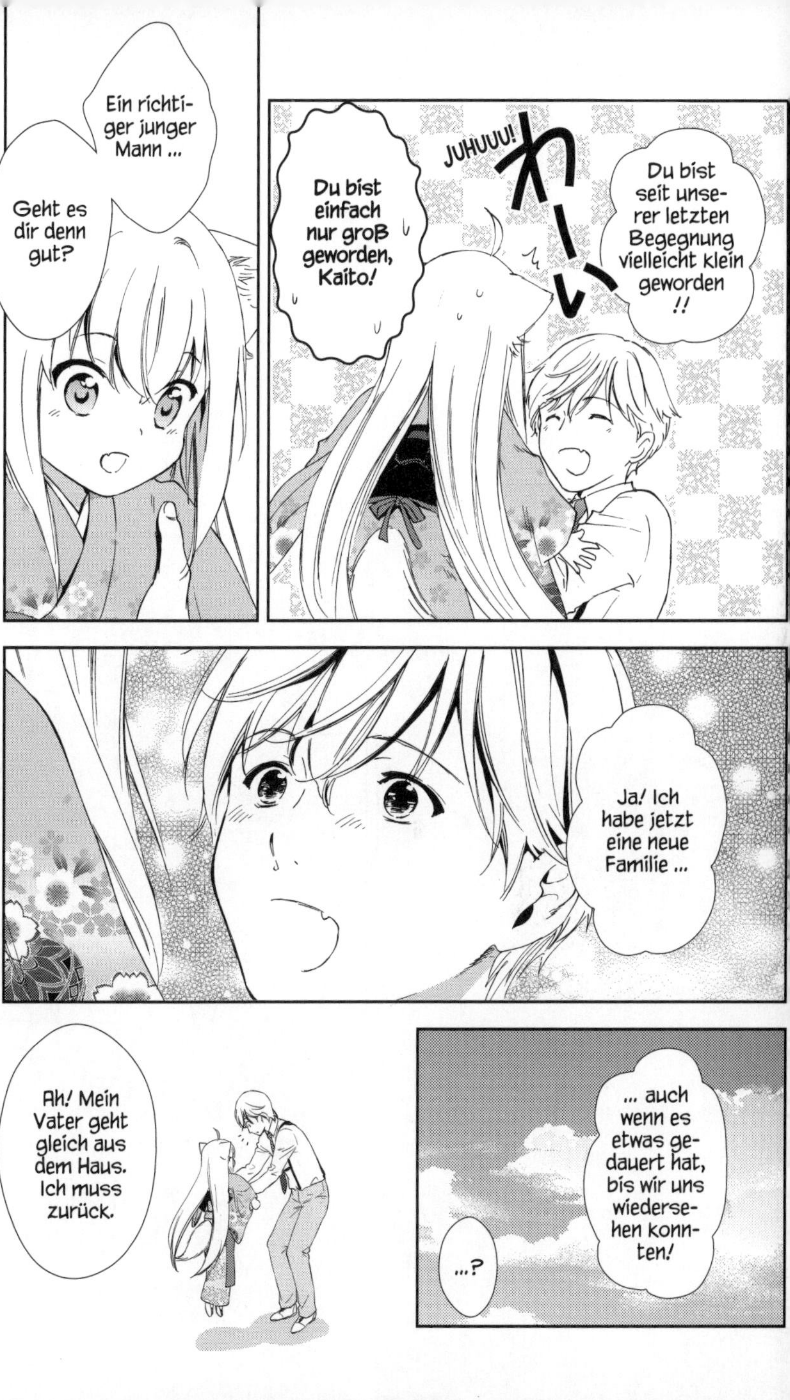
Du bist seit unserer letzten Begegnung vielleicht klein geworden !!
JUHUUU!
わーい
Du bist einfach nur groß geworden, Kaito!
Ein richtiger junger Mann ...
Geht es dir denn gut?
Ja! Ich habe jetzt eine neue Familie ...
... auch wenn es etwas gedauert hat, bis wir uns wiedersehen konnten!
...?
Ah! Mein Vater geht gleich aus dem Haus. Ich muss zurück.

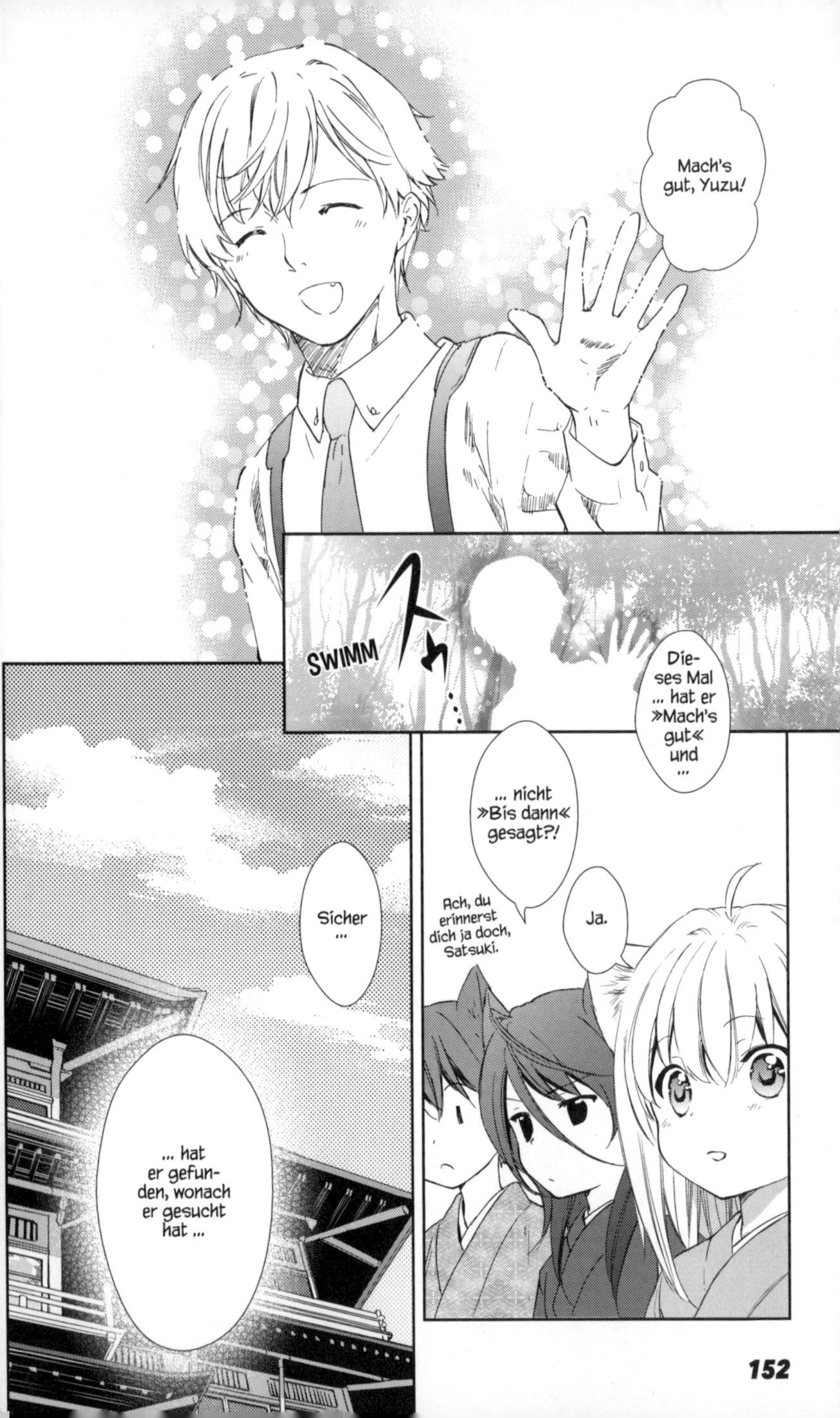
Mach's gut, Yuzu!
SWIMM
Dieses Mal ... hat er »Mach's gut« und ...
... nicht »Bis dann« gesagt?!
Ja.
Ach, du erinnerst dich ja doch, Satsuki.
Sicher ...
... hat er gefunden, wonach er gesucht hat ...

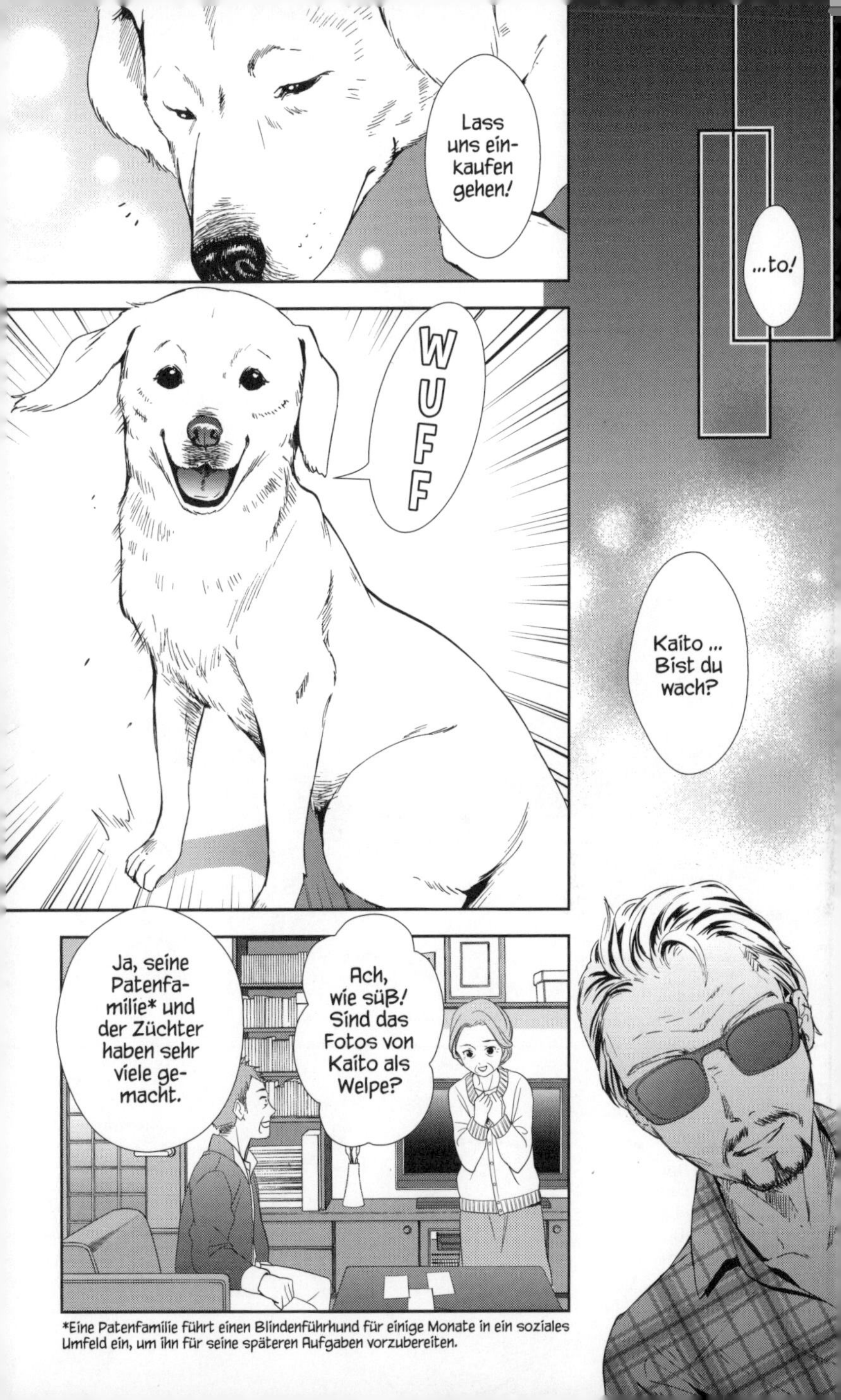


*Eine Patenfamilie führt einen Blindenführhund für einige Monate in ein soziales Umfeld ein, um ihn für seine späteren Aufgaben vorzubereiten.

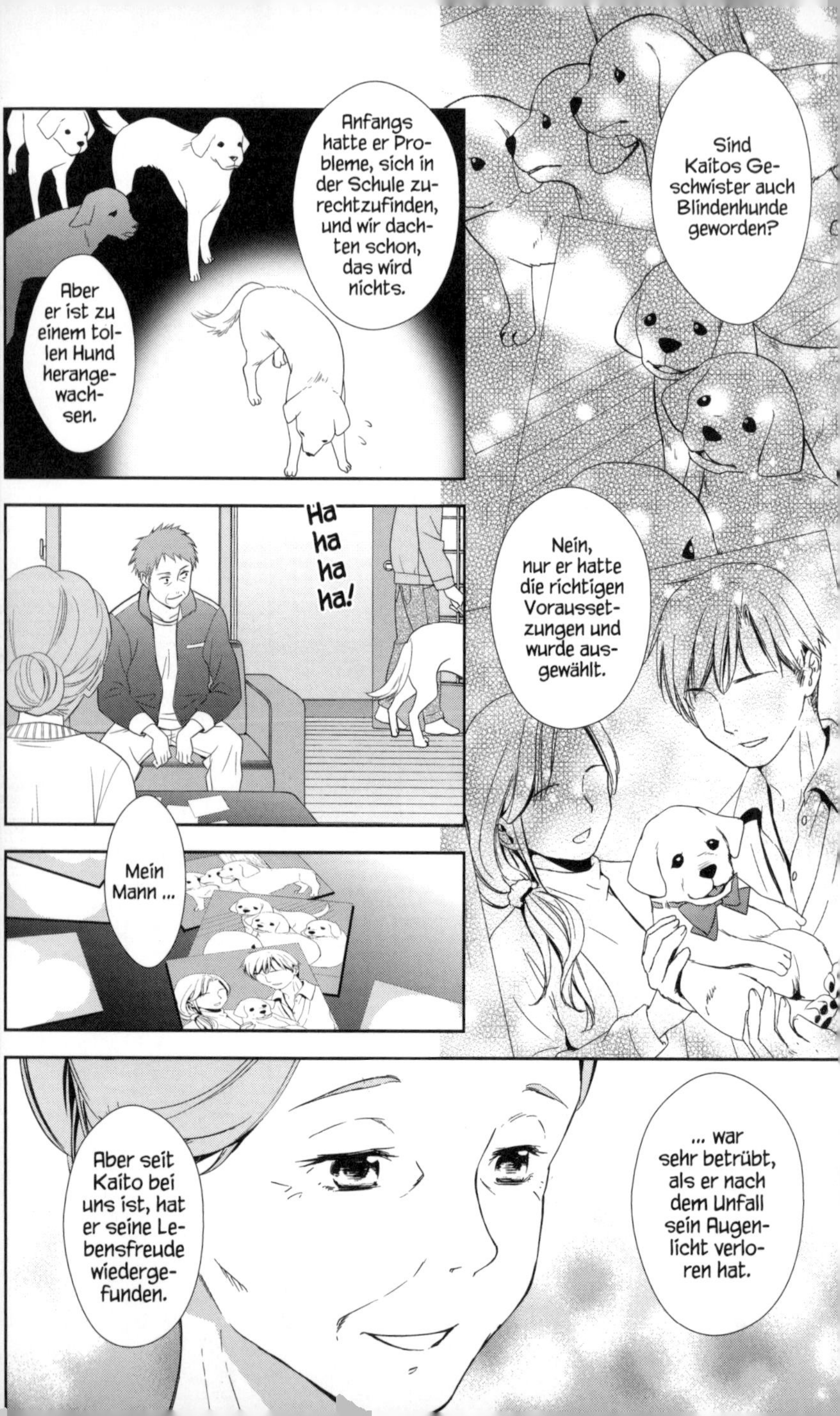
Sind Kaitos Geschwister auch Blindenhunde geworden?
Nein, nur er hatte die richtigen Voraussetzungen und wurde ausgewählt.
Anfangs hatte er Probleme, sich in der Schule zurechtzufinden, und wir dachten schon, das wird nichts.
Aber er ist zu einem tollen Hund herangewachsen.
Ha ha ha ha!
Mein Mann ...
... war sehr betrübt, als er nach dem Unfall sein Augenlicht verloren hat.
Aber seit Kaito bei uns ist, hat er seine Lebensfreude wiedergefunden.

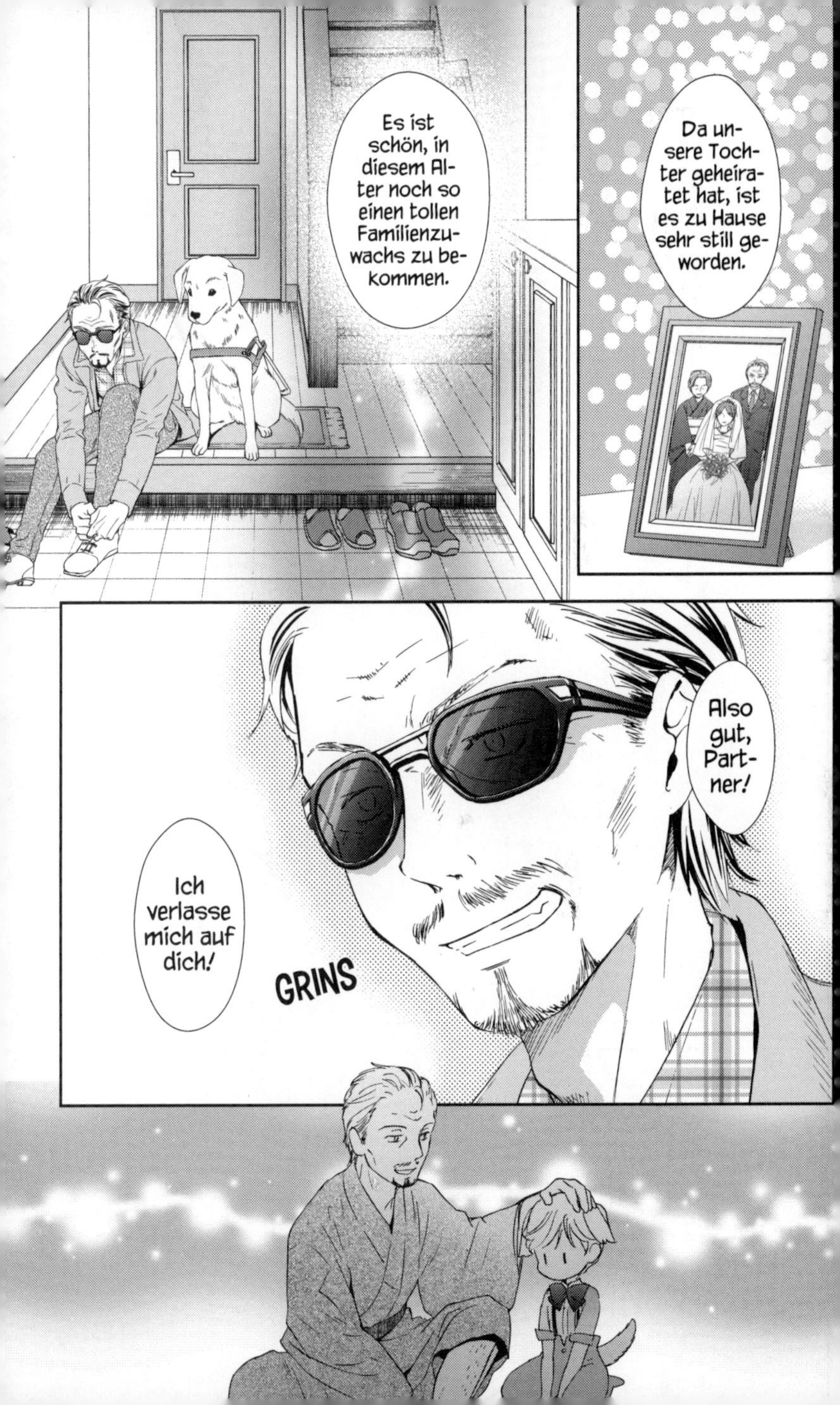
Da unsere Tochter geheiratet hat, ist es zu Hause sehr still geworden.
Es ist schön, in diesem Alter noch so einen tollen Familienzuwachs zu bekommen.
Also gut, Partner!
Ich verlasse mich auf dich!
GRINS

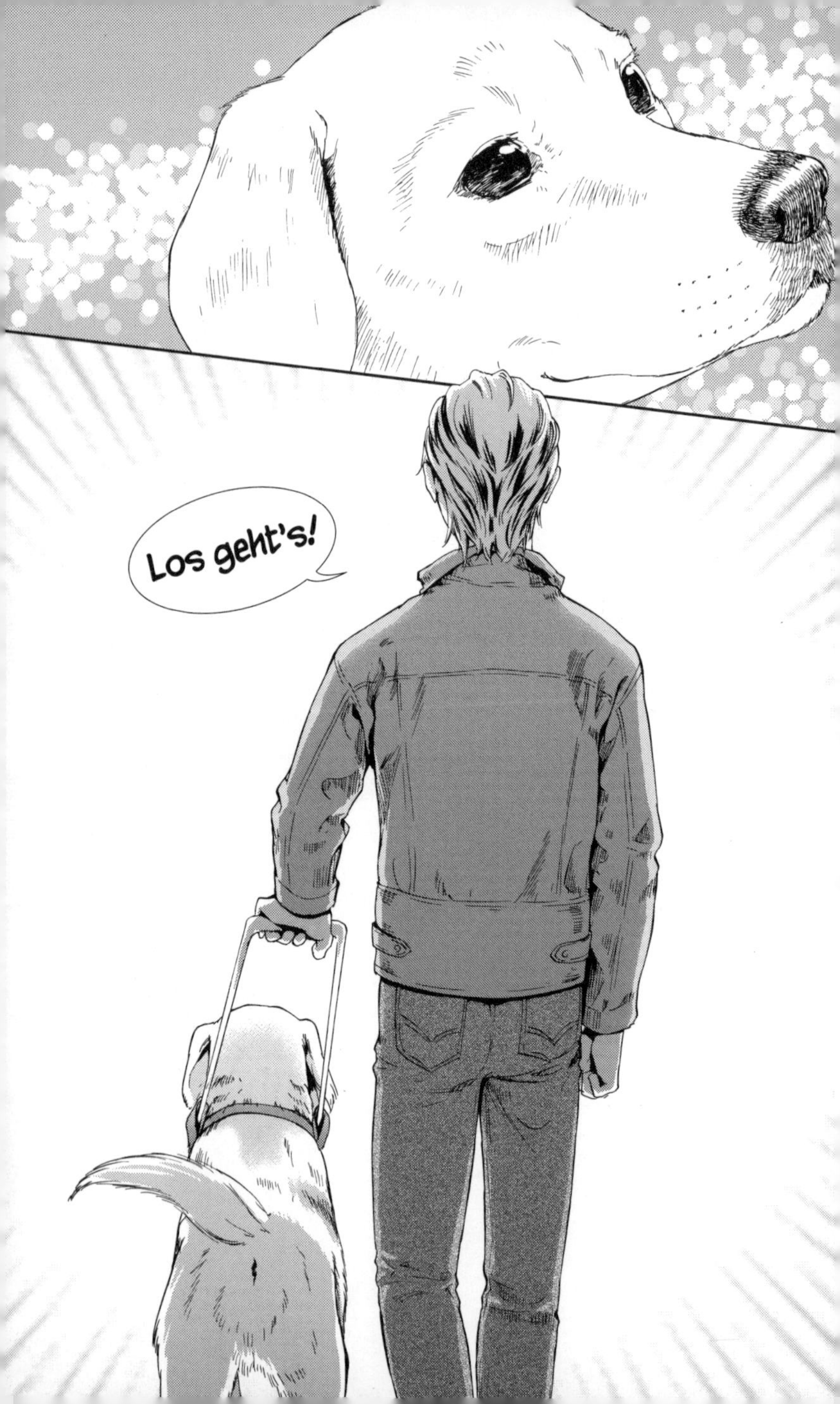
Los geht's!

# Das Blühen der Blumen

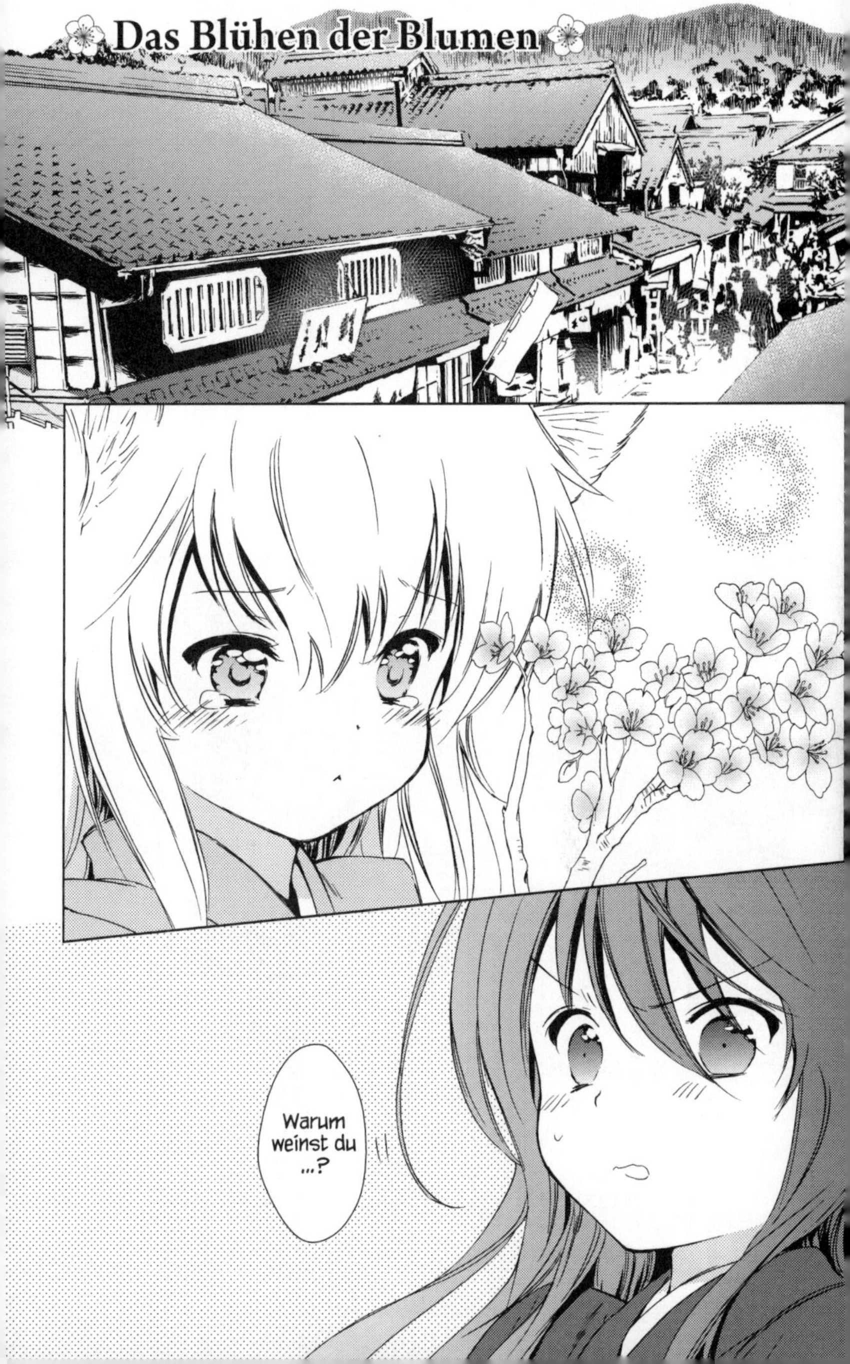

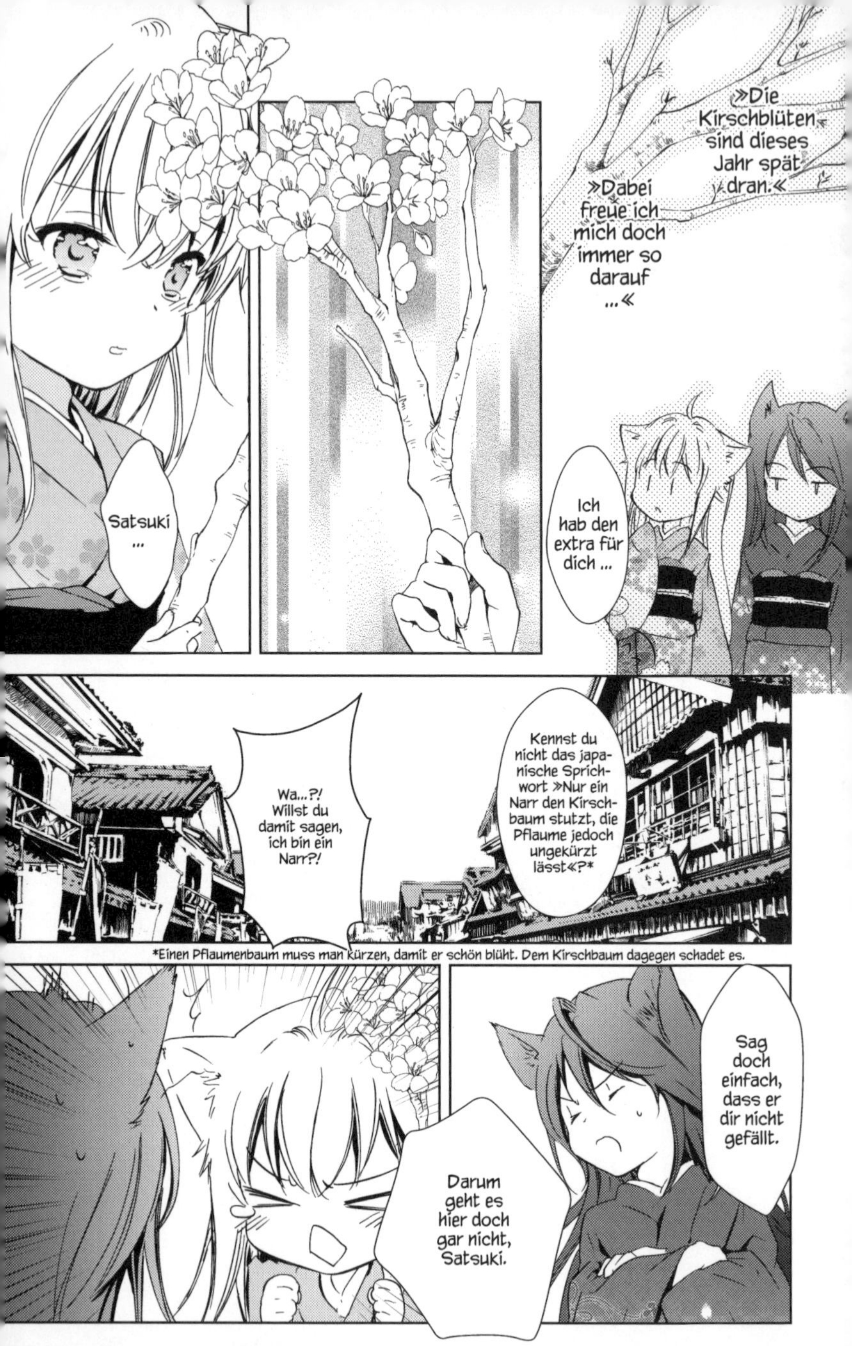


*Einen Pflaumenbaum muss man kürzen, damit er schön blüht. Dem Kirschbaum dagegen schadet es.

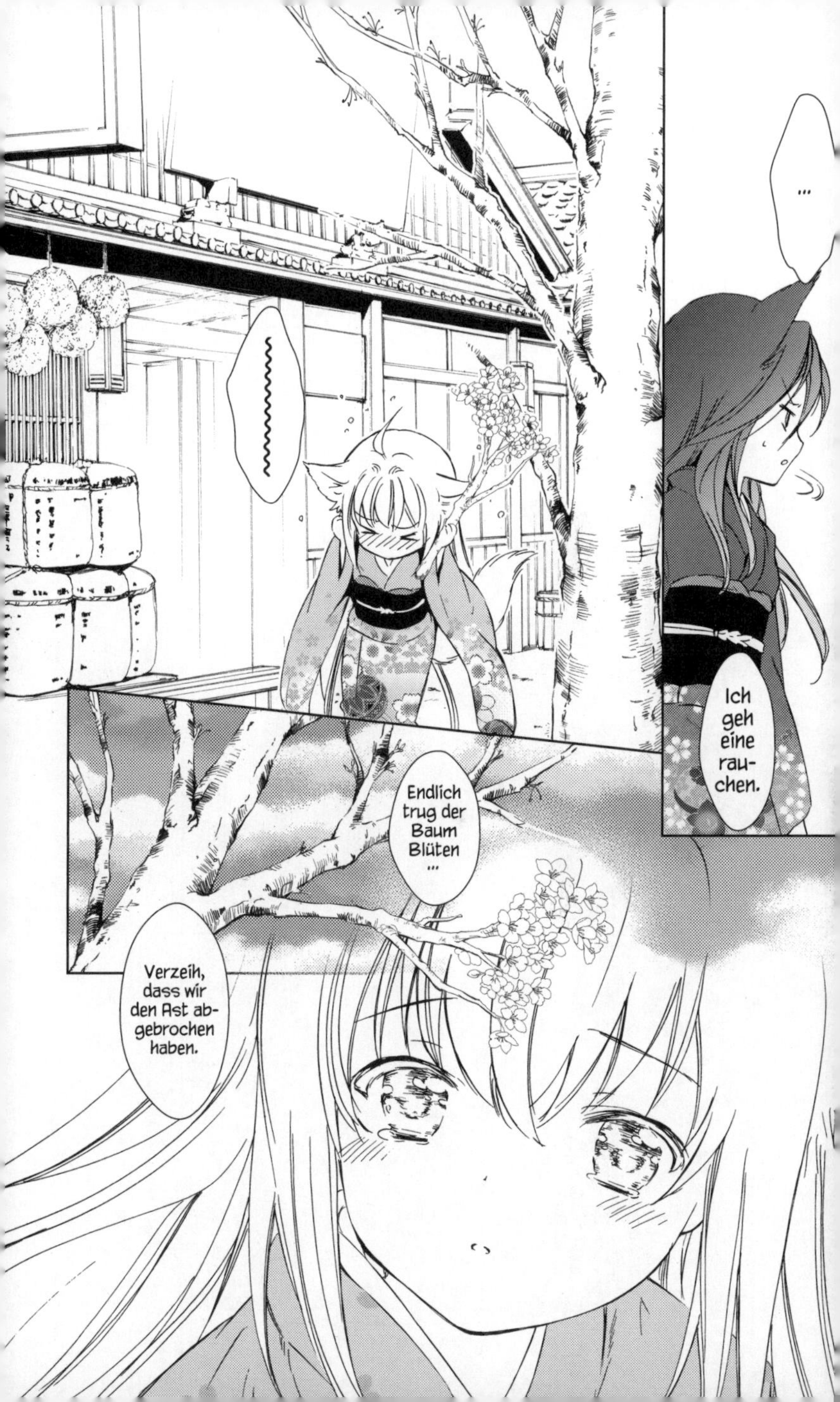
...
Ich geh eine rauchen.
Endlich trug der Baum Blüten ...
Verzeih, dass wir den Ast abgebrochen haben.

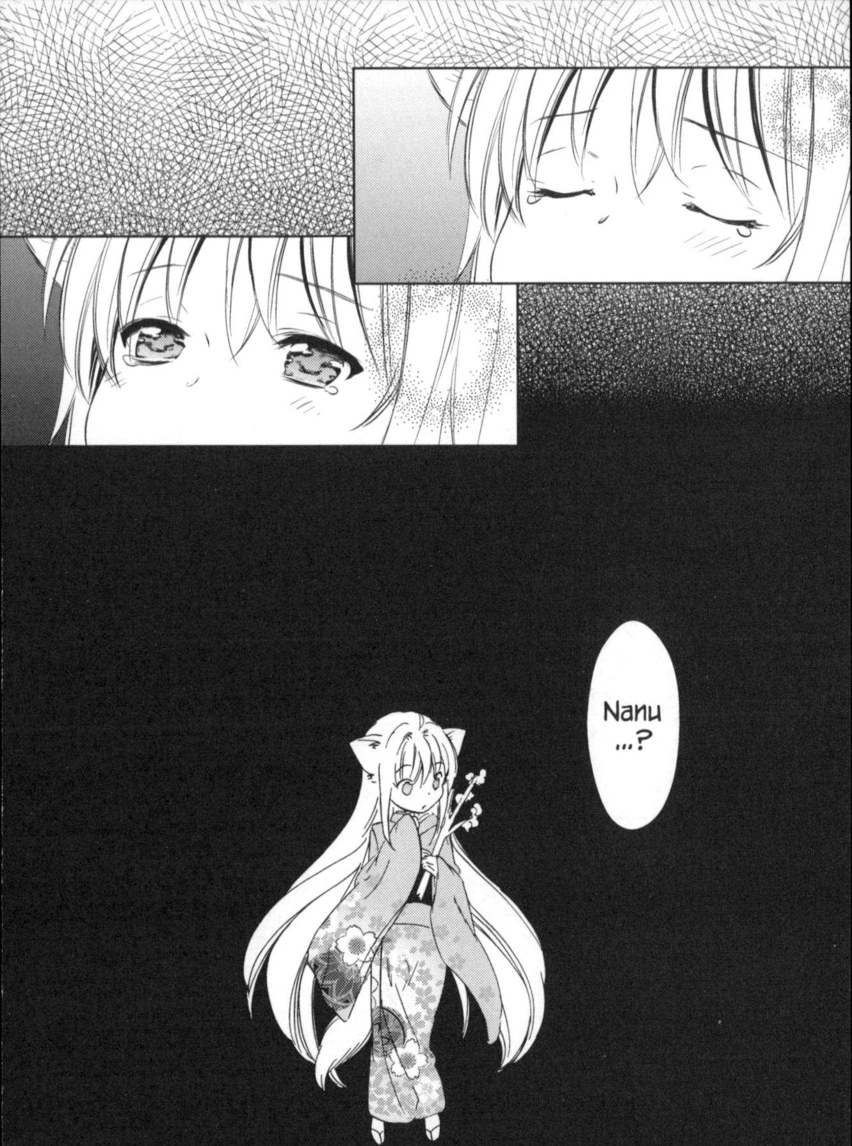
Nanu
...?

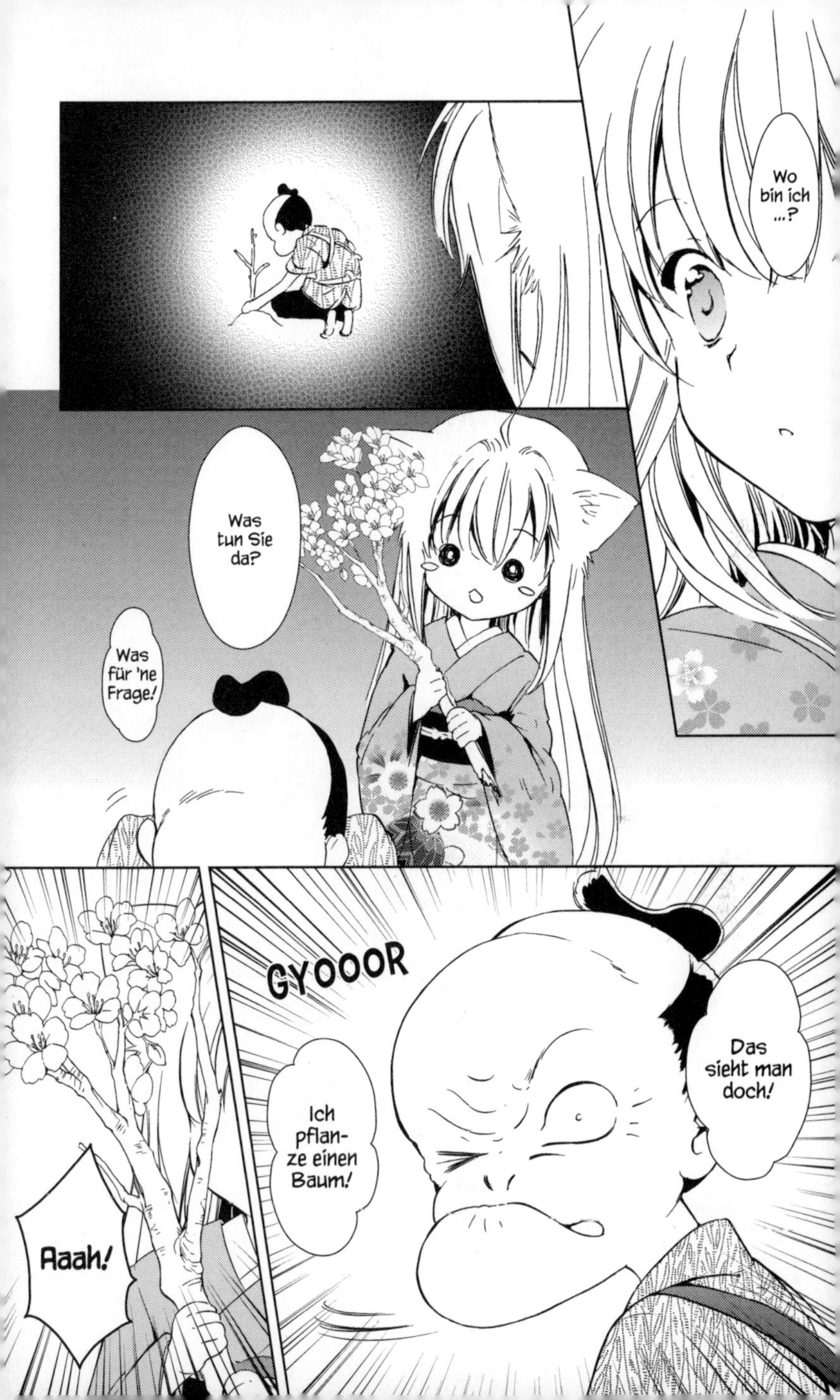
Wo bin ich ...?
Was tun Sie da?
Was für 'ne Frage!
Das sieht man doch!
Ich pflan-ze einen Baum!
GYOOOR
Aaah!

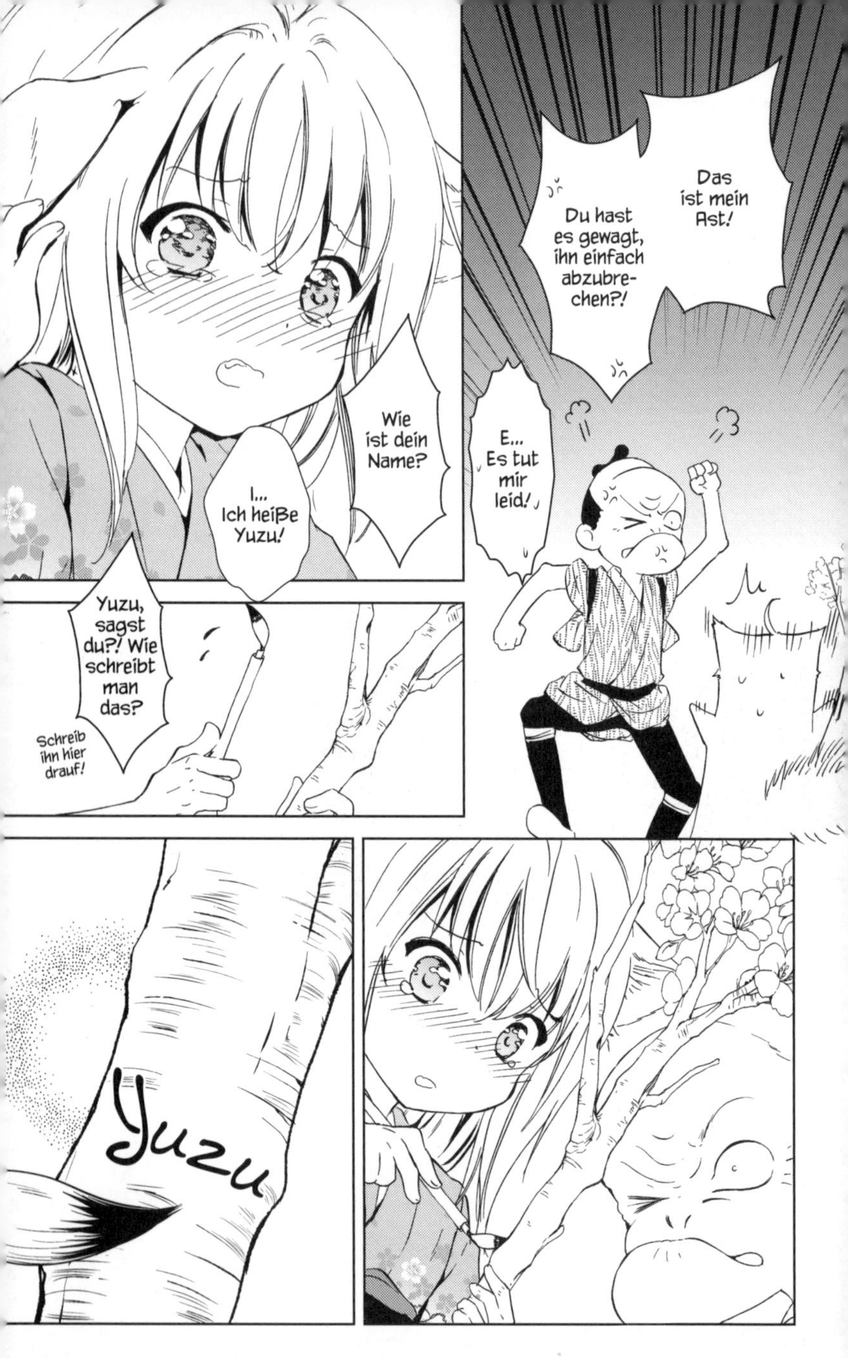

Das ist mein Ast!
Du hast es gewagt, ihn einfach abzubrechen?!
E... Es tut mir leid!
Wie ist dein Name?
I... Ich heiße Yuzu!
Yuzu, sagst du?! Wie schreibt man das?
Schreib ihn hier drauf!
Yuzu

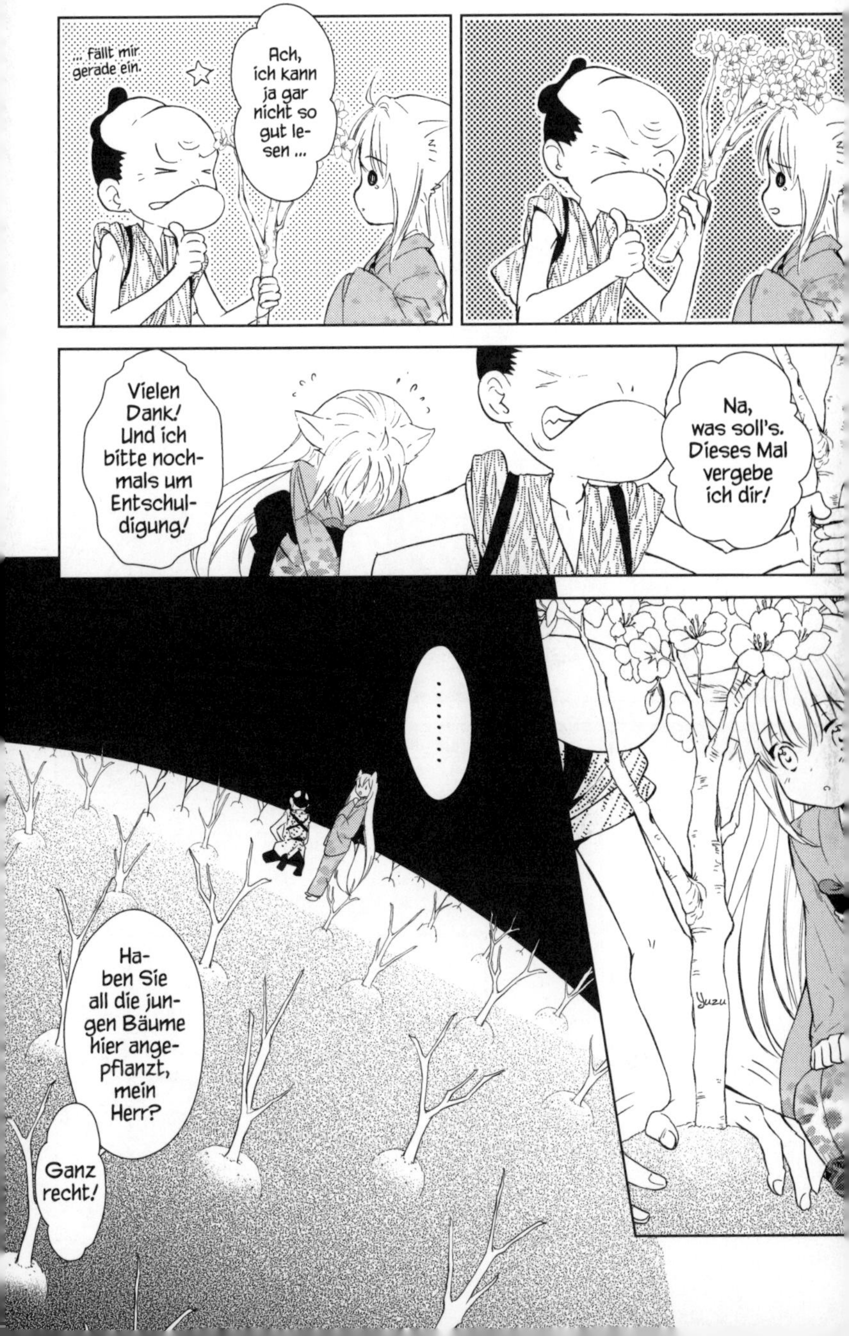

Ach, ich kann ja gar nicht so gut le-sen ...
... fällt mir gerade ein.
Na, was soll's. Dieses Mal vergebe ich dir!
Vielen Dank! Und ich bitte noch-mals um Entschul-digung!
......
Ha-ben Sie all die jun-gen Bäume hier ange-pflanzt, mein Herr?
Ganz recht!
Yuzu

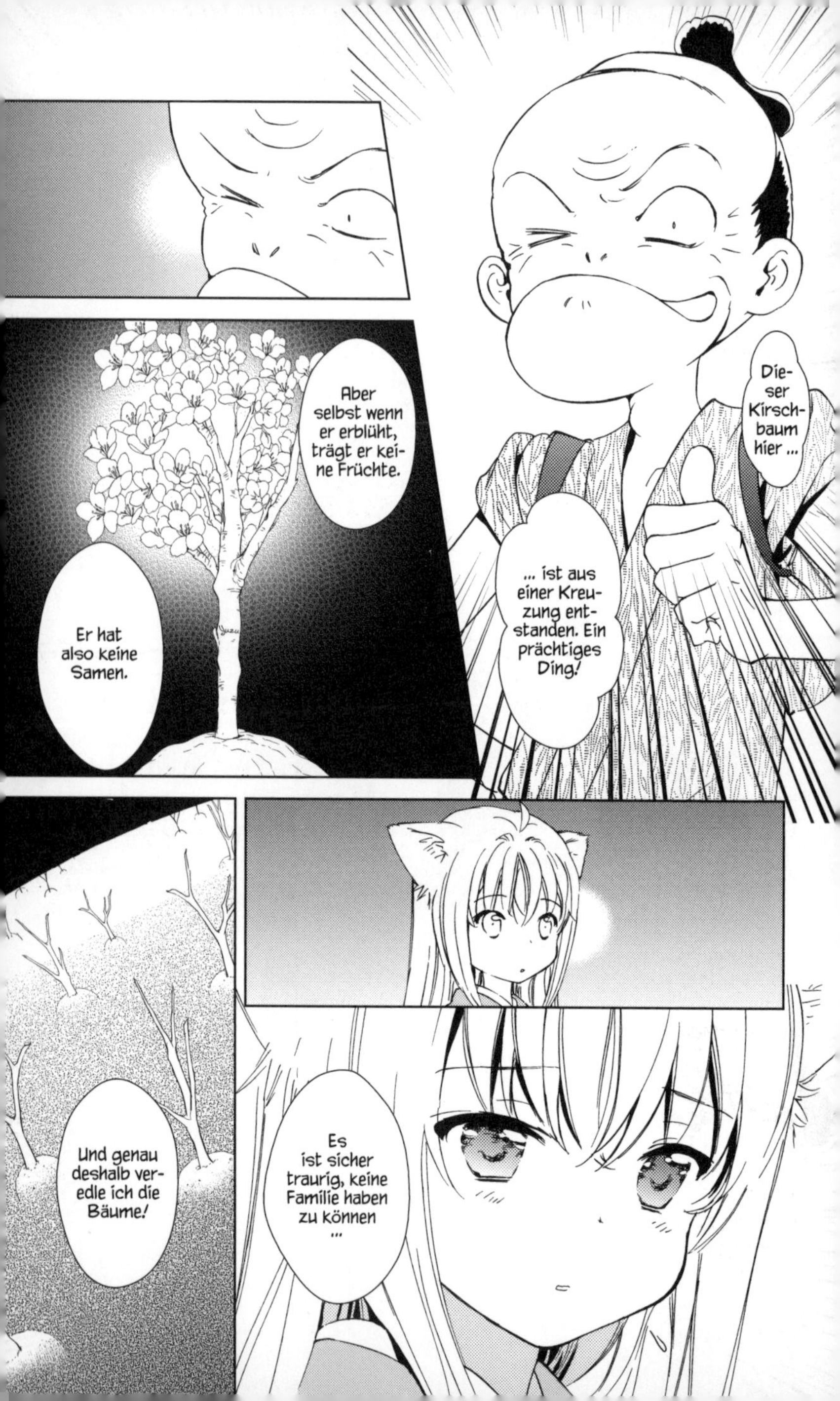
Dieser Kirschbaum hier ...
... ist aus einer Kreuzung entstanden. Ein prächtiges Ding!
Aber selbst wenn er erblüht, trägt er keine Früchte.
Er hat also keine Samen.
Und genau deshalb veredle ich die Bäume!
Es ist sicher traurig, keine Familie haben zu können ...

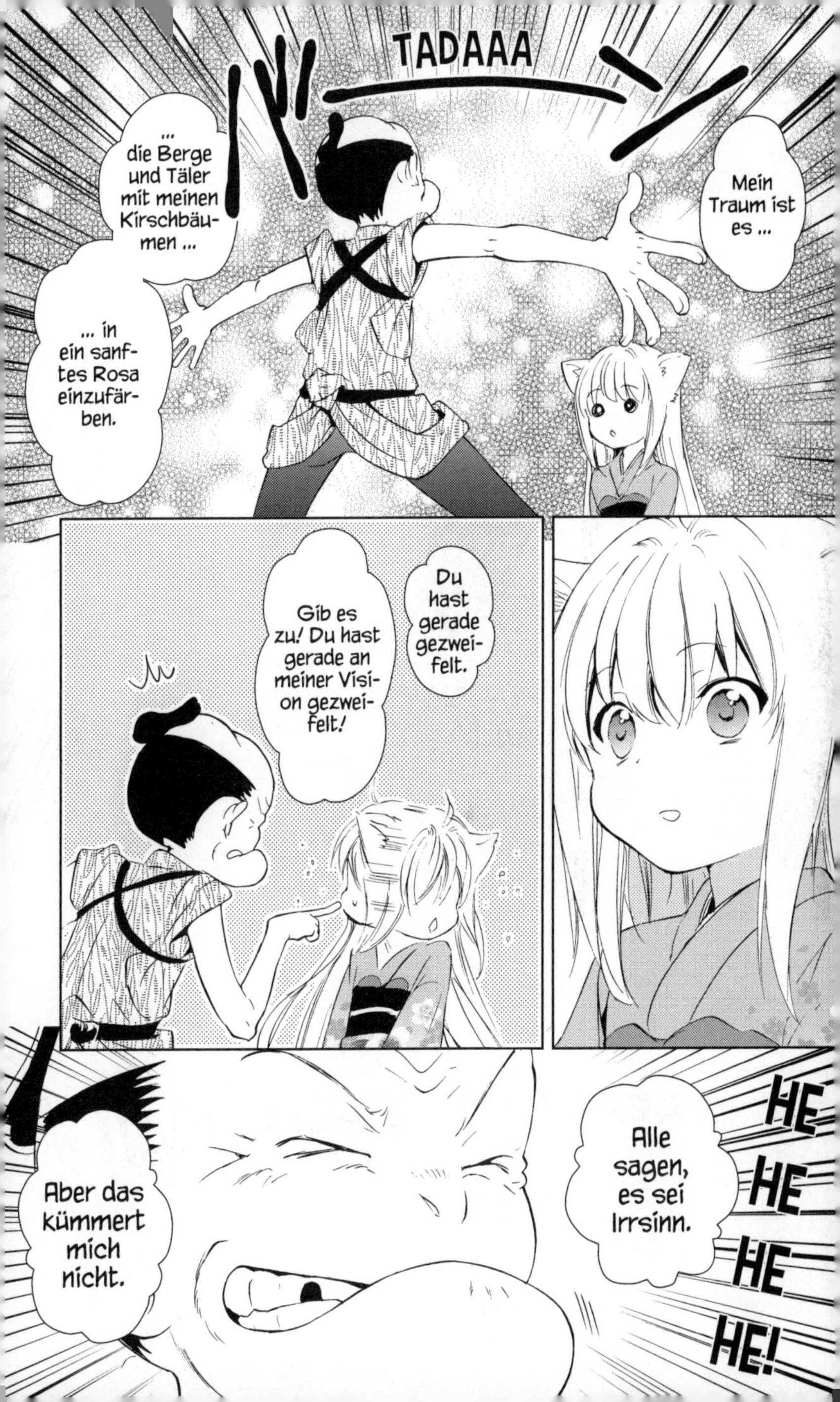
TADAAA
Mein Traum ist es ...
... die Berge und Täler mit meinen Kirschbäumen ...
... in ein sanftes Rosa einzufärben.
Du hast gerade gezweifelt.
Gib es zu! Du hast gerade an meiner Vision gezweifelt!
HE HE HE HE!
Alle sagen, es sei Irrsinn.
Aber das kümmert mich nicht.

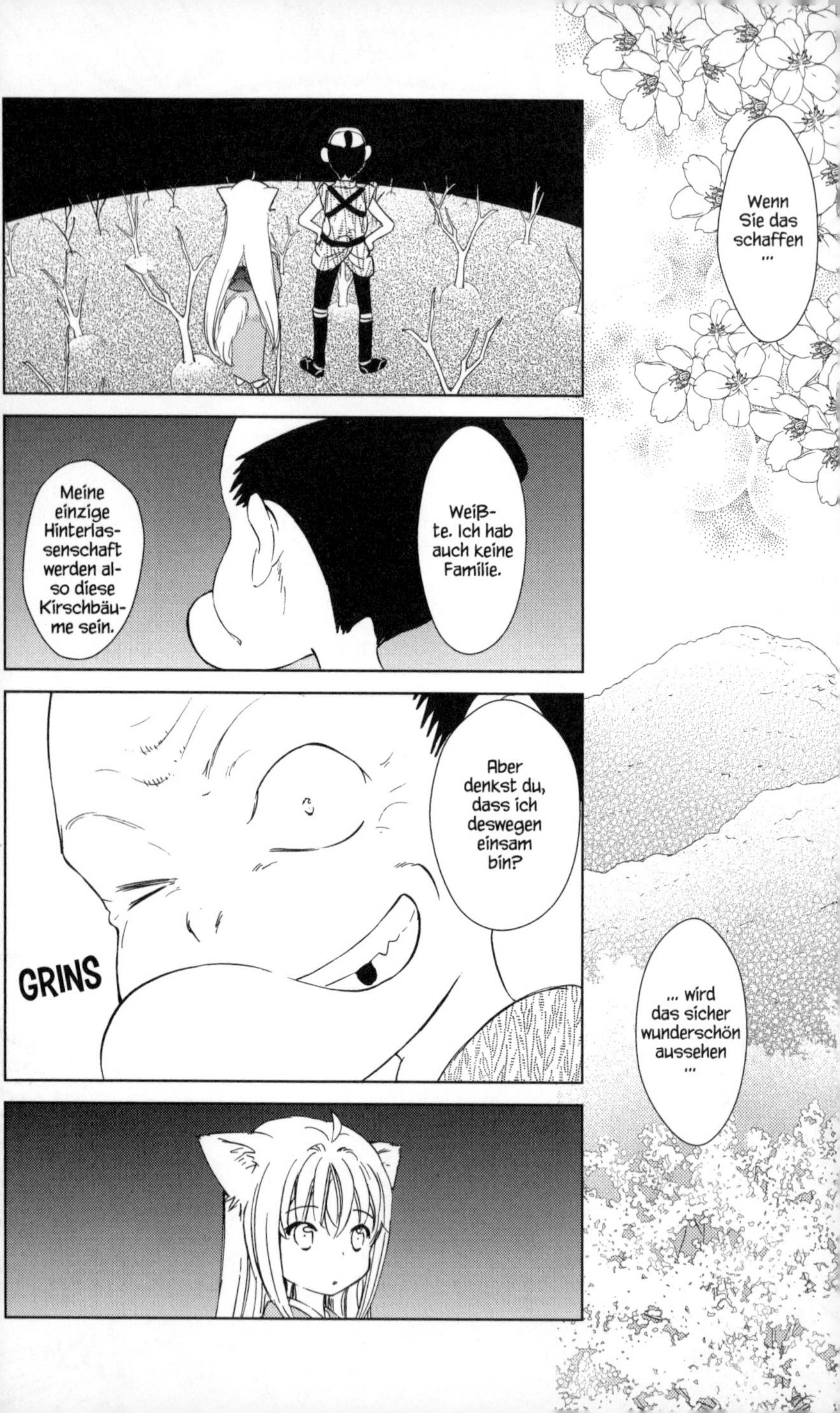
Wenn Sie das schaffen ...
Weißte. Ich hab auch keine Familie.
Meine einzige Hinterlassenschaft werden also diese Kirschbäume sein.
Aber denkst du, dass ich deswegen einsam bin?
GRINS
... wird das sicher wunderschön aussehen ...

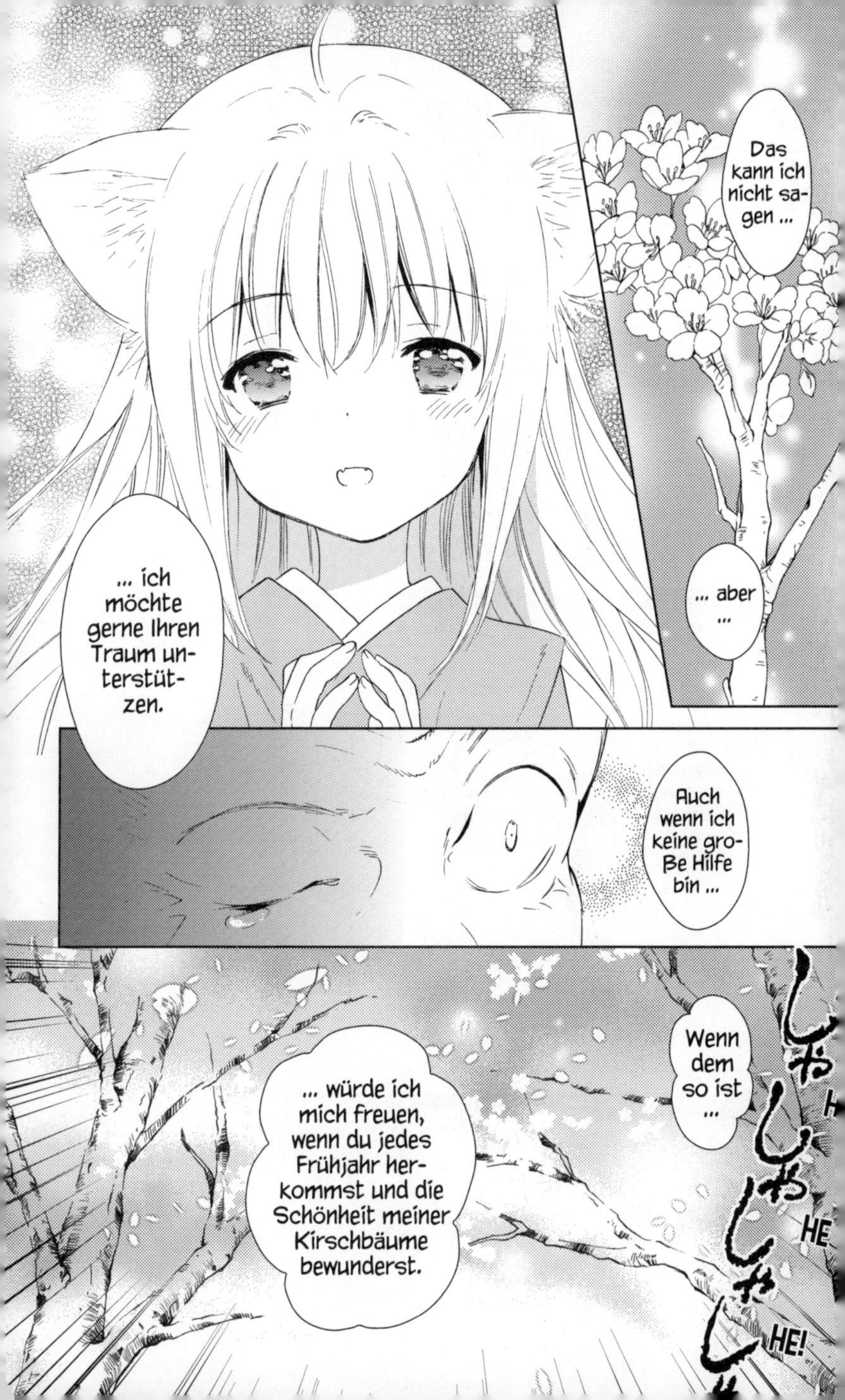
Das kann ich nicht sagen ...
... aber ...
... ich möchte gerne Ihren Traum unterstützen.
Auch wenn ich keine große Hilfe bin ...
Wenn dem so ist ...
... würde ich mich freuen, wenn du jedes Frühjahr herkommst und die Schönheit meiner Kirschbäume bewunderst.
HE
HE!

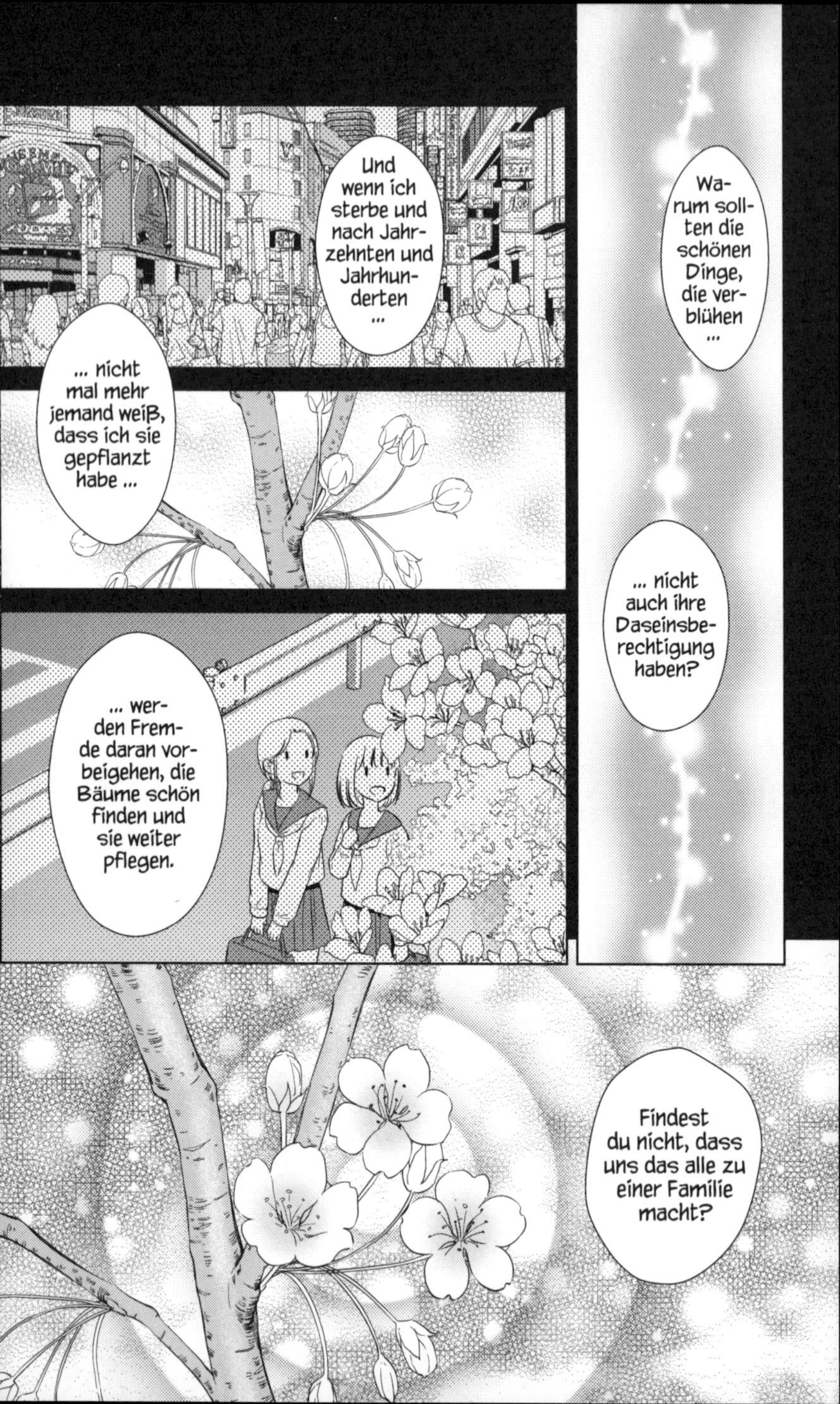

Warum sollten die schönen Dinge, die verblühen ...
... nicht auch ihre Daseinsberechtigung haben?
Und wenn ich sterbe und nach Jahrzehnten und Jahrhunderten ...
... nicht mal mehr jemand weiß, dass ich sie gepflanzt habe ...
... werden Fremde daran vorbeigehen, die Bäume schön finden und sie weiter pflegen.
Findest du nicht, dass uns das alle zu einer Familie macht?

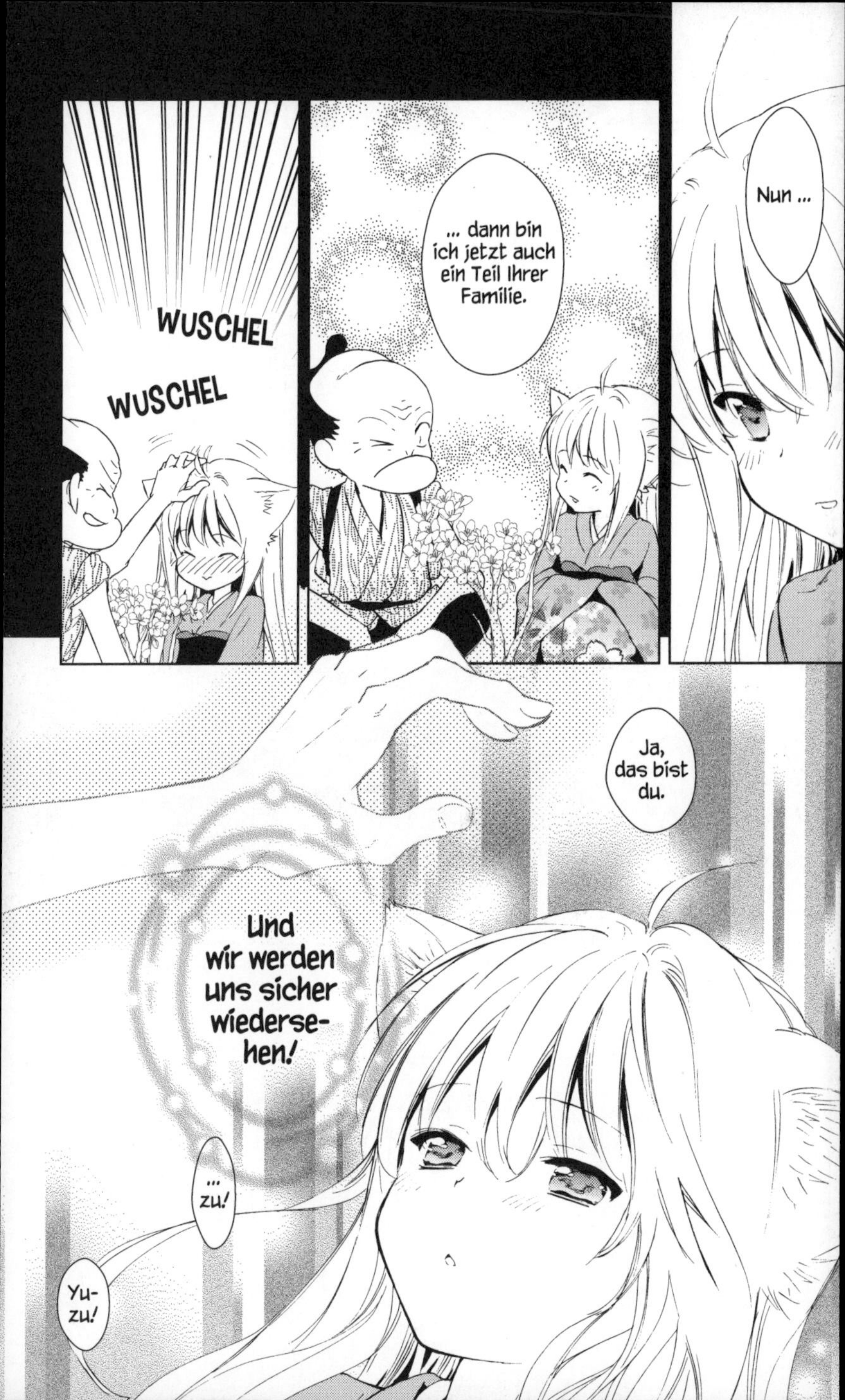
Nun ...
... dann bin ich jetzt auch ein Teil Ihrer Familie.
WUSCHEL
WUSCHEL
Ja, das bist du.
Und wir werden uns sicher wiederse-hen!
... zu!
Yu-zu!

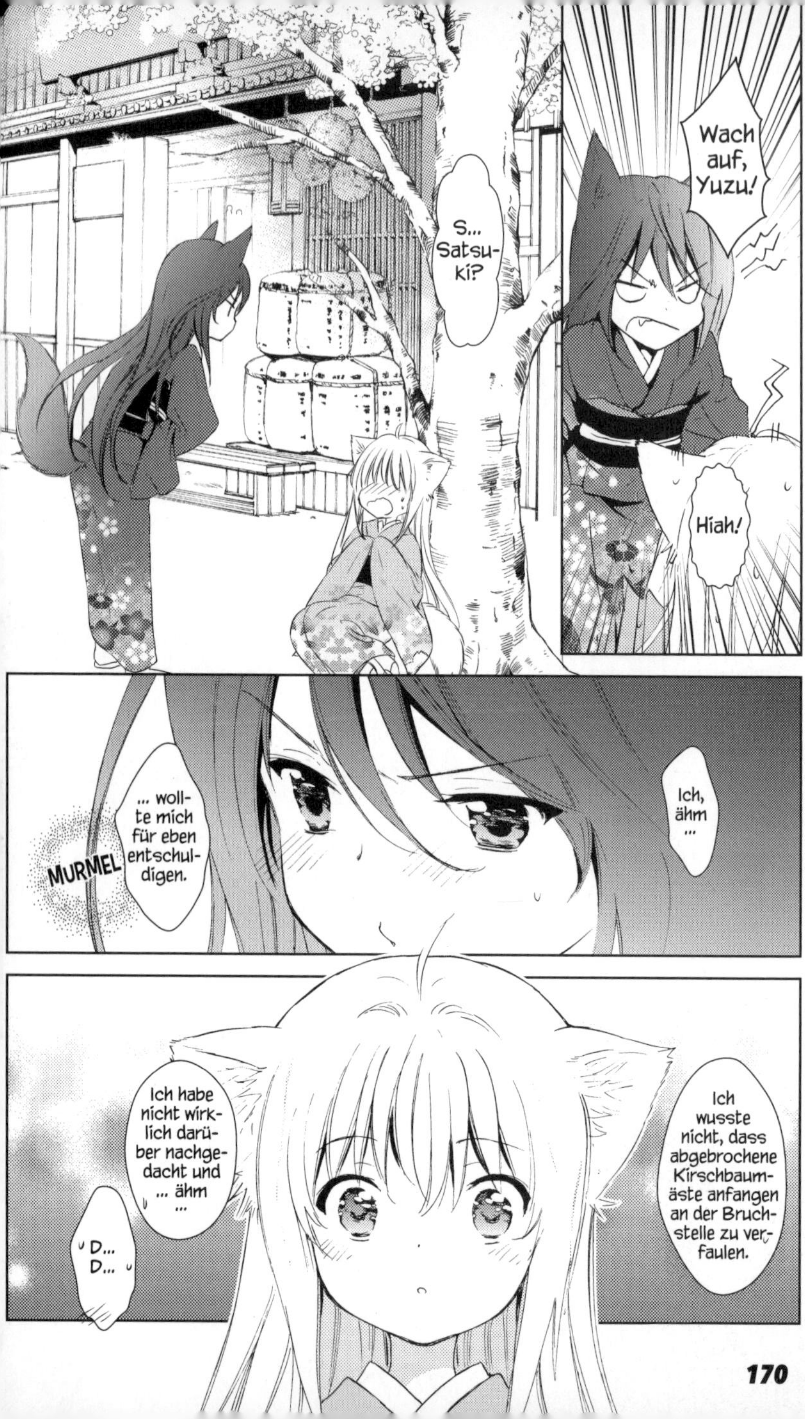
Wach auf, Yuzu!
Hiah!
S... Satsu-ki?
Ich, ähm ...
... wollte mich für eben entschuldigen.
MURMEL
Ich wusste nicht, dass abgebrochene Kirschbaumäste anfangen an der Bruchstelle zu verfaulen.
Ich habe nicht wirklich darüber nachgedacht und ... ähm ...
D... D...

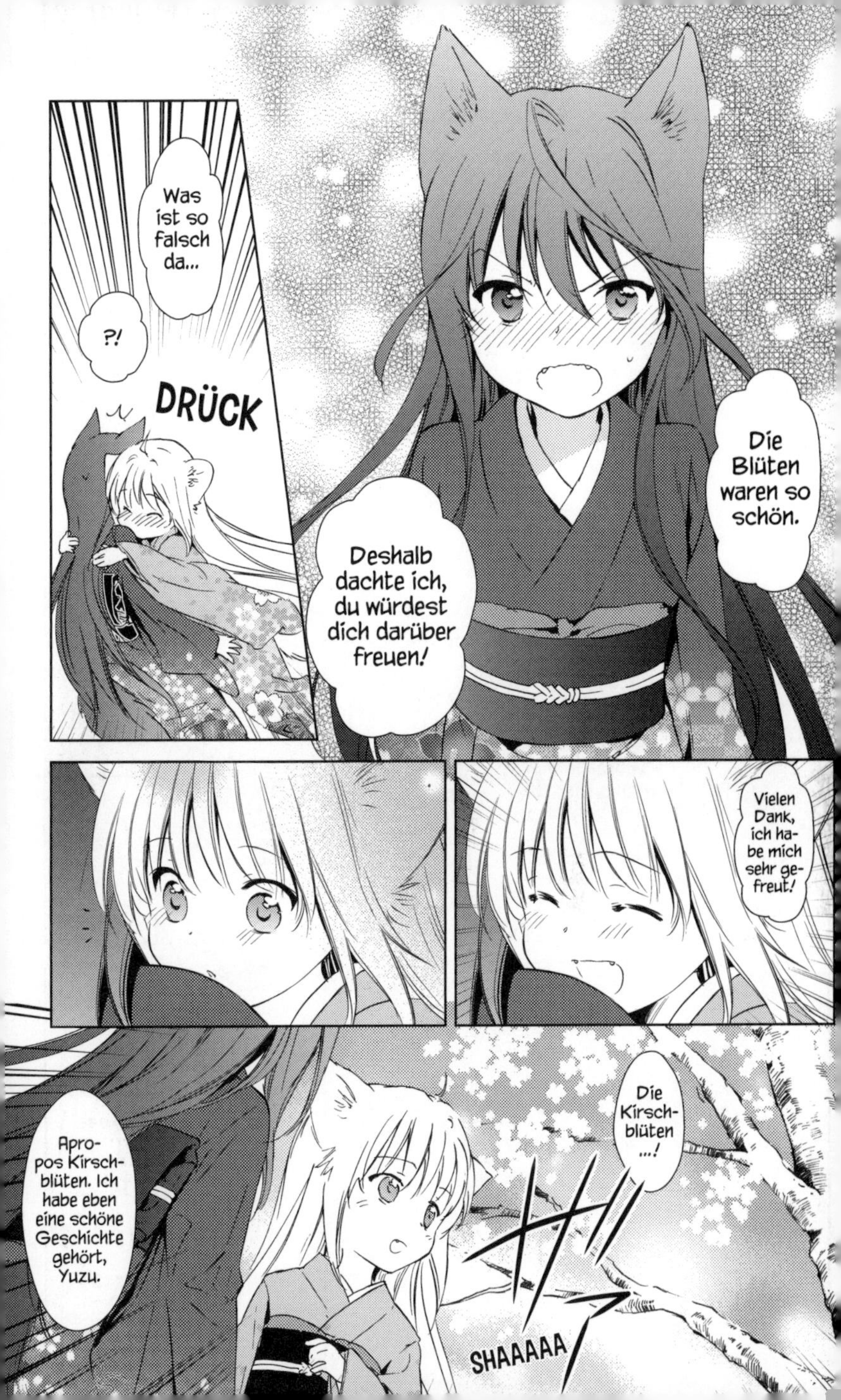

Die Blüten waren so schön.
Deshalb dachte ich, du würdest dich darüber freuen!
Was ist so falsch da...
?!
DRÜCK
Vielen Dank, ich habe mich sehr gefreut!
Die Kirschblüten ...!
SHAAAAA
Apropos Kirschblüten. Ich habe eben eine schöne Geschichte gehört, Yuzu.

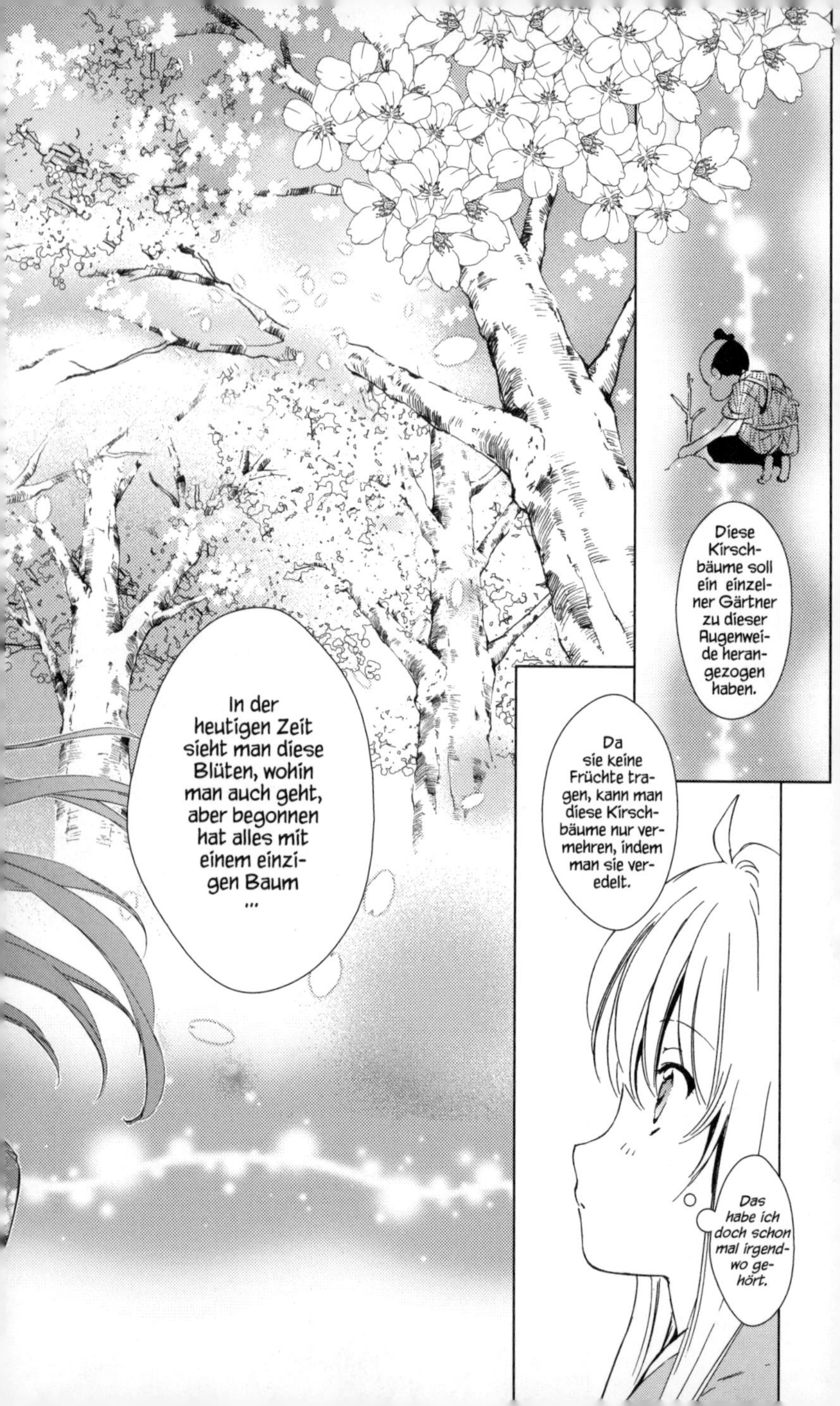
In der heutigen Zeit sieht man diese Blüten, wohin man auch geht, aber begonnen hat alles mit einem einzigen Baum ...
Diese Kirschbäume soll ein einzelner Gärtner zu dieser Augenweide herangezogen haben.
Da sie keine Früchte tragen, kann man diese Kirschbäume nur vermehren, indem man sie veredelt.
Das habe ich doch schonmal irgendwo gehört.

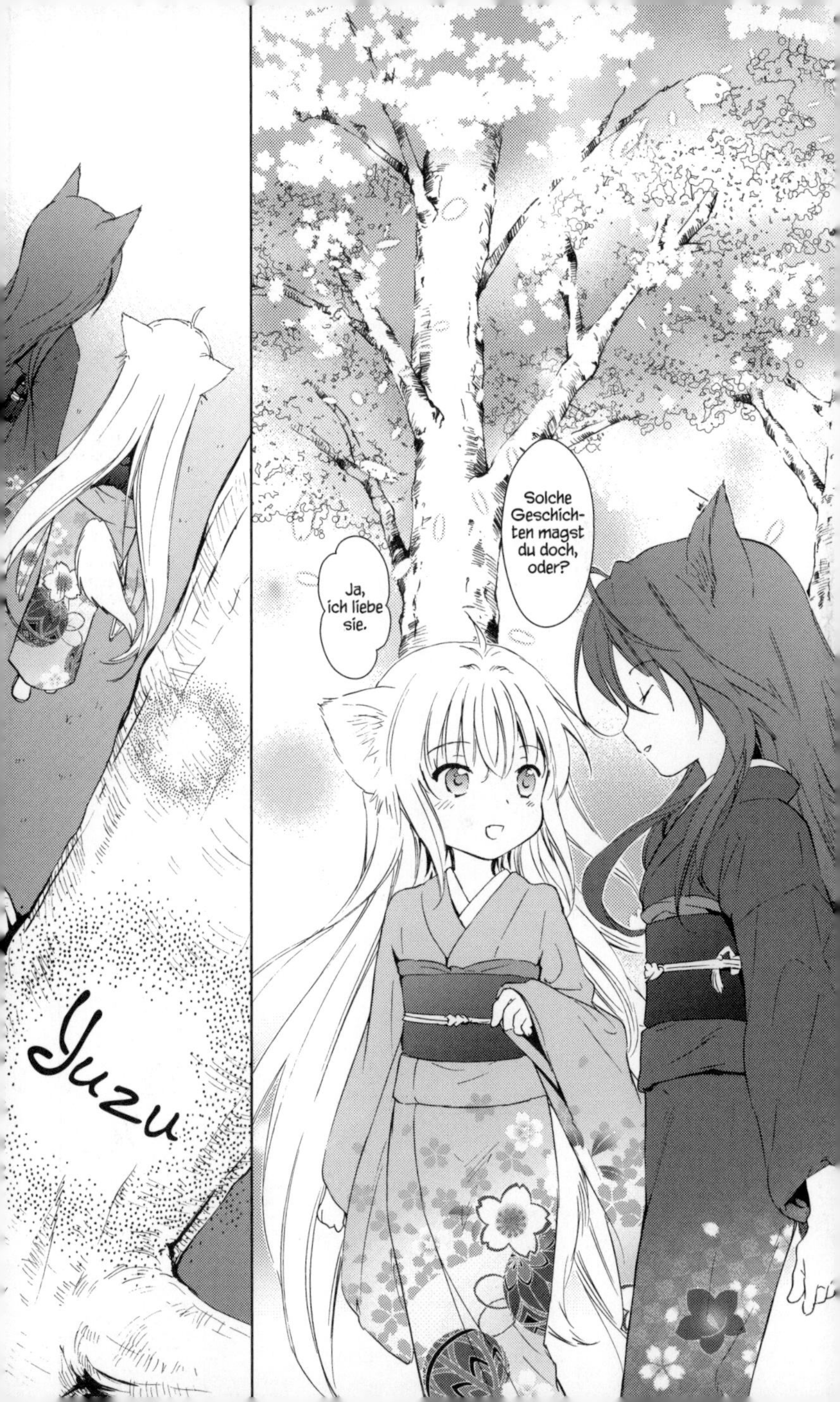
Solche Geschichten magst du doch, oder?
Ja, ich liebe sie.
Yuzu

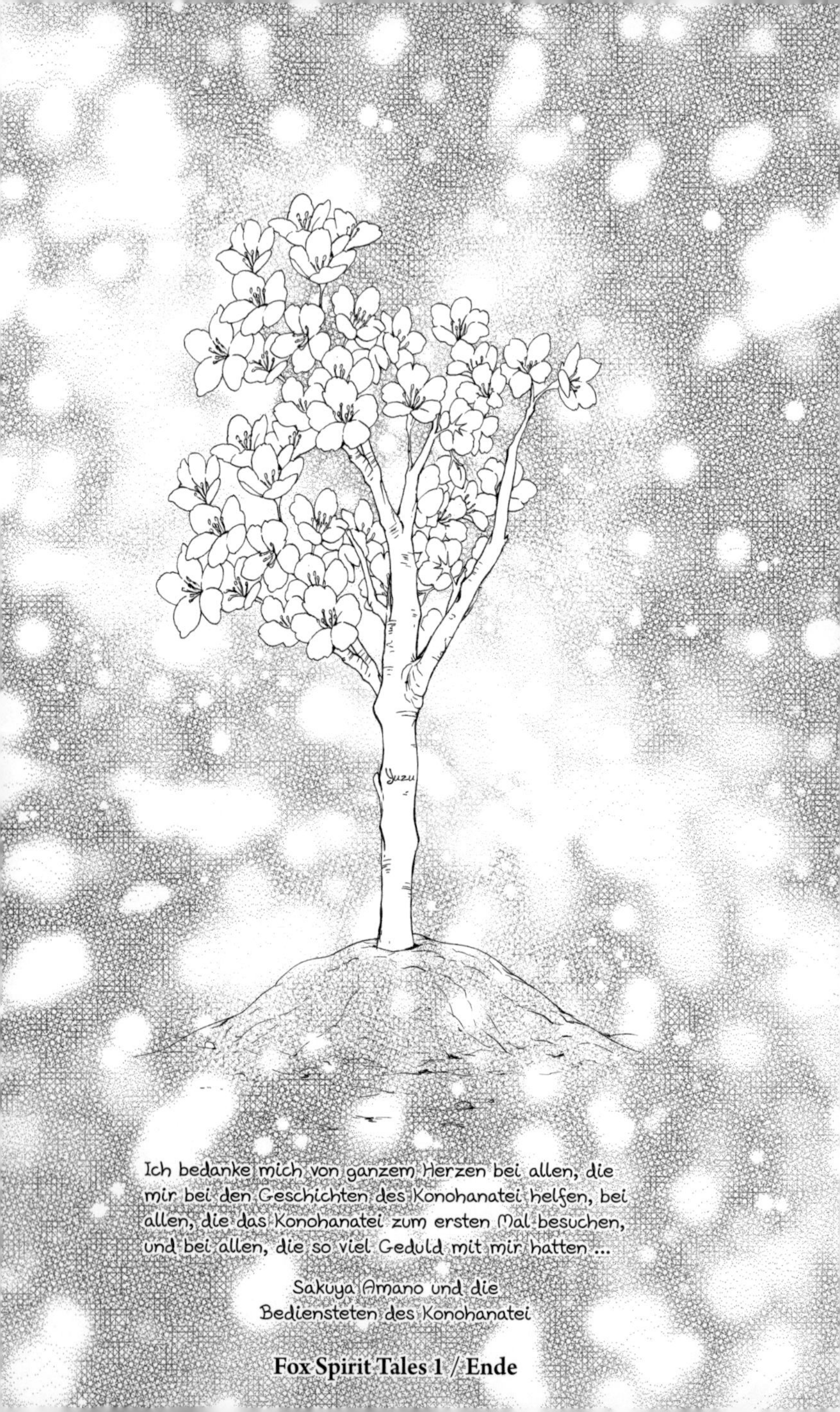
Yuzu
Ich bedanke mich von ganzem Herzen bei allen, die mir bei den Geschichten des Konohanatei helfen, bei allen, die das Konohanatei zum ersten Mal besuchen, und bei allen, die so viel Geduld mit mir hatten ...
Sakuya Amano und die
Bediensteten des Konohanatei
Fox Spirit Tales 1 / Ende

Fox Spirit Tales

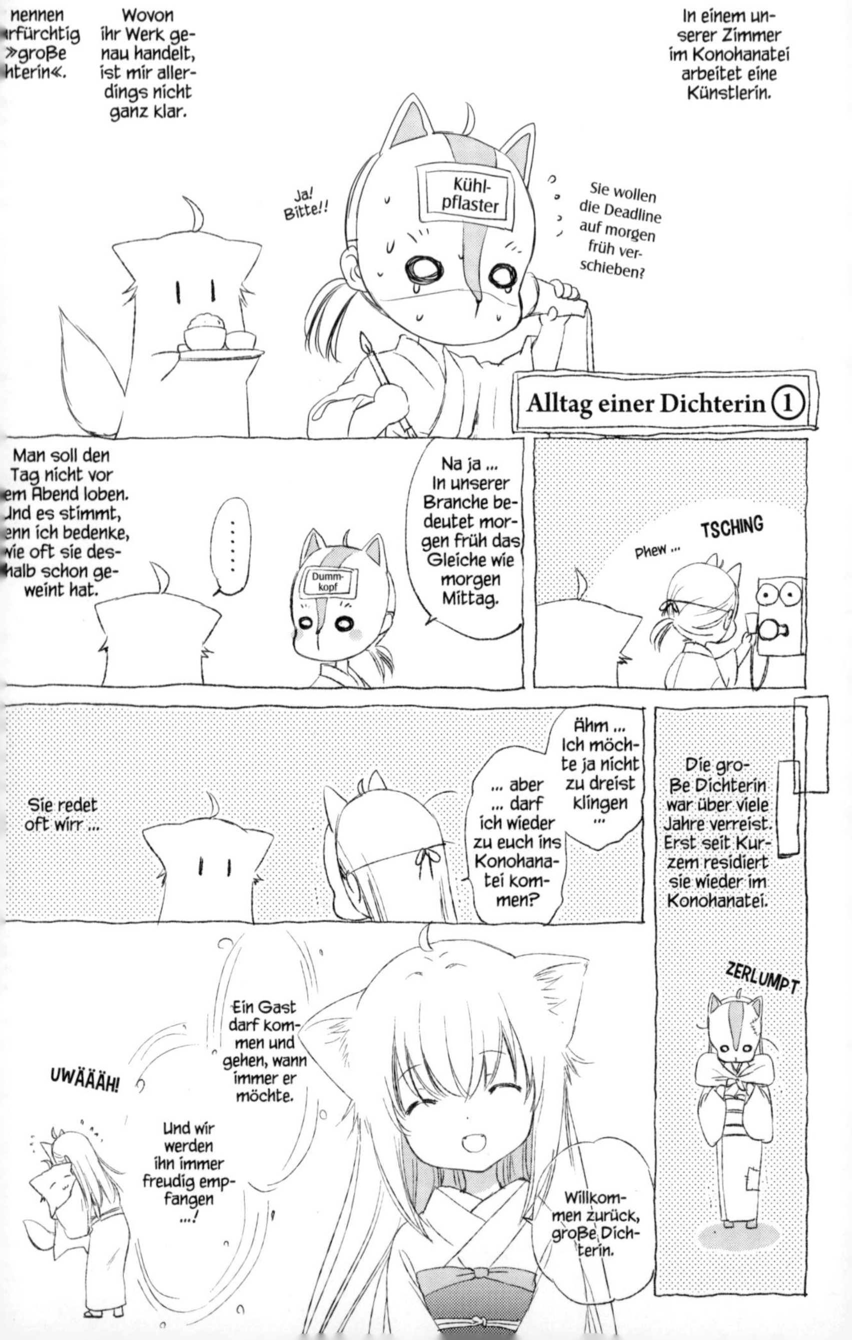

In einem unserer Zimmer im Konohanatei arbeitet eine Künstlerin.
Sie wollen die Deadline auf morgen früh verschieben?
Ja! Bitte!!
Kühlpflaster
Alltag einer Dichterin ①
Wovon ihr Werk genau handelt, ist mir allerdings nicht ganz klar.
nennen rfürchtig »große hterin«.
TSCHING
Phew ...
Na ja ... In unserer Branche bedeutet morgen früh das Gleiche wie morgen Mittag.
Dummkopf
......
Man soll den Tag nicht vor em Abend loben. Jnd es stimmt, enn ich bedenke, vie oft sie deshalb schon geweint hat.
Die große Dichterin war über viele Jahre verreist. Erst seit Kurzem residiert sie wieder im Konohanatei.
ZERLUMPT
Ähm ... Ich möchte ja nicht zu dreist klingen ...
... aber ... darf ich wieder zu euch ins Konohanatei kommen?
Sie redet oft wirr ...
Willkommen zurück, große Dichterin.
Ein Gast darf kommen und gehen, wann immer er möchte.
Und wir werden ihn immer freudig empfangen ...!
UWÄÄÄH!

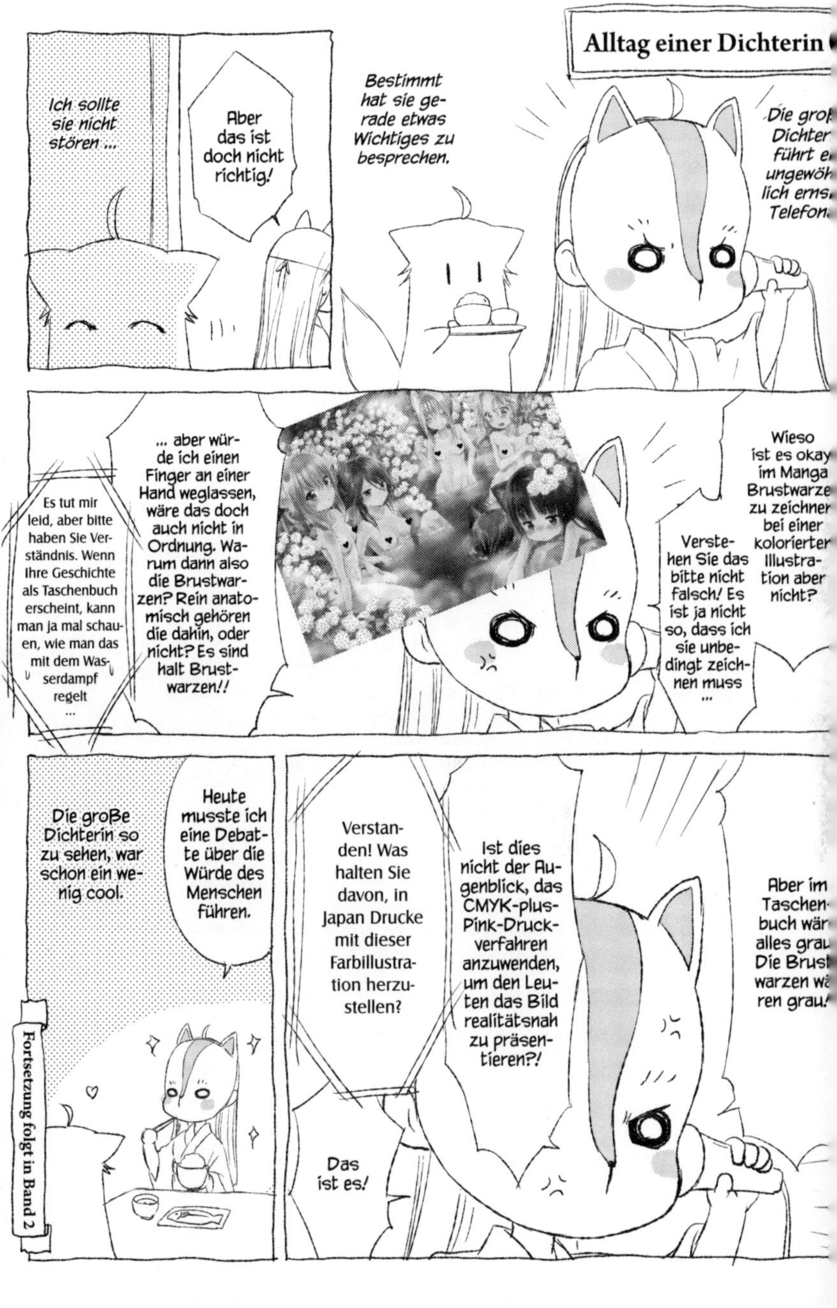

Alltag einer Dichterin
Die groß Dichter führt e ungewöh lich erns Telefon
Bestimmt hat sie gerade etwas Wichtiges zu besprechen.
Aber das ist doch nicht richtig!
Ich sollte sie nicht stören ...
Wieso ist es okay im Manga Brustwarze zu zeichner bei einer kolorierter Illustration aber nicht?
Verstehen Sie das bitte nicht falsch! Es ist ja nicht so, dass ich sie unbedingt zeichnen muss ...
... aber würde ich einen Finger an einer Hand weglassen, wäre das doch auch nicht in Ordnung. Warum dann also die Brustwarzen? Rein anatomisch gehören die dahin, oder nicht? Es sind halt Brustwarzen!!
Es tut mir leid, aber bitte haben Sie Verständnis. Wenn Ihre Geschichte als Taschenbuch erscheint, kann man ja mal schauen, wie man das mit dem Wasserdampf regelt ...
Aber im Taschenbuch wär alles grau Die Brust warzen wä ren grau!
Ist dies nicht der Augenblick, das CMYK-plus-Pink-Druckverfahren anzuwenden, um den Leuten das Bild realitätsnah zu präsentieren?!
Verstanden! Was halten Sie davon, in Japan Drucke mit dieser Farbillustration herzustellen?
Das ist es!
Heute musste ich eine Debatte über die Würde des Menschen führen.
Die große Dichterin so zu sehen, war schon ein wenig cool.
Fortsetzung folgt in Band 2

**TOKYOPOP GmbH**
**Hamburg**

TOKYOPOP
1. Auflage, 2018
Deutsche Ausgabe/German Edition

Aus dem Japanischen von Hana Rude

Konohana Kitan Vol. 1


Redaktion: Simone Meinecke
Lettering: Vibrraant Publishing Studio
Herstellung: Mathias Neumeyer
Druck und buchbinderische Verarbeitung:
CPI – Clausen & Bosse GmbH, Leck
Printed in Germany



ISBN 978-3-8420-4400-5

**www.tokyopop.de**

Fox Spirit Tales

# AME & YUKI – DIE WOLFSKINDER

## Hosoda / Yu / Sadamoto

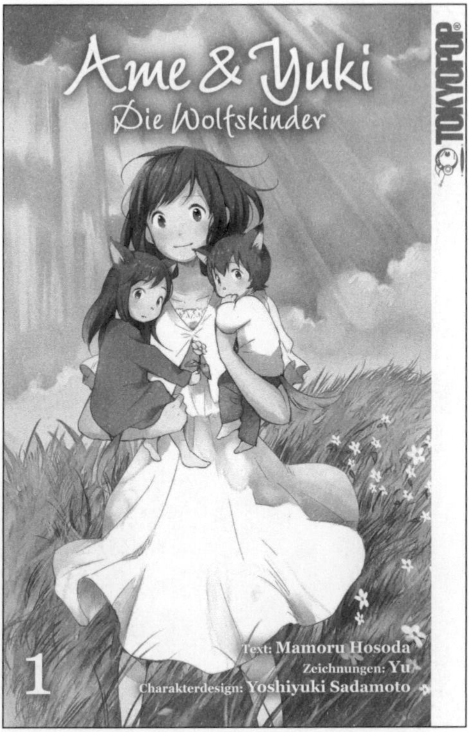


**Zwei Kinder, ein Geheimnis!**

Die Studentin Hana verliebt sich in einen geheimnisvollen Mann, der aus einem alten Wolfsgeschlecht stammt. Sie wird schwanger und bringt eine Tochter, Yuki, und schon bald darauf deren Bruder, Ame, zur Welt. Doch ein schreckliches Unglück sucht die junge Familie heim und Hana ist fortan mit ihren beiden kleinen Wolfskindern auf sich alleine gestellt. Wird es ihr gelingen, sich und ihre Liebsten gegen alle Widerstände durchzubringen?

TOKYOPOP®

www.tokyopop.de

# BEASTS OF ABIGAILE

## Spica Aoki

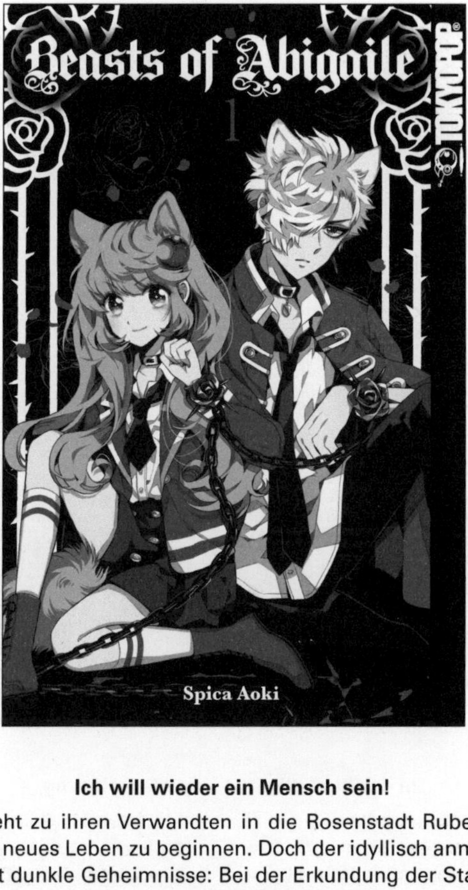


**Ich will wieder ein Mensch sein!**

Nina zieht zu ihren Verwandten in die Rosenstadt Ruberia, um dort ein neues Leben zu beginnen. Doch der idyllisch anmutende Ort birgt dunkle Geheimnisse: Bei der Erkundung der Stadt wird Nina von einem Wolfsjungen gebissen, woraufhin sie sich ebenfalls in eine Wölfin mit Flauschohren und Schweif verwandelt! Eingesperrt in einem Käfig verschleppt man sie auf die rätselhafte Gefängnisinsel Abigaile ...

TOKYOPOP®

www.tokyopop.de

# STOPP!

**Dies ist die letzte Seite des Buches!**
**Du willst dir doch nicht den Spaß verderben**
**und das Ende zuerst lesen, oder?**

Um die Geschichte unverfälscht und originalgetreu mitverfolgen zu können, musst du es wie die Japaner machen und von rechts nach links lesen. Deshalb schnell das Buch umdrehen und loslegen!

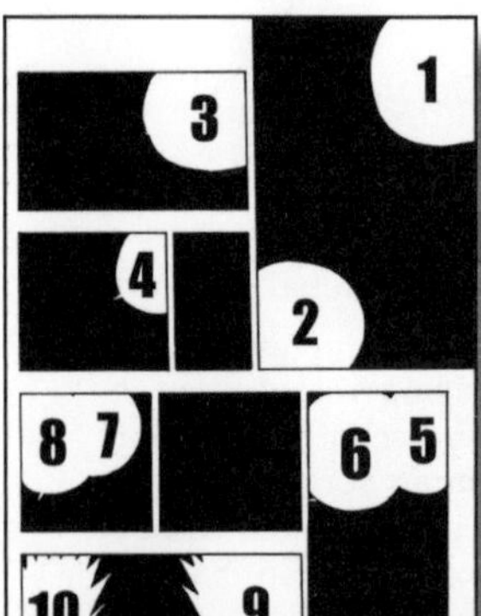


## So geht's:

Wenn dies das erste Mal sein sollte, dass du einen Manga in den Händen hältst, kann dir die Grafik helfen, dich zurechtzufinden: Fang einfach oben rechts an zu lesen und arbeite dich nach unten links vor.
Viel Spaß dabei wünscht dir TOKYOPOP®!